DuMont-Aktuell

Gert Selle

Ideologie und Utopie des Design

Zur gesellschaftlichen Theorie
der industriellen Formgebung

Verlag M. DuMont Schauberg

Titelbild unter Verwendung eines Detailfotos des
Olivetti-EDV-Systems Auditronic 770

Printed in Germany   ISBN 3–7701–0658–x

Inhalt

Vorwort

Phänomen und Theorie des Industrial Design sind in den wirtschaftlichen, technologischen und kulturellen Funktionszusammenhang jener gesellschaftlichen Ordnung eingebettet, die sich seit der industriellen Revolution entfaltet und als Herrschaftsstruktur nahezu total organisiert hat.

Produkte und artifizielle Umwelt sind visuell wahrnehmbare Organisationsformen dieser Ordnung. Zwar sind Umfang und Art der sozialen Rückwirkung der Produkt- und Umweltformen inzwischen kritisch abzuschätzen. Dennoch wird man sich weithin der durch sie vermittelten oder hergestellten Abhängigkeitsverhältnisse kaum bewußt, weil industrielle Formgebung als quasi natürliche Erscheinung des technischen Zeitalters und Folge gesteigerter Produktivität gilt, die man hinzunehmen, aber nur selten in ihren sozialen Konsequenzen wahrzunehmen gelernt hat. Allenfalls ist man davon überzeugt, daß die Gestaltung technischer Produkte auch ein ästhetisches und damit ein kulturelles Problem sei, bei dessen Lösung man heute im Vergleich zu früher doch erhebliche Fortschritte gemacht habe.

Indessen aber mehren sich kritische Stimmen, die eben dies stark bezweifeln und das scheinbar nur gestalterische Problem als ein grundlegend soziales und politisches interpretieren.

Die vorliegende Studie will solche Kritik und gesellschaftliche Theorie zu einem Kontext zusammenfassen. Vor allem für jene Leser, denen sich das Industrial Design bisher noch nicht gesellschaftlich problematisiert dargestellt hat, ist dieser Kontext in einer bestimmten Weise zum Verständnis strukturiert. Dabei müssen auch Motivationen, Ideengehalte und Zielvorstellungen des schon historischen Design erläutert werden, weil sie noch immer, wie auch die historischen gesellschaftlichen Verhältnisse selbst, denen sie entstammen, in die unmittelbare Gegenwart hineinragen.

Daher wird hier versucht, eine knappe Problem- und Ideengeschichte der Formgebung, in der die Dialektik des Design bereits sichtbar wird, wenigstens zu umreißen; denn eine allgemeine Theorie der Gestaltung läßt sich nur aus der historischen Entwicklung der gesellschaftlichen Verhältnisse selbst und der Tendenzen zu deren Veränderung ableiten.

So ist diese Studie als perspektivisch vereinfachende Einführung in die Problematik des Design gedacht. Aber gerade deshalb bedarf sie zur Beweisführung der häufigen Dokumentation von in der Öffentlichkeit nicht immer bekannten Grundlagentheorien der Gestaltung und vieler weiterer Hinweise auf Quellen für den kritisch kontrollierenden Nachvollzug. Außerdem wird die Bereitschaft des Lesers vorausgesetzt, sein eigenes Verhalten gegenüber der Fülle der gestalteten Objekte im Rahmen der Konsumgesellschaft zu beobachten.

Denn zur sozialen Wirkung von Designobjekten läßt sich vorerst kaum etwas mit wissenschaftlicher Exaktheit aussagen; damit sind die Grenzen der Studie ausdrücklich markiert.

Noch hat sich eine Soziologie des Design nicht artikuliert oder etabliert, noch steht eine spezielle Semiotik des Design als Metasprache zur genauen Beschreibung von Objektbedeutungen und ihrer gesellschaftlichen Wahrnehmungs- und Wirkungsprozesse nicht ausgeformt zur Verfügung. Man bleibt bei der Analyse daher auf mehr oder weniger nicht-wissenschaftliche Erfahrung, auf hypothetische Ansätze und Analogieschlüsse angewiesen; denn es fehlt an Ergebnissen empirischer Forschung auf den Gebieten der Soziologie, Sozialpsychologie und Kommunikationswissenschaft.

Ihren Anspruch auf Aktualität leitet die Studie aber aus der Tatsache ab, daß heute, bei aller Perfektion der gestalterischen Prozesse in der Produktion, immer deutlicher ein Mangelzustand erkennbar wird: Das gegenwärtige Design löst keineswegs die ihm gestellten gesellschaftlichen Aufgaben, sondern verdeckt eher die dringend zu lösenden Probleme.

Daraus ergibt sich auch die Notwendigkeit einer Akzentuierung des Stellenwertes historischer Versuche zur Lösung der in hundertjähriger Designgeschichte im Grunde gleichbleibenden, mit der Entfaltung der Produktivkräfte aber sich immer verschärfter darstellenden sozialen Problematik des Gestaltens. Daß der Akzent jeweils auf der Analyse und Kritik der sozialen Theorie des Entwerfens und nicht auf der Darstellung der entworfenen Objekte liegt, hat die Studie selbst noch zu begründen.

Der teilweise spekulative Charakter und damit die Angriffsflächen der Studie sind dem Autor bewußt. Seine Hoffnung ist, die Spezialisten des Design zum öffentlichen Einspruch und zur Diskussion bewegen zu können. Die politische Ästhetik der Produkt- und Umweltgestalt muß heute endlich unmittelbar zu einem Gegenstand demokratischer Öffentlichkeit, d. h. zu einem Inhalt des politischen Bewußtseins aller gemacht werden, nicht nur jener verantwortlichen Schicht technischer Intelligenz, die sich in ihrer Praxis bislang gegenüber der Kritik zwangsläufig indifferent verhielt. So wird hier versucht, auch jenen Leserkreis anzusprechen, zu dem nicht die Macher, sondern die vom Design Betroffenen, die Konsumenten, gehören. Deshalb die besondere Struktur des Buches und jener Überschuß an Information, deren der Spezialist nicht bedarf.

Die Realisation des Versuchs, in dem viele Einzelaspekte nur sehr knapp dargestellt werden können, ist dem Sachinteresse und Engagement von Karin Thomas und Ernst Brücher im Verlag DuMont zu verdanken. Dank gebührt auch allen, die Informations- oder Bildmaterial zur Verfügung gestellt haben, besonders aber meinen Studenten Günter Hinrichs und Ruthardt Steffens, ohne deren Hilfe und korrigierende Kontrolle die Studie nicht in dieser Weise entstanden wäre.

Darmstadt, im November 1972   Gert Selle

I Zum Thema (Einführung)

1 Produktsprache und Sozialisation

Ein Leben ohne technische Einrichtungen und ohne Industrieprodukte ist heute nicht denkbar. Wie hoffnungslos romantisierend bloß ein solcher Versuch zum Verzicht wirken kann, zeigte die gelegentliche Regression subkultureller Gruppen der neuen apolitischen Jugendbewegung auf vorindustrielles Kunsthandwerk und Ackerbau. Die Ideenwelt Ruskins zu aktualisieren kann nur als ein rührender Versuch der Wirklichkeitsflucht gewertet werden, nachdem die Technik ihre Herrschaft angetreten hat und die damit verbundenen Wahrnehmungs- und Verhaltensweisen unser Bewußtsein bestimmen.

Längst sind auch jene Zeiten Geschichte, da um gut gestaltete Industrieprodukte im idealistischen Sinne gerungen und für ihr Ansehen geworben werden mußte und die Pioniere der Formgebung gesellschaftliche Hoffnungen an ihr Werk knüpfen durften. Wir leben heute nicht nur in einer technisch-funktional bestimmten Umwelt, sondern auch in einer Welt der bewußt gestalteten technischen Formen. Design ist zu einer Sprache des Alltags geworden.

Gestaltung verleiht der Masse der Produkte jenes ästhetische 'finish', das uns an den Objekten zur Gewohnheit geworden ist oder das wir zu erwarten gelernt haben. Das heißt aber nicht, daß die Gestaltung in der Güterproduktion und ihrer technisch-ökonomischen Organisation nur eine nach- oder untergeordnete Maßnahme darstellt; das Design ist inzwischen in der Hierarchie der Planungsprozesse für die Produktion weit nach oben gerückt.

Daß die ästhetische Komponente der Objekte für den Marktwettbewerb und in der Konsumsphäre eine oft größere Rolle spielt als ihr Konstruktionsprinzip und ihr Gebrauchsnutzen, ist heute offensichtlich. Die Gestalt der auf dem Markt erscheinenden Objekte ist das, was der Verbraucher wahrnimmt und worauf er mehr oder weniger unbewußt zu reagieren gelernt hat, und an dieser Gestalt werden ihm bestimmte Bedeutungen der Objekte 'evident'[1], noch ehe er ihren Nutzen im Gebrauch erfährt.

So wirken die Objekte in der Benutzer- und Verbrauchersphäre als 'Zeichen', als wortlose Elemente einer Art von Sprache, deren Gesetzmäßigkeit und Wirkung nicht jederzeit offen erkennbar werden. Designobjekte sind industriell gefertigte Gebrauchsformen mit unterschiedlicher Funktionsbestimmung. Ihr produktionstechnisch bedingtes Charakteristikum ist die Gleichförmigkeit innerhalb einer Serie und ihre oft allgegenwärtige Vielzahl.

9

Zwischen den verschiedenen Serien von Gebrauchsgütern unterschiedlicher Herkunft lassen sich zeitweilig nicht nur gewisse technisch-funktionale Gemeinsamkeiten erkennen, sondern auch ausgeprägt stilistisch-formale, also 'sprachliche' Verwandtschaft, selbst zwischen Objekten mit höchst unterschiedlicher Funktionsbestimmung. Zeitstil und modische Trends können dazu führen, daß ganze Produktgattungen ästhetisch einheitlich strukturiert erscheinen. Die Sprache der Produkte ist daher hoch redundant, besonders eingängig und leicht verständlich. Von einer Produktsprache kann man insofern reden, als die Designobjekte nicht nur Funktionsträger, sondern immer auch Informationsträger sind[2].

Sie vermitteln einerseits Aussagen über ihre technische Funktion, andererseits ein Bündel von Aussagen weit über diese Funktion hinaus. Dieses Bündel enthält Vorschläge zur Benutzung und zum Verbrauch der Objekte und dient auch Benutzern und Verbrauchern als Sprach- und Verständigungsmittel innerhalb der gesellschaftlichen Umwelt. Benutzung und Verbrauch bestimmter Produkte sind in der Gesellschaft stets gleichbedeutend mit bestimmten Aussagen über die betreffenden Benutzer und Verbraucher, ihren Status oder ihr gesellschaftliches Rollenverständnis. Benutzer und Verbraucher teilen ihrer Umgebung durch die ihnen zugeordneten Objekte als Informationsträger etwas mit und empfangen entsprechende Signale von Benutzern und Verbrauchern ähnlicher oder anderer Objekte oder von den Produzenten dieser Objekte.

Alle diese Mitteilungen erfolgen nicht-verbal über das Medium Produktform, also produktsprachlich codifiziert. Den vollen Gehalt solcher produktsprachlichen Information zu definieren ist nicht leicht:

»Das Produkt kann über eine vielschichtige, auch symbolbehaftete 'Sprache' verfügen, die weitaus umfassender ist als die normale Wortsprache[3].«

Eben diese Vielschichtigkeit gilt es noch fachwissenschaftlich zu erforschen. Vorerst kann man nur hypothetische Folgerungen aus solchen allgemeinen Einsichten ziehen, die durchaus der alltäglichen Erfahrung entsprechen.

Wenn auch dem Konsumenten jeweils Teile der produktsprachlichen Information verborgen bleiben, d. h. nicht zur Wahrnehmung gelangen, so dürfte die heute ausgeprägte und immer nur leicht sich verändernde Produktsprache doch weithin verständlich sein. Wir können vermuten, daß dieses Verständnis ein Fundament der sozialen Beziehungen – oder auch der sozialen Beziehungslosigkeit – der Menschen innerhalb der verdinglichten Umwelt der Überflußgesellschaft ist. Geht man davon aus, daß heute die massenweise den Markt und die tägliche Umwelt des Verbrauchers beherrschenden Designobjekte gekauft und verbraucht, also offensichtlich auch 'verstanden' werden, so darf man annehmen, daß ein gemeinsamer Code zwischen Herstellern und Verbrauchern vereinbart worden ist und daß Sender (Produzent) und Empfänger (Konsument) sich auf ein bestimmtes Verständnis der Produktsprache geeinigt haben.

Während die produktsprachlichen Informationen auf den Konsumenten einströmen, erreichen ihn oft zusätzlich die gleichen Informationen auf anderen Kanälen, z. B. über die Informationsträger der Werbung für die entsprechende Produktform. So können

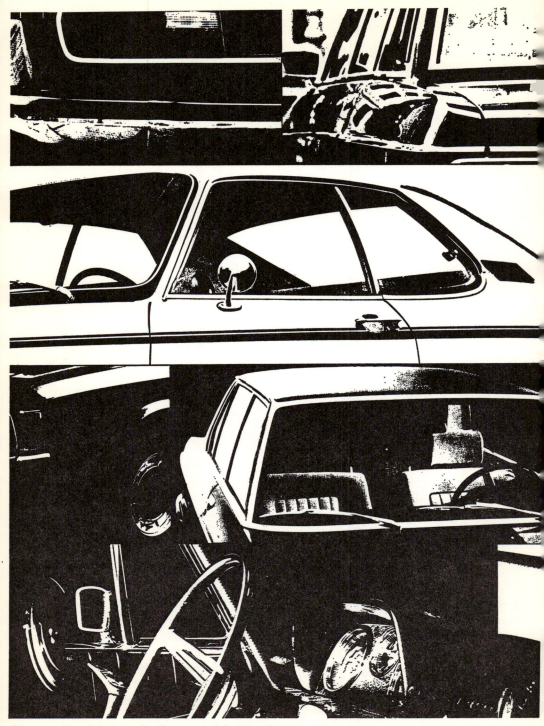

Übereinkunft auf die 'Sprache' des Automobils (Mittelklasse-Wagen 1972)

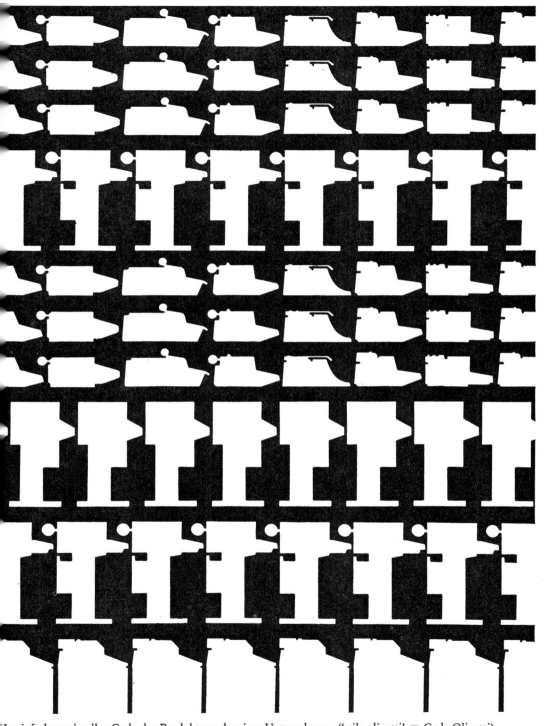

Vereinfachter visueller Code der Produktsprache eines Unternehmens ('stile olivetti' = Code Olivetti)

mehrere aufeinander abgestimmte Codes das gewünschte Verständnis der Produkt-information stabilisieren und Übereinkünfte auf dieses Verständnis absichern.

Dabei können grundsätzliche Übereinkünfte auf das Verständnis einzelner Produkt-formen oder ganzer Produktgattungen abgestützt werden, es lassen sich aber auch Übereinkünfte auf Erwartungshaltungen der Konsumenten gegenüber neuen produkt-sprachlichen Informationen herstellen, vor allem, wenn der Produzent durch Werbe-maßnahmen oder 'Surrogat-Informationen' auf diese Neuigkeiten vorbereitend hin-weist[4].

Der Konsument als Empfänger der Informationen durch Produkte oder Werbe-träger kann natürlich nicht alle aufnehmen und verarbeiten. Voraussetzung für die Verständlichkeit der Nachricht ist die genannte Übereinkunft; für die Aufmerksamkeit des Konsumenten, für seine Bereitschaft, etwas Neues aus der Fülle des Angebots her-auszulesen, liegt die Voraussetzung in der Bedeutsamkeit des Gegenstandes für das Individuum[5].

Aber bedeutsam gemacht und ins Blickfeld des einzelnen Konsumenten gehoben wird ein Gegenstand im wesentlichen durch besondere Gestaltung, durch Design. Außer durch gruppenspezifische Übereinkünfte auf den Verbrauch bestimmter Produktformen (z. B. Stilmöbel oder 'moderne' Einrichtungsgegenstände, die gesellschaftlich normie-rend wirken und als Regeln auch vom Angebot respektiert oder erhalten werden) wird die individuelle Selektion aus dem Überangebot durch gestalterische Manipulation erleichtert.

Aber die vom Produzenten in Auftrag gegebene, vom Designer auftragsgemäß sorg-sam auf das Verständnis bestimmter Zielgruppen entworfene Produktsprache enthält mit ihrer Bedeutung für den Konsumenten gleichzeitig Vorschläge zur Interpretation des Produkts als Teilstück realer Umwelt oder zur Interpretation der Rolle des Ver-brauchers oder Gebrauchers in dieser Umwelt. Der Designer strukturiert ein Stück Wirklichkeit, er macht es auftragsgemäß in einem bestimmten Sinne 'verständlich' und schmackhaft, und dabei strukturiert er auch teilweise das soziale Rollenverständnis oder dessen sichtbaren Ausdruck für den zukünftigen Verbraucher oder Gebraucher vor.

Im jeweils eingespielten Verständnis der vielschichtigen Produktinformation kann sich daher auch eine Dimension von Wirklichkeit herstellen, die sich von der Rationali-tät der technischen Funktionen der Objekte und ihrem eigentlichen Gebrauchsnutzen abhebt. Denn Sprache ist ein Mittel der Realitätsdeutung, und die Produktsprache verschafft dem Konsumenten Identifikationsmöglichkeiten mit dem Produkt und dessen sprachlich vorgeschlagener Wirklichkeitsebene, die oft irrational und traumhaft er-scheint. Nicht von ungefähr spricht man von 'Verbraucherträumen', die es gewinn-bringend zu realisieren gilt, nachdem der Verbraucher über die Produktsprache zu träu-men und zu wünschen gelernt hat.

»Nicht das Individuum erschafft sich die Konzepte der Realitätsdeutung. Die kulturell normierten Formen der Realitätsdeutung und -bewältigung werden vielmehr bereits mit der Sprache gelernt[6].«

Rosenthal-Livingcenter und Porsche 911
Trotz verschiedener Funktion der Objekte ähnliche Produktsprache 'moderner Sachlichkeit'; sie dient als Ausdruck besonderer Waren auch dem Selbstverständnis besonderer Zielgruppen

Opel GT – Fahrmaschine oder Symbol?

Die Übereinkunft auf ein bestimmtes Verständnis der Produktinformationen ist also nicht bloß eine neutrale Sprachregelung, sondern bedeutet Herstellung oder Stabilisierung eines bestimmten Verständnisses von Wirklichkeit, von sozialer Realität. Auf eine solche am Produkt über das Design hergestellte, angeblich gewünschte Über-Wirklichkeit treffen wir heute in der Alltagswirklichkeit fast überall. Am Objekt Auto etwa nimmt man zwar noch die technisch-funktionale Wirklichkeitsdimension der Fahrmaschine wahr, aber kaum noch zur Kenntnis. Vielmehr schlagen an diesem Objekt die zusätzlichen Produktinformationen den Verbraucher in Bann, erst sie stellen den 'wirklichen' Inhalt Auto her.

Im Scheinwerferlicht des Automobilsalons oder auf den kulinarischen Farbfotografien der Prospekte findet Information über Formen, Farben und Oberflächenreize statt, die mit der technischen Wirklichkeit der Fahrmaschine als nützlichem Gebrauchsobjekt nichts mehr zu tun hat, sondern eine zweite, übergeordnete Wirklichkeit eindringlich vor Augen führt und bedeutsam macht. Diese Wirklichkeitsebene ist künstlich und heute viel sensationeller als die bloß technische Dimension[7].

Die Rolle, welche das Design zur Herstellung oder Absicherung der Übereinkunft auf eine solche im Sprachverständnis vorbestimmte Interpretation von Wirklichkeit spielen kann, macht es höchst fragwürdig. Eine Übereinkunft auf die überwiegende Bedeutung des reizenden Scheins an den Objekten, die endlich ein absurdes Verständnis gesellschaftlicher Wirklichkeit schlechthin erschließen und erhalten kann, dürfte sicher nicht dem Gebraucher dienen, auch dann nicht, wenn er den Schein als 'Wirklichkeit' bejaht und verlangt, weil er ihn zu erwarten gelernt hat.

Man stößt hier unausweichlich auf die gesellschaftliche Grundproblematik industrieller Produktgestaltung, die sich auf die einfache Frage zuspitzen läßt: Wem nützt das Design?

Wenn die Fähigkeiten des Designers verfügbar gehalten werden, um irrationale Wirklichkeit an den technischen Objekten zu etablieren, wenn diese Übereinkunft voll wirksam ist und der Konsument ihr nicht widerspricht, so wird jeder Produzent danach trachten, diese Übereinkunft in seinem Interesse zu erhalten und weiter zu stabilisieren.

»Der Gebraucher sucht beim Produkt allein die Befriedigung seiner individuellen Bedürfnisse. Der Hersteller dagegen bemüht sich, die Informationsfunktion so zu beeinflussen, daß das Produkt ihm auch dann noch als akquisitorisch wirksames Instrument dient, wenn es sich schon in der Hand des Verbrauchers befindet[8].«

Die Frage nach dem Interesse hinter dem Entwurf bestimmter Produktsprachen bzw. ihrer Anreicherung mit bestimmten Bedeutungen ist naturgemäß die Kernfrage der Kritik. Sie darf nicht, wie dies an der Produktgestaltung gewöhnlich geschieht, von den vordergründigen Fragen der 'ästhetischen Bildung', des Kulturverständnisses und der Geschmackstendenzen zugedeckt werden. Die Produkt- und technische Umweltgestalt ist schließlich nur ein 'ästhetisches' Grundmuster der herrschenden Produktionsverhältnisse und damit ein Grundmuster des sozialen Verhaltens unter diesen Verhältnissen.

Wenn das Design aber immer weiter die vorgebliche Wirklichkeit des schönen Scheins an den Objekten aufbereitet, der die wirklichen Interessen verhüllt, und wenn es diese Scheinwirklichkeit dem Gebraucher an Stelle verweigerter Freiheit und Selbstverwirklichung weiter so bedeutsam macht, daß er ihrer unablässig zu bedürfen meint, so sind die gesellschaftlichen Folgen durchaus abzusehen.

Im Kontinuum der Massenkommunikation über die Produkte und ihre Werbung wird das immer wieder abgestützte Einverständnis mit der Ersatzwirklichkeit des schönen Scheins schließlich als gesellschaftlich wahr und notwendig erscheinen. Das aber bedeutet eine Rechtfertigung der abstrakten, unreflektierten Produktivität um dieser Produktivität willen, die endgültige Bestätigung des privaten Produzenten-Interesses als gesamtgesellschaftliches Interesse, die Institutionalisierung der Basisideologie eines Wirtschaftssystems als gesellschaftliche 'Wahrheit' schlechthin.

1 Vgl. Theodor Ellinger, Die Informationsfunktion des Produkts, Köln/Opladen 1966, S. 267 f.
2 Vgl. Erich Geyer, Design-Management, Ein Beitrag zur Produkt- und Umweltplanung (Referat auf der 1. internen Arbeitstagung des Deutschen Werkbundes vom 1.–3. 5. 1970 in Saarbrücken), in AW design Informationen, Stuttgart 1970, S. 2
   ders., Industrial Design, Sonderdruck aus ›Management-Enzyklopädie‹, Bd. 3, S. 458
3 Ellinger, a. a. O., S. 259
4 Vgl. Ellinger, a. a. O., S. 260,
   Gerhard Maletzke, Psychologie der Massenkommunikation, Hamburg 1963, S. 149 ff.,
   Roland Barthes, Der neue Citroën, in: Mythen des Alltags, Frankfurt 1964, S. 78
5 Maletzke, a. a. O., S. 154
6 Otto Walter Haseloff, Sprachliche Kommunikation und Realitätsdeutung, in: Haseloff (Hrsg.), Struktur und Dynamik des menschlichen Verhaltens, Stuttgart/Berlin/Köln/Mainz 1970, S. 122
7 Vgl. Barthes, a. a. O., S. 76 ff.
8 Ellinger, a. a. O., S. 335

2 Idee und Wirklichkeit des Design

Zwischen Produktion, Produktsprache und Konsum bestehen starke Wirkungs- und Rückwirkungszusammenhänge eigener Art auf der ökonomischen und psychologischen Ebene. Sie lassen sich zurückführen auf ihren Ursprung im privaten Produzenteninteresse, das sich hinter ihnen verbirgt. Die letztlich sich durchsetzenden ökonomischen Zwänge sind aber nicht die alleinigen Bestimmungsfaktoren für Entwurf und Produktion von Designobjekten. Bewußtsein und Verhaltensdisposition der Produzenten, Entwerfer, Konsumenten oder Gebraucher werden von Werthaltungen und geltenden soziokulturellen Normen entscheidend geprägt. Im normativen Bereich wird festgelegt, was 'gut' und was 'schlecht' ist, d. h., was im Sinne gruppenspezifischer Norm 'Geschmack' ist, oder was als angemessener Konsum oder Gebrauch von Gütern zu gelten hat.

Vermutlich gehen kulturelle Traditionen, deren Abhängigkeit von der Geschichte gesellschaftlicher Machtverhältnisse man nicht übersehen sollte, in diese Normen ein. Aus diesem wiederum dürfte – historisch jeweils zu differenzieren – sich auch eine allgemeine gesellschaftliche Theorie des Entwerfens herleiten. Eine solche Theorie stellt sich als ein Bündel von Vorstellungen über den jeweiligen Sinn und Zweck der Produktgestaltung in bezug auf die Gesellschaft dar. Auch wenn sich die ökonomischen Bestimmungsfaktoren im Entwurf und der Produktion letztlich durchsetzen, scheint eine solche Theorie über der Praxis unentbehrlich. Sie kann einerseits zur Abstützung und Erhaltung gewünschter Normen dienen, andererseits aber auch zu deren Auflösung oder revolutionären Veränderung beitragen. Hier hat die Kritik ihre zweite Kernfrage anzusetzen, die Frage nach der Verbindlichkeit der gesellschaftlichen Theorie hinter den Entwürfen, die abprüft, ob Theorie und Praxis, Vorstellung und Wirkung übereinstimmen. Die Frage ist nur durch eine Untersuchung von Theorie *und* Praxis des Design zu beantworten, weil sich die Leit-Vorstellungen gewöhnlich nicht unmittelbar am einzelnen Objekt ablesen und die sozialen Auswirkungen des Gebrauchs der Objekte nicht einfach von der Theorie vorausbestimmen lassen. Auffallend aber ist, in welchem Maße gesellschaftliche Theorie nicht nur zur Zielsetzung und Entwurfsmotivation, sondern vor allem zur moralischen Rechtfertigung der produzierten Objekte verbraucht wird. Daß heute gegenüber der allgemeinen gesellschaftlichen Theorie des Design Vorsicht geboten ist, liegt angesichts der herrschenden produktsprachlichen Übereinkünfte und des damit geregelten Designverständnisses nahe. Soziale Theorie scheint nur noch als unverbindliches 'Bewußtsein' über den Realitäten der Produktion und des Konsums zu schweben und kann leicht zu deren Bestätigung verfälscht und verbraucht werden.

Setzt man voraus, daß die jeweils geltende Theorie der Gestaltung eine Übereinkunft der Herrschenden ist, so muß man auch fragen, wozu sie benutzt und gegen wen sie gerichtet werden kann, auch wenn Gehalt und Zielsetzung erkennbar positiv erscheinen. Immer wieder wird nämlich versichert, Gegenstand der Bemühungen des Industrial Design seien die Bedürfnisse der Menschen. Die Frage nach dem Interesse hinter der realen Produktion bleibt dabei ausgeklammert; denn hier treten fatale Widersprüche auf, an denen auch sozialutopische und revolutionäre Theorien des Design zu scheitern drohen.

Eine Maxime der betriebswirtschaftlichen Theorie[1], die sich an der Produktionspraxis orientiert, lautet:

»Aus der Sicht eines umfassenden Marketing wird . . . dem Industrial Design als Qualitätsmerkmal eine erhöhte Bedeutung beigemessen, da der Markt der Zukunft durch Produktinnovationen bestimmt ist[2].«

Hingegen beschreibt eine allgemeine Planungstheorie des Design, welche gesellschaftliche Zielsetzungen einzubegreifen versucht, die Produktgestaltung als einen Prozeß der Problemlösung, wobei als Problem die Beziehung des Menschen zu seiner technischen Umwelt definiert wird[3]. Die Motive der Marktstrategie und der Mensch-Umwelt-Beziehungen dürften einander wohl ausschließen. Dieser konkrete Widerspruch kennzeichnet die Diskrepanz zwischen Entwurfspraxis und sozialer Theorie des Design, und nach welcher Maxime in der Produktionspraxis gehandelt oder entschieden wird, beweist schon ein Blick auf den Markt von heute. Produktivitätssteigerung und Profitrate sind mit Märkten und nicht mit Mensch-Umwelt-Problemen in der Zielsetzung gekoppelt. Wenn heute solche Probleme überhaupt gestalterisch gelöst werden, so mehr oder weniger zufällig, quasi als Nebenprodukt oder als Ablösung von Minimalforderungen an Gebrauchswert für den Absatz der mit ganz anderer Zielsetzung gefertigten Objekte.

Man darf also vermuten, daß die Funktion der für die Produktion keineswegs verbindlichen gesellschaftlichen Theorie des Design vielmehr nur darin besteht, Normen und Verhaltensdispositionen zu stützen, die man zur 'richtigen' d. h. im Sinne des Produktivitätsinteresses erwünschten Orientierung im Mechanismus von Produktion und Konsum braucht. So bedarf das Design der abstützenden Moral um so mehr, je weiter es sich in der sozialen Wirkung und Wirklichkeit von den in der Theorie entwickelten und vorgegebenen gesellschaftlichen Zielen entfernt.

Formeln wie 'Humanisierung der Umwelt' oder 'gesellschaftliche Verantwortung des Designers' sind heute trotz oder gerade wegen ihrer faktischen Wirkungslosigkeit längst verinnerlicht und werden weitergegeben als Bestandteil eines ideologischen Prozesses, der jedes Problembewußtsein überspielt. Mit Recht wird daher in der jüngsten Bestandsaufnahme gegenwärtiger Lehrtendenzen an den Designschulen der BRD auf den folgenlosen, unreflektierten Verbrauch gesellschaftspolitischer Leerformeln kritisch hingewiesen[4]. In solchen immer noch propagandistisch verwertbaren und benutzten Formeln ist die gesellschaftliche Theorie des Design an die Grenze ihrer äußersten Banalität gebracht und zur handlichen Ideologie umfunktioniert worden, was, wie diese Studie nachweisen wird, weder ihrem Bewußtseinsstand vor hundert Jahren noch den sich heute neu abzeichnenden Reflexionsebenen entspricht.

Heute ist die Theorie zuallererst, wie die Produktform selbst oder deren Sprache, sowohl Mittel als Ergebnis in der Herstellung und Absicherung gesellschaftlicher Übereinkünfte. Wird sie als Herrschaftsinstrument indienstgenommen, um bestehende Übereinkünfte, Normen und Interessen zu festigen, hat sie eindeutig ideologische Funktion.

So wird heute das Design mit allen zu Gebote stehenden publizistischen Mitteln als gesellschaftlich notwendig und nützlich deklariert[5], wobei das Gewicht der gesamten Tradition sozialer Designtheorie und ihrer Interpreten dieser Behauptung Glaubwürdigkeit verschafft. Produzenten, Entwerfern und Konsumenten wird so jeweils für ihren Bereich ein abstützendes Wertverständnis vermittelt.

Wie die Produktform selbst ist auch die soziale Theorie ein sprachliches Phänomen. Sie wird publiziert, öffentlich vertreten, von Autoritäten interpretiert, propagandistisch zitiert, in Schulen gelehrt. Gewöhnlich weiß man von ihr mehr als von der untergründigen Wirkung der Produktsprache. Weil sie in ihrem Vorstellungsgehalt ebenso vernünftig wie notwendig erscheint und sich zudem auf kulturelle Tradition berufen kann, gelingt es um so besser, an ihr ein falsches Bewußtsein zu vermitteln. Weil sie Design niemals als Instrument der Herrschaft benennt, sondern nur immer seine der Allgemeinheit und den humanen Bedürfnissen dienende Funktion herausstellt, darf sie jedoch hinreichend verdächtigt werden, den Widerspruch der Interessen von Herstellern und Benutzern, der in der sozialen Wirklichkeit besteht, beiläufig oder absichtlich zu verdecken. Betrachtet man das Design und dessen öffentlich wirksame allgemeine Theorie als aufeinander bezogene Sprachphänomene, so stellen sie sich in bezug auf das gesellschaftliche Bewußtsein unter einer besonderen Kommunikationsfunktion dar:

»Denn soziales Handeln konstituiert sich allein in umgangssprachlicher Kommunikation. Aber ... Sprache ist *auch* ein Medium von Herrschaft und sozialer Macht. Sie dient der Legitimation von Beziehungen organisierter Gewalt. Soweit die Legitimationen das Gewaltverhältnis, dessen Institutionalisierung sie ermöglichen, nicht aussprechen, soweit dieses in den Legitimationen sich nur ausdrückt, ist Sprache *auch* ideologisch[6].«

Legitimieren heißt nichts anderes als für Recht erklären. Während die Produktsprache das für ihr Entstehen verantwortliche Gewaltverhältnis nicht deutlich ausspricht, sondern nur versteckt ausdrückt, gerät die abstützende soziale Theorie immer mehr zum Rechtsausweis für dieses Gewaltverhältnis. Sie deckt mit den verschiedensten Argumentationen, die hier noch zu Wort kommen sollen, Entstehung und Wirkungsweise der Produktsprache und festigt Vereinbarungen über die Beziehungen zwischen Produzent, Produkt und Konsument, auch wenn sie vom Standpunkt des gesellschaftlichen Nutzens gesehen irrational erscheinen.

Die soziale Theorie des Design kann insofern zur asozialen Theorie werden, als sie nicht ausspricht, was wirklich geschieht: die fortschreitende Ablösung von Gebrauchswerten durch irrationale Beziehungen zwischen Benutzer und gestaltetem Produkt, die fortschreitende Entfremdung des Menschen von seiner dinglichen Umwelt, die Fetischisierung der Konsumobjekte mit Hilfe des Design.

Was die allgemeine soziale Theorie des Design hingegen heute ausspricht, ist die Erwartung, daß gezieltes Design das Konsumverhalten und damit negative gesellschaftliche Folgen der Überfluß-Produktion korrigieren könne oder müsse[7]. Man trifft immer wieder auf diesen Grundwiderspruch, der nur in der begleitenden und rechtfertigenden Theorie gelöst scheint, nicht in der Praxis, auch wenn dort von der gesellschaftlichen Verpflichtung des Designers gern geredet wird:

»Ziel seiner Tätigkeit sind Industrie-Produkte, die der Gesellschaft in kultureller und sozialer Hinsicht dienen[8].«

Die Wirklichkeit führt eine andere Sprache. International umgangssprachlich vereinbart, ist Design heute zunächst ein Modewort, das Assoziationen an Chic, an schöne Form, an bestimmte Ausprägungen ästhetisierter Lebenshaltung und zivilisatorischen Komfort weckt, Vorstellungen von »einer hellgelben, erfrischenden, gutriechenden, appetitlichen Vanillezukunft«[9], wie ein Kritiker sarkastisch zu formulieren sich gezwungen sieht.

Im umgangssprachlichen Begriffsverständnis spiegeln sich deutlich die geltenden Übereinkünfte, die Zielsetzungen des Entwurfs und die Erwartungen der Konsumenten. Von den verblaßten sozialästhetischen Grundideen des Design, auf welche sich die abstützende Theorie heute noch bezieht, bleibt nur ein Schimmer in ihrer totalen Vulgarisation.

Der produktsprachlichen und der theoretischen Legitimation des herrschenden Produktivitätsinteresses als Ausdruck realer Gewaltverhältnisse ist es bereits gelungen, auf das Bewußtsein von Herstellern, Entwerfern und Verbrauchern derart zurückzuwirken, daß konkret soziale Zielvorstellungen des Design kaum noch gefordert oder entwickelt werden; man hält sie ohnehin für unrealisierbar und utopisch.

Als utopisch interessant, weil eines Tages vielleicht gut verwertbar, gelten technologische oder ästhetische Innovationsideen, beileibe nicht soziale. Mit ihnen kann der praktizierende Designer nichts anfangen, wenn er weiter praktizieren will. Denn wie die Industrie sich die Funktion des Design vorstellt, ist offenkundig; sie verlangt seine widerspruchslose Anpassung an die Bedürfnisse der Produktion:

»Die Industrie braucht die Integration. Sie kann sich nicht mit aufsässigen Designern herumschlagen[10].«

Das wird auch bei der Frage der Ausbildung des Designer-Nachwuchses in der BRD deutlich, die jüngst von der Industrie angeschnitten wurde; sie verlangt natürlich Effektivität in ihrem Sinne[11].

Ökonomisches Privatinteresse, zum gesamtgesellschaftlichen Interesse erklärt, legitimiert den Versuch, auf die Ausbildungsgänge staatlicher Design-Schulen Einfluß zu nehmen. Hier schließt sich ein Kreis; denn mindestens bei einem Teil dieser Schulen wird bereits unbedenklich angepaßt gelehrt[12].

In der Folge ergänzen sich die Bewußtseinsverkümmerung des Designer-Nachwuchses, die Verkürzung des Designverständnisses in der Öffentlichkeit und die Interessen der Produzenten zu einem kumulativen Effekt, der die soziale Theorie des Design Lügen straft. Solange nicht neue, grundsätzlich andere Sprachregelungen und gesellschaftliche Übereinkünfte auf Sinn und Zweck des Design getroffen sind, muß man daher jeden als Designer bezeichnen, der sich in irgendeiner Weise mit der Aufbereitung von Produktformen zu schaffen macht – mit oder ohne 'gesellschaftliche Verpflichtung'.

Seine Tätigkeit ist heute gerechtfertigt, wenn sich ein Kreis von Legitimationen schließt, von dem auch die soziale Theorie nicht unberührt bleibt. Dieser Kreis wird hergestellt durch die bestätigte öffentliche Meinung vom Wert seiner Funktion, durch den Erfolg seiner Arbeit, gemessen am Absatz und Gewinn, und durch vollsynchronisierte, wiederum meinungsbildende Werbung, die ihrerseits neue Rechtfertigungshilfen gibt.

Der Produktsprache, der multimedialen Werbung und der Legitimationstheorie des Design dürfte gelungen sein, wovon die Pioniere der Formgebung nur träumten, nämlich industrielle Form zum Ausdruck des zivilisatorischen Selbstverständnisses für alle zu machen, freilich sicher nicht in der heute ausgeprägten Weise.

Inzwischen hat sich die Formgebung, flankiert von ihrer Werbung in Theorie und Praxis, als treffsicherste Waffe im Wettbewerb um den Konsumenten erwiesen. Aus der Strategie der Produktplanung ist das Design nicht mehr wegzudenken, seit langem befaßt sich die Betriebswirtschaftslehre intensiv mit seiner Rolle[13].

Mindestens im Konsumgüterbereich kann es sich kein Hersteller mehr leisten, auf Formgebung nach geltender Übereinkunft zu verzichten. Es gibt kaum noch irgendein Produkt, das nicht auf die eine oder andere Weise zum Konsum in voller Absicht gestaltet worden wäre, sei es als Form selbst oder sei es durch Aufmachung und Verpackung. Hier sind die Grenzen schon verwischt; Form und 'Verpackung' können häufig als weitgehend identische Begriffe behandelt werden. Man spricht vom Karosserie-Schneider und meint den Designer, und Max Bill hat vor Jahren das böse Wort vom Designer als Friseur geprägt[14].

Die vorliegende Studie befaßt sich nur am Rande mit der Sprache der Produkte – sie ist geläufig und mag durch Bildbeispiele hinreichend in Erinnerung gebracht werden.

Thema der Studie sind die Strukturen der Theorie im nicht-sichtbaren Hintergrund des Design. Bündelung, Art und Funktion allgemeiner gesellschaftlicher Theorien des Design darzustellen und zu kennzeichnen erscheint notwendig in einer Situation, in der sich viele auf solche Theorien berufen, jene, die mit 'gutem' Design etwas zu bewirken meinen, und die Anhänger des gestalterischen Laissez-faire.

Es ist an der Zeit, die Frage nach dem Wahrheitsgehalt jener Theorien zu stellen oder, negativ ausgedrückt, die Frage nach der Schein-Theorie. Darzustellen sind also die wesentlichen theoretischen Rechtfertigungsversuche einer Produktions- und Designpraxis, die uns über den Kopf zu wachsen droht, in ihrem gesellschaftlichen Wahrheitsgehalt und Wirklichkeitsbezug, aber auch jene Vorstellungen, die aus der Reflexion gesellschaftlicher Notwendigkeit hervorgehen und dieser Praxis widersprechen.

Es gilt, die oft unanfechtbar erscheinenden Theorien methodisch zu befragen und mit der geschichtlich-sozialen Wirklichkeit zu vergleichen. Dabei mag sich zeigen, wo in den fundamentalen Theorien, die das Design bis heute getragen haben, konstruktive Ideen von täuschenden Interpretationen überwuchert werden, wo ihre Verharmlosung durch Einvernahme geschieht oder wo sie selbst dazu benutzt werden, gesellschaftlich negative Auswirkungen zu decken.

Ziel der Analyse ist aber auch, den verborgenen Gehalt an konkreten Vorstellungen aufzudecken, die sich auf den Entwurf einer humanen Umwelt beziehen, welche nur unter den herrschenden Verhältnissen immer irrationaler erscheint.

1   Vgl. zu den betriebswirtschaftlichen und betriebsorganisatorischen Aspekten des Design einführend zunächst: Erich Geyer, Industrial Design, Sonderdruck aus ›Management-Enzyklopädie‹, Bd. 3, S. 466 ff.; oder: Erich Geyer, Bernhard E. Bürdek, Design-Management, in: form, Nr. 51/1970
2   Geyer, a. a. O., S. 458
3   Vgl. a. a. O.
4   Vgl. Fridtjof Schliephacke, Versuch einer Bestandsaufnahme, Ein Diskussionsbeitrag zur Reform der Ausbildung von Industrial Designern in der BRD und West-Berlin, Berlin 1972 (Typoskriptkopie), S. 17 ff.
5   Vgl. dazu allgemein die werbende und rechtfertigende Publizistik staatlicher oder wirtschaftsverbundener Design-Institutionen in der BRD wie: Rat für Formgebung (verantwortlich für den ›Bundespreis Gute Form‹),
    Gestaltkreis im Bundesverband der Deutschen Industrie (BDI),
    DHIT-Arbeitskreis,
    Landesgewerbeamt Stuttgart,
    Internationales Design Zentrum (IDZ) Berlin,
    sowie die institutionellen Messe-, Ausstellungs- und Wettbewerbsaktivitäten im In- und Ausland; vgl. auch Eigenwerbung und Image-Pflege einiger in der Formgebung führender Firmen mit hohem Marktanteil wie z. B. Olivetti oder Braun-AG
6   Jürgen Habermas, Zu Gadamers ›Wahrheit und Methode‹, in: Habermas/Henrich/Taubes (Hrsg.), Hermeneutik und Ideologiekritik, Frankfurt 1971, S. 52 f.
7   Vgl. z. B. Mia Seeger, Zur Situation der Formgebung in Deutschland, in: Informationsschrift 2, hrsg. vom Rat für Formgebung, Darmstadt 1960, S. 8 f.
    sowie eine Reihe von Stellungnahmen in:
    Design? Umwelt wird in Frage gestellt (IDZ 1), hrsg. vom Themakreis im Internationalen Design Zentrum, Berlin 1970,
    z. B. Alf Bøe, S. 20 f.; Gui Bonsiepe, S. 26 f.; Gillo Dorfles, S. 37 ff.; Hans Hilfiker, S. 59; Dieter Rams, S. 108 ff. u. a., wobei mindestens die Hoffnung auf die Verbesserung humaner Umwelt durch Design zum Ausdruck gebracht wird.
8   Teil-Wortlaut des § 3/04 der Satzung des Verbandes Deutscher Industrie-Designer (VDID), Stuttgart 1971, S. 2
9   Achim Heimbucher, in: Design und Konsum/ (5) Alternativen für die Zukunft, Westdeutsches Fernsehen (wdr), 1971, Sendeskript S. 29
10 Bernhard Dietz, a. a. O., S. 17
11 Vgl. Süddeutsche Zeitung vom 24. 11. 1971: Design-Verbände und Wirtschaft für Konzentration der Design-Ausbildungsstätten.
    Vgl. auch eine Sammlung von Stellungnahmen der Industrie zur Ausbildungssituation der Designer in der BRD, beim Rat für Formgebung, Darmstadt 1971, sowie die Empfehlung des Rates für Form-

gebung an die Ministerpräsidenten aller Bundesländer und die Kultusministerkonferenz, die Neu-organisation der Designer-Ausbildung betreffend, beim Rat für Formgebung, Darmstadt 1971.
Vgl. auch Berichte und Diskussionsbeiträge in: form, Zeitschrift für Gestaltung, Nr. 42, S. 32 u. 33 f.; Nr. 45, S. 44 ff.; Nr. 53, S. 67; Nr. 54, S. 37 ff.; Nr. 55, S. 37, S. 69 f.

12 Vgl. Umfrage zur Situation der Designer-Ausbildung, durchgeführt von der Planungsgruppe 1 im Fachbereich Gestaltung Darmstadt vom Dezember 1971, in: Fridtjof Schliephacke, Versuch einer Be-standsaufnahme, a. a. O., Anhang I, S. 131 ff. (Der angedeutete Schluß konnte aus der Beantwortung bestimmter Tendenzfragen abgeleitet werden.)

13 Vgl. Rudolf Villiger, Industrielle Formgestaltung, Eine betriebs- und absatzwirtschaftliche Unter-suchung, Winterthur 1957 (Dissertation),
Ursula Hansen, Stilbildung als absatzwirtschaftliches Problem der Konsumgüterindustrie, Berlin 1969 (Dissertation),
Ursula Hansen/Eugen Leitherer, Produktgestaltung, Stuttgart (Erscheinen für 1972 angekündigt),
sowie: AW design, Grundlagen, Fallstudien, Arbeitsunterlagen, Lose-Blatt-Sammlung der Arbeits-gemeinschaft der Wirtschaft für Produktdesign und Produktplanung in Stuttgart

14 Vgl. form, Nr. 41/1968, S. 25

II Voraussetzungen, Ziele und Methoden einer Analyse der sozialen Theorie des Design

1 Der Begriff Design

»Begriffsbestimmungen über Design gehen in der Fachliteratur wie in den Lehrmeinungen von heute weit auseinander. Der ratsuchende Unternehmer, Manager oder Experte wird nicht selten verwirrt, da die Auffassungen von technisch-künstlerischen, kulturell-normativen bis zu absatz- und fertigungswirtschaftlichen Interpretationen verwandter Begriffe wie 'Formgebung' bis 'Produktgestaltung' nicht klar definiert werden können[1].«

Mehrdeutigkeit, Interpretierbarkeit und gegensätzliche Lehrmeinungen sind in der Tat die Kennzeichen des Begriffs. Sie resultieren weniger aus dem kaum noch abgrenzbaren Tätigkeitsfeld des Designers als vielmehr aus der Tatsache, daß die gesellschaftliche Theorie der industriellen Produktgestaltung heute beliebig auslegbar, verfügbar und anwendbar ist in der Rechtfertigung eines Phänomens, das wie in einem Vexierspiegel verzerrt erscheint, je nachdem ob man es vom kulturellen oder vom ökonomischen Standpunkt aus betrachtet.

Design umfaßt konkret nicht nur die Gestaltung einzelner Gebrauchsgüter oder Produktserien im Konsum- und Investitionsgüterbereich, sondern darüber hinaus auch Planung und Entwurf übergreifender Systeme, Einrichtungen und Räume der materiellen Umwelt, überschreitet also gelegentlich auch die nie scharf gezogene Grenze etwa zur Architektur, wobei aber die Produktgestaltung im engeren Sinne Hauptaufgabe des Designers ist. Selbst Mode und Werbung bedienen sich heute schon der Bezeichnung Design.

In der Dimension entwerferischen Denkens und Vorstellens, also auf der Ebene der Theorienbildung, -interpretation und -anwendung bei der gesellschaftlichen Orientierung der Designziele erscheint eine verbindliche Definition oder Eingrenzung noch schwieriger. Standort und Bewußtsein des Interpreten sind abhängig vom Bezugsrahmen seines Denkens, also vom sozialen Umfeld, mit dem er sich identifiziert und in dem er agiert, so daß ganz verschiedenartige allgemeine Entwurfskriterien zu gesellschaftlich maßgebenden erklärt werden können. Design ist also ein vieldeutiger Begriff.

Die hieraus sich ergebenden Streitfragen werden in der scheinbar objektiv-neutralen Aussage einer allgemeinen Planungstheorie, Design sei ein Prozeß der Problemlösung im Hinblick auf die Beziehungen des Menschen zu seiner technischen Umwelt, eben nur scheinbar aufgelöst. Diese Feststellung der Theorie bezeichnet zwar das Problem, sagt aber noch nichts über dessen Lösbarkeit, die gesellschaftliche Zielrichtung oder die Wege der Lösung aus. Denn auch die 'Beziehung des Menschen zu seiner Umwelt' ist interpretierbar. Man kann sie unter ökonomischen, ergonomischen, sozialen, psychologischen und ästhetischen Gesichtspunkten jeweils verschieden akzentuiert und bewertet finden. Will man aber eine konkret gesellschaftsbezogene Eingrenzung des Begriffs erreichen – und darum geht es hier in diesem Buch –, so muß man selbst akzentuieren und begründet werten.

Denn die bekannten positivistisch-pragmatischen Definitionen[2] des Begriffs Design umgehen eine solche Entscheidung und versuchen, die Mehrdeutigkeit des Begriffs, die auch aus der immanenten Dialektik des Design kommt, auszuklammern. Mit den Kategorien der Volkswirtschafts- und Betriebswirtschaftslehre, der Technologie, der Herstellungs- und Kostengerechtigkeit, des Funktionsnutzens, der Ergonomie, der Informationstheorie und der Ästhetik ist dem Begriff auch in der Summe nur teilweise beizukommen. So entsteht leicht ein verkürztes Bild, als sei Design weiter nichts als ein meßbare Daten verarbeitender Prozeß:

»Design vereinigt … im interdisziplinären Prozeß der Produktentwicklung Funktionen und Informationen aus Naturwissenschaft und Technik, Wirtschaft und Soziologie, Physiologie und Medizin, Psychologie und Ästhetik[3].«

Zwar wird hier die Komplexität der im Design zusammenzufassenden Fakten und Daten deutlich, wie sie sich in einer entsprechenden Planungs- und Entwurfsmethodologie niederschlägt, die heute bei der Produktentwicklung angewendet werden kann[4].

Die Summe aller Fakteninformationen als Voraussetzung zum Entwurf unterschlägt aber noch den vollen Gehalt des Design, wenigstens was die gesellschaftlichen Zielsetzungen betrifft. Man muß zu den meist ungenannten Bestimmungsfaktoren des Entwurfs jene nicht exakt beschreibbaren soziologischen und psychologischen Voraussetzungen rechnen, die im normativen und zielsetzenden Sinne als untergründige Komponenten und Tendenzen wirksam werden. Sie beruhen auf verbindlichen Vorstellungen und Werthaltungen der jeweiligen Gesellschaft und sind bei aller Wirksamkeit nur sehr schwer zu taxieren.

Man kann sie als historisch gewachsene, aus den jeweiligen Produktionsverhältnissen heraus entwickelte soziale, kulturelle, politische, philosophische, pädagogische oder sozialtherapeutische Vorstellungen und Grundhaltungen zwar benennen, ihren tatsächlichen Einfluß auf die Produktgestaltung aber kaum messen. Nichtsdestoweniger sind sie mitbestimmend für das Entstehen der Designobjekte. Der Sozialisationsprozeß durch Design erfolgt vermutlich nicht nur über den Gebrauch der Produkte und das Medium der Produktsprache, sondern auch im Überbau-Bereich durch Vermittlung von Wertvorstellungen und die Interpretation ideeller Gehalte des Design. Durchaus unterscheiden aber lassen sich unter diesen Kategorien an herrschende Norm angepaßte oder anpassende Entwürfe und solche, die selbst zu neuen Normen führen wollen. Design heißt ja ursprünglich Plan oder Entwurf, d. h. kann auch etwas meinen, das noch unfertig, noch Vorstellung und Projektion ist.

Die in der Fachliteratur vorherrschende Tendenz zur abgekürzt positivistischen Definition ist allerdings verständlich. Den Experten genügt ein Designbegriff, der sich in die Planungsprozesse der Produktion und ihre technisch-rationale Struktur nahtlos einfügt.

In der Öffentlichkeit trägt zur Begriffsunklarheit auch bei, daß die Fachsprache der Designer im Grunde etwas anderes meint als die Umgangssprache. Fachsprachlich wird mit Design der komplexe, hierarchisch gegliederte Prozeß der innerbetrieblichen, organisatorisch-gestalterischen Produktentwicklung bis zur Herstellungsreife bezeichnet. Von der Fülle dieser Überlegungen und Maßnahmen weiß der Konsument nichts; er ist selbst nur vorgestellter Gegenstand der Bemühung des Entwerfers, der ihm die endgültigen Produktinformationen aufbereitet. In der Sprache des Verbrauchers meint Design daher etwas Fertiges, die Erscheinung des Produkts als schlackenloses Bild, mit dem er sich konfrontiert sieht.

Eine Begriffsdefinition, die auch verborgene Ideengehalte als gesellschaftlich vermittelte Einflüsse auf das Design berücksichtigt, müßte in jedem Falle zwei Komplexe von Bestimmungsfaktoren umgreifen: die ökonomisch-technische Bestimmung der Objekte – ohne die kein Objekt in der Produktion realisiert würde – und die Bestimmung der Objekte durch gültige oder tendenziell auf Veränderung projektierte soziokulturelle Normen oder Zielvorstellungen – ohne die ein Entwurf nicht denkbar wäre.

Designobjekte sind einerseits Teilfunktionen der ökonomischen Basis der Gesellschaft als der Gesamtheit der materiellen ökonomischen Verhältnisse. In diesem Funktionszusammenhang entstehen sie real und unmittelbar im Produktionsprozeß. Sie sind andererseits aber auch Funktionen von Vorstellungen, Werthaltungen und Verhaltensweisen, die Herstellern, Entwerfern und Verbrauchern nicht unbedingt bewußt sein müssen. Sinngebung und gesellschaftliche Zielsetzung des Design erfolgen nicht unmittelbar an der Produktionsbasis, sondern im gesellschaftlichen Überbau, definiert als die »Gesamtheit der für eine bestimmte Gesellschaft charakteristischen Ideen und gesellschaftlichen Institutionen, die aus der ökonomischen Basis dieser Gesellschaft herauswächst, ihr entspricht und aktiv auf sie zurückwirkt[5].«

Man wird dem Phänomen Design sicher nur gerecht, wenn man diese Doppelbestimmung durch Basis- und Überbaufaktoren ins Auge faßt. Dann aber ergeben sich für eine Kritik des Design besondere Perspektiven. Es erscheint in dieser Hinsicht nutzlos, gegenüber Produkten, Produzenten und Entwerfern den Vorwurf zu erheben, daß bei allem Überfluß gesellschaftlicher Mangel durch Design nicht behoben werde. Solche Kritik wird denn auch kaum verstanden, sie wird zurückgewiesen, weil der Kritisierte sich bewußt oder unbewußt auf die gültigen Normen berufen kann.

Die Wirkungslosigkeit auch massiver Kritik am gegenwärtigen Design ist unter anderem dadurch begründet.

Wirkung, d. h. Veränderung kann die Kritik vermutlich nur dadurch erzielen, indem sie sich langfristig auf das Bewußtsein richtet, indem sie Theoreme und Vorstellungen bloßlegt, bewußtmacht und umzuwandeln beginnt, die bislang eine unbefriedigende

Praxis rechtfertigten. Sie kann zwar Sachzwänge, ökonomische Machtverhältnisse und einseitige Produzenteninteressen nicht abbauen, aber sie kann vielleicht in der Form der Überbau-Kritik den bestätigenden Rückfluß von Ideologien in die Praxis hemmen.

Immerhin legen die verheerenden Folgen fortschreitender Industrialisierung den gesellschaftlichen Institutionen Verpflichtungen auf, ohne deren Einlösung die gesellschaftliche Existenz bedroht ist. Dazu bedarf es zweifellos einer gezielten Planung und Gestaltung sozialer Umwelt. Seit einigen Jahren hat der Begriff Design daher bereits eine enorme Ausweitung erfahren, als 'environmental design' im Sinne von Umweltplanung und -gestaltung[6], als 'total activity-pattern'[7] im Sinne eines Grundmusters für alle menschlichen Aktivitäten, so daß man im Design von einem Mikrobereich der Aufgaben in bezug auf die Produktgestaltung und von einem Makrobereich in bezug auf umfassende Umweltgestaltung sprechen kann.

Damit ist vielleicht der Begriff, aber noch lange nicht die Praxis des Design resozialisiert. Wenn überhaupt, so wird das vermutlich nur über eine allmähliche Veränderung von Werthaltungen, Verhaltensdispositionen und Zielvorstellungen gelingen, unter denen Produkte und Systeme geplant, hergestellt, verstanden und gebraucht werden. Dies ist eine später noch zu differenzierende Grundthese der vorliegenden Studie; sie rechtfertigt die Auseinandersetzung mit den Inhalten und Funktionen der gesellschaftlichen Theorie des Design.

1 Erich Geyer, Design-Management, Ein Beitrag zur Produkt- und Umweltplanung, Referat auf der 1. internen Arbeitstagung des Deutschen Werkbundes vom 1.–3. 5. 1970 in Saarbrücken, in: AW design Informationen, Stuttgart 1970, S. 2

2 Vgl. z. B. Geyer, a. a. O., oder: Arnold Schürer, Der Einfluß produktbestimmender Faktoren auf die Gestaltung, Bielefeld 1969 (Selbstverl. des Verf.), S. 9, S. 32 ff., S. 37 (Schürer unterscheidet zwar in seinem T-W-M-Bezugssystem die in sich wiederum differenzierten Klassen der technischen, der wirtschaftlichen und der menschbezogenen Bestimmungsfaktoren, gelangt aber nicht zu einer konkreten Aussage darüber, daß die Produktgestaltung sowohl von Basis- als auch von Überbaufaktoren beeinflußt wird.)

3 Geyer, a. a. O.

4 Vgl. Bernhard E. Bürdek, Design-Theorien, Design-Methoden, 10 methodische und systematische Verfahren für den Design-Prozeß, in: form, Nr. 56/1971, S. 9 ff.;
ders., Design-Theorie, Methodische und systematische Verfahren im Industrial Design, Stuttgart 1971 (Selbstverl. des Verf.) (als gegenwärtig umfassendste Darstellung von Entwurfs-Methodologien)

5 Zitiert nach Georg Klaus/Manfred Buhr (Hrsg.), Philosophisches Wörterbuch Bd. 2, Leipzig 1969, S. 1098
Vgl. auch Marx/Engels, Über Kunst und Literatur Bd. 2, Berlin 1967, S. 74 f.

6 Vgl. Gui Bonsiepe, Zur Abgrenzung eines Begriffs, in: form, Nr. 43/1968, S. 40 f.
Vgl. Hans Eckstein, Design, Gesellschaft und die Zukunft, Bericht über den 6. ICSID-Kongreß in London, in: Werk und Zeit, Nr. 10/1969, S. 1

7 Vgl. Erich Geyer/Bernhard E. Bürdek, Design-Management, in: form, Nr. 51/1970, S. 38 (oder Sonderdruck für AW design)

2 Produktkritik und Kritik des Design

Eine Produktkritik nach den Kriterien der jeweiligen Entwurfs- und Produktionspraxis, die bestimmte Motivationen und Ziele der Produktplanung als richtig und sozial
erwünscht, also unkritisch, voraussetzt, kann mit Sicherheit nichts zur Lösung der
gesellschaftlichen Problematik der Produktgestaltung beitragen. Sie verfährt in grund-
sätzlicher Übereinstimmung mit den herrschenden Verhältnissen gewöhnlich so, daß
sie funktionale und formale Produktvarianten untersucht und unter einem Nutzen-
standpunkt vergleicht, der ihr vorgegeben ist[1]. Dabei ist verhältnismäßig gleichgültig,
ob das produktgestalterische Moment einer strengen Kritik unterworfen wird oder
nicht. In jedem Falle werden Waren klassifiziert, und das kritische Verfahren selbst,
über einige Vorzüge und Nachteile aufklärend, kann leicht der Anpassung des Verbrauchers an das kritisierte Objekt dienen, dem im ganzen Zustimmung zuteil wird.

Erinnert sei an die beliebten periodischen Automobil-Testspiele in den großen Illustrierten oder im Fernsehen, die niemals den Sinn der Objekte fraglich erscheinen lassen, und diese im Grunde einverständliche Kritik wird zugelassen, weil sie die Kern-
probleme nicht berührt.

Produktkritik und Kritik des Design aber sind zweierlei, sie unterscheiden sich nicht
nur in den Verfahren, sondern auch in der Fragestellung. Eine Kritik des Design wird
die Objekte als Tatsachen oder Tatbestände zwar zu würdigen haben, sie wird aber vor
allem nach den Gründen für ihr Entstehen fragen müssen, nach ihrem theoretischen
Hintergrund, ihrem ökonomischen Vordergrund und deren wechselseitigen Beziehungen. Daß sie sich mit der heute schon stupiden Praxis des Entwerfens und der Produktion beschäftigt, verlohnt kaum; denn die dort sich auswirkenden Interessen und
Zwänge sind rasch erkannt und erklärt. Ihr zentrales Thema ist vielmehr die Verfüg-
barkeit der sozialen Theorie des Design für herrschende Interessen. So wird sie zur
Theorie-Kritik, um die Anpassungs- und Rechtfertigungsmechanismen darzustellen,
die im Zuge der Theorienbildung sich entwickelt haben. Sie geht dabei von der Tatsache aus, daß es sich heute als Fehlmeinung herausstellt, in der Tätigkeit des Designers
komme der gerechte Ausgleich von Benutzer- und Produzenten-Interesse zustande[2].

Tatsache ist auch, daß das Design selbst unter konkret gesellschaftlicher Zielsetzung
zunehmend immer wirkungsloser verbraucht worden ist als Allheilmittel gegen die
Folgen der industriellen Revolution, gegen die Folgen entfremdeter Arbeit, gegen die
Folgen der gesellschaftlichen Antagonismen, als Bauprinzip einer schönen und heilen
neuen Welt, die sich immer noch nicht hergestellt hat.

Eine Kritik des Design wird hier das Verhältnis von Theorie und Praxis überprüfen
müssen. Ihre Aufgabe kann es aber nicht sein, der gegenwärtigen Praxis zu bestätigen,
daß alle diese Zukunftsversprechen eben unrealistisch gewesen seien. Sie hat vielmehr
Gehalte aufzuzeigen, die nur verschüttet oder verfremdet wurden, und sie wird auch
zeigen müssen, wozu Design beitragen, wo es gesellschaftliche Produktivkraft sein und
welchen wiederhergestellten Sinn als Entwurf von Wirklichkeit es haben kann.

Eine solche Kritik klagt nicht den Designer an, das wäre unsinnig und ungerecht. Er führt Aufträge aus, für die er die Entwurfsdaten und Ziele ebenso geliefert bekommt wie die Theoreme zur Abstützung seines Selbstverständnisses. Diese Theoreme gilt es darzustellen und mit Vorstellungen zu konfrontieren, die sich davon bereits kritisch abheben. Dabei wird zu fragen und zu begründen sein, weshalb bisher so gut wie jeder neue Ansatz zur Realisation einer sozialen Theorie/Praxis des Entwerfens von Umweltformen in den Anfängen steckengeblieben oder in geschichtlicher Folgenlosigkeit erstarrt ist.

Notwendig ist eine Theorie-Kritik des Design umfassender als jede pragmatische Kritik. Sie hinterfragt nicht nur die Phänomene auf die Sachzwänge, die sie bedingen; sie hinterfragt auch die dieser Realität bewußtlos verhaftete pragmatische Kritik, ihre Ansätze, Kriterien und Aussagen.

Sie überprüft die Wertvorstellungen und Verhaltensnormen in der institutionalisierten Wirklichkeit, also die Überbau-Komponente des Design, und sie entwickelt sich in der Beobachtung der Theorien zur theoretischen Meta-Kritik. Sie mündet dann folgerecht, indem sie zur Beurteilung herrschender Vorstellungen eigene Kriterien entwickelt, in eine bewertende Kritik nach neuen oder wiederhergestellten Vorstellungen ein.

Der Vorwurf bedrängter Pragmatiker, die Kritik könne sich dabei keiner objektiven, z. B. sozialwissenschaftlich abgesicherten Kriterien bedienen, ist nicht von der Hand zu weisen; denn ihre 'Objektivität' ist mit der Standortfrage gekoppelt.

Aber diesem Vorwurf ist die Tatsache gegenüberzustellen, daß in der herrschenden Praxis Wertung und Wahrheitsanspruch immer vorweggenommen werden. Dort wird unbedenklich auf eine fatale Weise nachhaltig gewertet, ohne Rücksicht auf gesellschaftliche 'Objektivität'; denn gewöhnlich stilisieren die Produzenten ihr Privat-Interesse ungefragt zum Wert. Designbewußte Unternehmen lassen sich mit Vorliebe als kulturelle oder kulturschaffende Institutionen feiern, während sie gleichzeitig stolz und offen auf ihre marktbeherrschende Position hinweisen[3].

Im Rückbezug auf sozio-kulturelle Normen setzt immer irgendeine Bewertung der Produktgestaltung ein. Sie ist mitsamt ihrer sozialen Theorie heute privatwirtschaftlich und staatlich-öffentlich voll institutionalisiert und abgesichert, letzteres auch im Ostblock[4]. Das Design ist aus dem Kulturbetrieb nicht mehr fortzudenken; Ausstellungen, Musterschauen und Preisverleihungen sorgen für die öffentliche Anerkennung seines kulturellen Wertes[5].

Propaganda für Formgebung zu fordern, wie das im frühen Werkbund[6] noch geschah, ist überflüssig; es gibt sie zur Genüge. Die systematische Abstützung geltender Normen erfolgt nicht nur über die Wirtschaftswerbung, sondern auch über eine Reihe von eigens zu diesem Zweck errichteten Überbau-Institutionen, die organisatorisch und personell untereinander, mit der Industrie und mit dem Staat verflochten sind und für Regelung und Erhaltung des gewünschten Wertverständnisses unablässig sorgen[7].

Wenn eine Theorie-Kritik des Design, die in eine kritische Theorie des Design einmündet, eine Berechtigung hat, dann vor diesem Machtapparat zur Herstellung öffentlicher Übereinkunft auf den 'Wert' des Design; denn dieser Apparat beharrt unbeirrt auf dem Anspruch zur gesellschaftlichen Theorienbildung, d. h. auf der von ihm vertretenen Ideologie. Die theoretische Kritik muß versuchen, dieser institutionalisierten Wirklichkeit Denkmodelle gegenüberzustellen, die sich gleichwohl noch innerhalb des möglichen soziologischen Bezugssystems halten. Als Theorie, die ihre Prinzipien nicht aus der Unternehmensstrategie und nicht aus dem eingeübten Konsumverhalten und dessen Rechtfertigungsweisen ableitet, hat sie gesamtgesellschaftliche Aspekte zu sammeln und zu reflektieren. Was sie im Vergleich von Wirklichkeit und Notwendigkeit feststellt, kann zu Bezugserweiterungen des Design führen, zu neuen Zielvorstellungen und neuen Normen.

Zwar ist die praktische Folgenlosigkeit der sozialen Theorien des Design bis heute entmutigend, aber gegenwärtig sind Kritik und Reorganisation der Vorstellungen in Teilen des gesellschaftlichen Überbaues wie im Bewußtsein vieler Einzelner so weit fortgeschritten, daß vielleicht reale Chancen zur Veränderung bestehen.

Freilich, was gesellschaftlich richtig, notwendig und wahr ist, kann eine kritische Designtheorie kaum mit wissenschaftlicher Exaktheit beweisen. Darin liegt die Schwäche dieser Theorie, die rasch als unverbindliche Designphilosophie verbraucht und dem Bestand der Ideologien einverleibt werden kann, gelingt es ihr nicht, auf die Wirklichkeit mehr zurückzuwirken als bisher.

Ihr Standort, ihre Grundhypothese, ist die Verneinung dessen als gesellschaftliche Sinngebung, was *Marcuse* die »repressive Produktivität«[8] nennt. Das macht sie der herrschenden Meinung so verdächtig.

1 Vgl. Ekkehard Merz/Thilo Rusinat/Manfred Zorn, Produktkritik, Entwicklungen und Tendenzen in der BRD, Diskussionspapier 5, hrsg. vom Institut für Umweltplanung (IUP) an der Universität Stuttgart, Ulm 1971
2 Vgl. Otl Aicher, in: Design? Umwelt wird in Frage gestellt (IDZ 1), hrsg. vom Themenkreis im Internationalen Design Zentrum, Berlin 1971, S. 11 f.
Vgl. Gui Bonsiepe, a. a. O., S. 27
Vgl. Bernhard E. Bürdek, Bemerkungen zum Industrial Design heute, Obsoleszenz, Aufstieg und Fall des Industrial Design, in: form, Nr. 47/1969, S. 36 f.
3 Vgl. Eigendarstellungen führender Unternehmen, z. B.: Olivetti, Bilder einer Industrie oder: Olivetti, Menschen, Ideen, Produkte, Zahlen (beide hrsg. von der Deutschen Olivetti-GmbH, o. J.)
4 Vgl. Martin Kelm, Produktgestaltung im Sozialismus, Berlin 1971, S. 125 ff.
5 Z. B. der jährliche ›Bundespreis Gute Form‹; ›Die Gute Industrieform‹, Sonderschau der Industriemesse Hannover und der Frankfurter Herbstmesse sowie Ausstellungen außerhalb der Messen.
Vgl. auch die Jahreslisten des ICSID (International Council of Societies of Industrial Design, London) zum Überblick über die internationalen Ausstellungs- und Wettbewerbsaktivitäten
6 Vgl. eine solche Forderung von Hermann Muthesius (1914), in: Julius Posener, Anfänge des Funktionalismus, Frankfurt/Berlin 1964, S. 205

7 In nahezu allen Industrieländern einschließlich des Ostblocks arbeiten solche Organisationen, die wiederum mit dem ICSID als internationalem Dachverband zusammenwirken. Die staatlichen Zentralinstitute für Formgestaltung in den Ostblockländern nehmen sowohl gestalterische Direktiv-Funktionen für die Produktion als auch die ideologischen Überbau-Funktionen für das 'sozialistische' Design wahr. In den westlichen Ländern ist der Einfluß auf die Produktion nicht so ausgeprägt, jedoch wird die Abhängigkeit der Organisationen von Wirtschaft, Industrie und Staat allmählich offenkundig und Gegenstand massiver Kritik:
Vgl. z. B. 'Der Konflikt im IDZ Berlin', in: Werk und Zeit, Nr. 2/1971
oder: '7 Fragen an Gustav Stein' (Präsidialmitglied des BDI, Gründer des Kulturkreises und des Gestaltkreises im BDI) zur Frage der Unabhängigkeit des Rates für Formgebung, in: form, Nr. 46/1969, S. 37 ff.
Vgl. auch das informative Schaubild zur personellen Verflechtung in den leitenden Positionen der Design-Institutionen in der BRD (Rat für Formgebung, Gestaltkreis, IDZ), in: Werk und Zeit, Nr. 2/1971

8 Vgl. Herbert Marcuse, Der eindimensionale Mensch, Neuwied/Berlin 1970, S. 252

3 Ideologie und Utopie als theoriekritische Kategorien

Wie, von wem, für wen und was gestaltet und produziert werden soll, sind seit je Problemfragen einer sozialen Theorie des Design. Sofern diese offensichtlich nicht gelöst werden und dabei nur Vorstellungen zu Tage treten, die auf der Basis von wirtschaftlichen Interessen einzelner Gruppen oder von herrschenden Machtverhältnissen entstanden sind und auf diese abstützend zurückwirken, darf man den Verdacht auf Ideologie erheben, auch dort, wo man zunächst nur kulturelle Traditionen festzustellen meint.

Findet man aber Denkweisen und Entwurfshaltungen vor, die sich eindeutig gegen herrschende Vorstellungen richten und Modelle einer gesellschaftlich andersgearteten Wirklichkeit planend vorwegzunehmen versuchen, so stößt man mit einiger Sicherheit auf utopische Aspekte einer gesellschaftlichen Theorie des Design.

Aber schon indem man diese Unterscheidung trifft oder gar die Aufdeckung der Design-Ideologien systematisch-kritisch betreibt, verhält man sich selbst im Sinne des utopischen Denkens; denn »die kritische Anwendung des Ideologiebegriffs findet im Zeichen der Utopie statt[1].«

Wieder wird die Standortfrage entscheidend, die Wertung erfolgt unter einem bestimmten Bewußtsein. 'Falsches' oder 'richtiges' Bewußtsein kann nicht eine Sache bloßer Meinung sein, die Trennung muß durch einen rationalen Prozeß erfolgen, durch das Bewußtmachen der Wirklichkeit und der Zwänge, die sie auf den Denkenden ausübt.

Habermas stellt zu diesem Prozeß fest:

»Wir können uns auf die verinnerlichten Normen erst zurückbeugen, nachdem wir unter äußerlich imponierter Gewalt zunächst blind ihnen zu folgen gelernt haben[2].«

Der Prozeß des Bewußtmachens von wirklichen Sachverhalten und ihren Zwängen ist also ein Lernprozeß, der die Wirklichkeit an die vorher gültigen Vorstellungen von der Wirklichkeit heranführt, so daß diese korrigiert werden. Findet dieser Lernprozeß nicht statt, so bleibt ein falsches Bewußtsein von der Wirklichkeit erhalten.

Marx und *Engels* setzen deshalb falsches Bewußtsein mit Ideologie gleich:

»Die Ideologie ist ein Prozeß, der zwar mit Bewußtsein vom sog. Denker vollzogen wird, aber mit einem falschen Bewußtsein. Die eigentlichen Triebkräfte, die ihn bewegen, bleiben ihm unbekannt; sonst wäre es eben kein ideologischer Prozeß. Er imaginiert sich also falsche resp. scheinbare Triebkräfte[3].«

In der Kritik des Design, seiner Entwurfsvorstellungen und Theorien wird es also darum gehen, scheinbare Triebkräfte und damit falsches Bewußtsein aufzudecken und nach solchen Vorstellungen zu suchen, welche die gesellschaftliche Wirklichkeit und Notwendigkeit reflektieren und aus dieser kritischen Einsicht bewußt Antriebe entwickeln.

Die Unterscheidung ideologischer und utopischer Gehalte ist aber keineswegs einfach zu treffen. Einerseits gibt es formale Verwandtschaften zwischen beiden Kategorien, andererseits kann man auch Übergänge einstmals utopischer Vorstellungen in ideologisch erstarrende Formen im geschichtlichen Entwicklungsprozeß beobachten, gerade in der Geschichte des Design. Schließlich wird man auch auf keinen Fall mit der umgangssprachlichen Bedeutung der beiden Begriffe arbeiten können. Was in der Sprache der Öffentlichkeit als Meinung von Ideologie und Utopie kursiert, deckt sich keineswegs mit deren erkenntnistheoretisch bemühten Definitionen; denn die Wissenssoziologie hat sich anhaltend darum bemüht, die Begriffe trennscharf zu unterscheiden und verwendbar zu machen.

So bezeichnet *Mannheim* Utopie und Ideologie als »seinstranszendente Vorstellungen«, deren beider Kriterium die Verwirklichung sei. Er kennzeichnet aber gerade jene Vorstellungen als Ideologien, »die de facto niemals zur Verwirklichung des ihnen vorgestellten Gehalts gelangen«, und die auch bei subjektiver Gutgläubigkeit des Handelnden »meist im Handlungsvollzug ihrem Sinngehalt nach umgebogen werden[4]«.

Hier ist Ideologie also gerade das, was in der Umgangssprache oberflächlich Utopie genannt wird, die niemals zur Verwirklichung gelangende Vorstellung.

Hingegen definiert *Mannheim* umgekehrt Utopie als eine an der Wirklichkeit gemessen konkretere Vorstellung:
»Utopien sind auch seinstranszendent . . ., sie sind aber nicht Ideologien bzw. sie sind es insofern und in dem Maße nicht, als es ihnen gelingt, die bestehende historische Seinswirklichkeit durch Gegenwirkung in der Richtung der eigenen Vorstellung zu transformieren[5].«

Mannheim befaßt sich auch eingehend mit den Schwierigkeiten der Unterscheidung:
»Gilt diese prinzipielle und zunächst völlig formale Unterscheidung zwischen Utopie und Ideologie von uns relativ außenstehenden Betrachtern aus beinahe völlig unproblematisch, so ist die Bestimmung dessen, was in concreto, im gegebenen Falle als Ideologie und Utopie anzusprechen sei, unglaublich schwierig. Es handelt sich hierbei nämlich stets um eine wertende und messende Vorstellung, bei deren Vollzug man unvermeidlich an den Wollungen und an dem Lebensgefühl der um die Beherrschung der historischen Wirklichkeit ringenden Parteien partizipieren muß. Was im gegebenen Falle als Utopie und was als Ideologie zu gelten hat, das hängt . . . auch davon ab, an welcher Stufe der Seinswirklichkeit man den Maßstab ansetzt, und es ist klar, daß die die bestehende sozialgeistige Seinsordnung vertretenden Schichten die von ihnen getragenen Zusammenhänge als wirklich erleben werden, daß dagegen die in Opposition getriebenen Schichten sich bereits an den tendenziellen Keimen der von ihnen gewollten und durch sie werdenden Lebensordnung orientieren werden.

Als Utopie bezeichnen die Vertreter einer bestimmten Seinswirklichkeit alle jene Vorstellungen, *die von ihnen aus gesehen* prinzipiell niemals verwirklicht werden können. In diesem Sprachgebrauch bekommt auch das Utopische jenen heute dominierenden Nebensinn einer Vorstellung, die *prinzipiell* unverwirklichbar ist[6].«

Damit ist der allgemeine Utopiebegriff eingegrenzt und eine Sprachregelung getroffen, der wir hier weitgehend folgen werden.

In der neueren, besonders in der kritischen Designliteratur taucht nun häufig der Begriff der ›konkreten Utopie‹ auf. Er scheint stellenweise in den Definitionen *Mann-*

heims schon vorgeprägt, wird aber im engeren Sinne besonders bei *Bloch* deutlich:
»Konkreter Utopie kommt es ... darauf an, den Traum von ihrer Sache, der in der
geschichtlichen Bewegung selbst steckt, genau zu verstehen. Es kommt ihr, als einer
mit dem Prozeß vermittelten, darauf an, die Formen und Inhalte zu entbinden, die sich
im Schoß der gegenwärtigen Gesellschaft bereits entwickelt haben. Utopie in diesem
nicht mehr abstrakten Sinne ist derart das gleiche wie realistische Antizipation des
Guten ...[7]

Doch muß zwischen Utopistischem und Utopischem unterschieden werden; das eine
bringt sich nur unmittelbar, abstrakt an die Verhältnisse heran, um sie rein aus dem
Kopf zu verbessern, das andere nahm immerhin dazu auch das Bauzeug von draußen.
Wobei freilich selbst das Utopistische, wie es abstrakt *über* die Wirklichkeit greift, sich
vor einem bloß Empiristischen, das nur abstrakt *unter* die Wirklichkeit greift, nicht zu
genieren braucht. Kritik des Utopischen kann nur von einem Standort erfolgen, der
adäquat ist, der nicht etwa Überfliegen durch faktizistisches Kriechen richtet, gar er-
setzt[8].«

Wenn also in der kritischen Designtheorie von konkreter Utopie die Rede ist, so
gewiß nicht im Sinne des Utopistischen, sondern im Sinne der »noch nicht verwirklich-
ten objektiv-realen *Möglichkeiten*«[9] in der Welt.

Der Ursprung solcher Utopien ist ein entwickeltes utopisches Bewußtsein, das diese
Möglichkeiten erkennt und wünscht. Es markiert den Standort, von dem aus Ideologiekritik möglich wird und auch Utopiekritik geleistet werden kann. Wenn man nämlich
sagen darf, daß die Falschheit der Ideologie darin liegt, daß sie 'Scheintheorie' ist[10], so
ist auch die abstrakte Utopie, das Utopistische, eine Art von Scheintheorie. Daraus folgt
notwendig ein doppelseitiges Verfahren in der Analyse der geschichtlich sich entwik-
kelnden Designtheorien, das ideologiekritische und das utopiekritische.

Daß man *beide* Kategorien im Auge behalten muß, hat einen durchaus triftigen
Grund:
»Ideologie ist nicht nur der dem Traum entgegengesetzte Schein, sondern zugleich der
Schein des Traums. Von Ideologie als wirklich ausgegeben, wird die Verwirklichung
des Traums durch sie gerade verhindert. So aber ist selbst im Schein noch der Traum
präsent, in Ideologie Utopisches wirksam, freilich umgebogen und entmündigt; und
indem Ideologie scheinhaft als wirklich vorstellt, was nur erst geträumt wird, erkennt
sie die Wahrheit des Traums an. Dann ist Utopie nicht bloß Alternative zum Ideologischen, sondern zugleich dessen Ferment, ja, vielleicht sein Anlaß[11].«

Der Vorgang des 'Zurückbeugens auf die verinnerlichten Normen' durch ein erken-
nendes Bewußtsein ist bei *Mannheim* konkret vorgezeichnet:
»Wenn wir in die Vergangenheit zurückblicken, gibt es ein ziemlich zuverlässiges Kriterium dafür, was als Ideologie und was als Utopie anzusehen sei. Das Kriterium für
Ideologie und Utopie ist die *Verwirklichung*.
Ideen, von denen es sich nachträglich herausstellte, daß sie über einer gewesenen oder
aufstrebenden Lebensordnung nur als verdeckende Vorstellungen schwebten, waren

Ideologien, was von ihnen in der nächsten gewordenen Lebensordnung adäquat verwirklichbar wurde, war relative Utopie[12].«

Diese Begriffsbestimmungen sind für die Analyse aller sozialen Theorien des Design durchaus von Bedeutung, weshalb sie hier vorausgeschickt werden müssen. Denn die Designgeschichte ist nicht nur insgesamt über weite Strecken einer Geschichte der Sozialutopien gleichzusetzen, wie der historische Teil dieser Studie demonstrieren wird, sondern das Denken und Planen des Entwerfers ist – wenn es sich nicht angepaßt verhält – an sich schon im wesentlichen utopisch vorstrukturiert. Ein Entwurf, der auf eine neue gestalterische Ordnung, auch im kleinsten Bereich, zielt, versucht ein Stück neuer, vorgestellter Lebensordnung vorwegzunehmen.

In der Methodologie des Entwerfens als Ordnungs- und Gliederungsprinzip der Designprozesse und als angewandte Wissenschaft ist dieser Aspekt nicht enthalten. Bewußtsein und Vorstellung des Entwerfers entziehen sich weitgehend einer methodologisch-rationalen Definition; es bleibt dabei ein Rest an statistisch nicht erfaßbarer Phantasie, an freier Rationalität in einem erweiterten, gesellschaftsbezogenen Sinne.

Gerade dieser Rest ist häufig zu verstehen als die utopische, prospektive und projektive Rationalität des Entwerfens aus der Erkenntnis bestehender sowie zukünftig möglicher und notwendiger gesellschaftlicher Realität. Und genau diese Art von Rationalität des Entwerfens läßt erst eine soziale Theorie des Design entstehen. Dabei ist diese rationale, über den Gestaltungsauftrag oft hinauszielende, auf vorgestellte neue Wirklichkeit bezogene Phantasie des Entwerfers aufs engste mit dem Moment der Kreativität verknüpft.

In der Fachsprache der Designer versteht man heute gewöhnlich unter Kreativität eine instrumentelle, jederzeit verfügbare Fähigkeit zur Entwicklung von Einfällen für neue Produktvarianten im gegebenen Produktionsrahmen, die den Produktions- und Konsum-Mechanismus in Gang hält.
Sie ist hier nicht gemeint.

In einer anderen, geschichtlich und anthropologisch durchaus gerechtfertigten Weise ist Kreativität als eine Fähigkeit sozial-projektiven Verhaltens zu definieren, die emanzipatorische Chancen aufdeckt oder wahrnimmt oder gestaltend herzustellen vermag[13]. Diese Verhaltensfähigkeit trägt immanent utopische Züge und hat sich in der konkreten sozialen Utopie des Design immer wieder manifestiert.

Maldonado setzt, in Anlehnung an C. *Wright Mills*, die mit dem Moment der Kreativität vermittelte rationale Phantasie des Designers der »soziologischen Imagination«[14] gleich; *Marcuse* spricht von der »Produktivkraft Phantasie« und an anderer Stelle von der Entwicklung einer Rationalität, die ein befriedetes Dasein ermöglichen könne[15]. Wo diese Imagination fehlt oder nur vorgetäuscht wird, im Entwurf oder in der Theorie, liegt der Verdacht auf Ideologie nahe.

Man darf aber auch die angesprochenen utopischen Aspekte nicht mißverstehen. Eine Umwälzung der gesellschaftlichen Verhältnisse, 'Revolution' durch Design, wäre eine abstrakte Utopie, eine tatsächlich unrealisierbare Vorstellung, die sofort in die

Nähe der Ideologie gerät, weil sie das Wahrheits- und Wirklichkeitskriterium nicht erfüllt. Denn das Entwerfen, an sich schon ein Prinzip dialektischen Vorgehens im Widerstreit von unbegrenztem Vorstellen und Planen einerseits und begrenzt möglichem Handeln und Realisieren andererseits, ist zudem noch mit der Dialektik der gesamtgesellschaftlichen Umwälzung verbunden und kann nur auf der Basis der jeweils herrschenden Produktionsverhältnisse und Produktionsweisen entstehen, gegen die es im Entwurf sich möglicherweise richtet. Der Designer darf sich also als gesellschaftlich verändernd nur begreifen als ein *Teil* der entwickelten Produktivkräfte selbst, die auf eine Veränderung der gesellschaftlichen Ordnung drängen. Die im Entwurf zum Ausdruck kommende 'soziologische Imagination' dieser Veränderung bleibt in der Form der *konkreten* sozialen Utopie des Design an das Wahrheits- und Wirklichkeitskriterium des gesellschaftlich und historisch Möglichen gekettet.

1 Arnhelm Neusüss, Utopie und Ideologie, in: Neusüss (Hrsg.), Utopie, Begriff und Phänomen des Utopischen, Neuwied/Berlin 1968, S. 30
2 Jürgen Habermas, Zu Gadamers ›Wahrheit und Methode‹, in: Habermas/Henrich/Taubes (Hrsg.), Hermeneutik und Ideologiekritik, Frankfurt 1971, S. 50
3 Zitiert nach Georg Klaus/Manfred Buhr (Hrsg.), Philosophisches Wörterbuch, Bd. 1, Leipzig 1969, S. 504 f.
4 Vgl. Karl Mannheim, Ideologie und Utopie, Frankfurt 1969, S. 171
5 Mannheim, a. a. O., S. 172
6 A. a. O.
7 Ernst Bloch, Freiheit und Ordnung, Abriß der Sozialutopien, Hamburg 1969, S. 180
8 A. a. O., S. 239 f.
9 Vgl. a. a. O., S. 180
10 Vgl. Theodor Geiger, Ideologie und Werturteil, in: Kurt Lenk (Hrsg.), Ideologie, Ideologiekritik und Wissenssoziologie, Neuwied/Berlin 1971, S. 231
11 Neusüss, a. a. O., S. 15
12 Mannheim, a. a. O., S. 178
13 Vgl. Diethart Kerbs, 7 Thesen zur politischen Kritik der Kreativitätstheorie, in: Kunst + Unterricht Nr. 7/1970, S. 46 f.
14 Vgl. Tomás Maldonado, Anstöße gegen das Behagen in der Design-Erziehung, in: ulm (Zeitschrift der HfG Ulm), Nr. 17/18, 1966, S. 18
15 Vgl. Herbert Marcuse, Versuch über die Befreiung, Frankfurt 1969, S. 72
   ders., Der eindimensionale Mensch, Neuwied/Berlin 1970, S. 261

4 Zur Methode der Theoriekritik

Das doppelseitige Verfahren der Analyse leitet sich aus der utopisch-ideologischen Struktur der Vorstellungen ab, die das Bewußtsein hinter den Entwürfen prägen. Insofern bedeutet Kritik des Design auch Bewußtseinskritik.

Es ist dabei nicht nur nach den Ideen und Vorstellungen selbst zu fragen, die im Laufe der Geschichte des Design erkennbar werden, sondern auch nach ihrem gesellschaftlichen Hintergrund, nach ihrer historischen Wirklichkeit.

Um die Theoriengeschichte des Design sowohl ideologiekritisch als auch utopiekritisch betrachten zu können, bedarf es einer Methode der Befragung des exemplarischen Materials, die sich der Nähe und der Verschiedenheit beider Aspekte bewußt bleibt. *Mannheim* nennt das wesentliche trennende Moment, das Unterscheidungskriterium für Utopie und Ideologie:

»Utopisch ist ein Bewußtsein, das sich mit dem es umgebenden 'Sein' *nicht* in Deckung befindet …

Die Beschränkung des Utopischen auf jene Art wirklichkeitstranszendenter Orientierung, die zugleich eine bestehende Ordnung auch sprengt, unterscheidet das utopische vom ideologischen Bewußtsein[1].«

Dieses utopische Bewußtsein wird noch deutlicher charakterisiert:

»Von einem utopischen Bewußtsein kann man mit Recht nur sprechen, wenn die jeweilige Gestalt der Utopie nicht nur ein lebendiger 'Inhalt' des betreffenden Bewußtseins ist, sondern der Tendenz nach in der gesamten Breite das Bewußtsein erfaßt[2].«

Die genannten Merkmale des utopischen Bewußtseins sind den Texten, Programmen, Manifesten und Erklärungen abzufragen, die das Design begleiten. Gleichzeitig aber ist im Sinne der Utopiekritik die diesen Ideen entsprechende gesellschaftliche Wirklichkeit als Schwelle der Realisation zu verdeutlichen, d. h. die Objekte, ihre Sprache, ihre Theorie und ihre gesellschaftliche Wirkung sind in einen kritisch wahrgenommenen Kontext zu bringen.

Eine Anleitung, wie man Ideologien auf die Spur kommen kann, gibt *Werner Hofmann*, der Ideologie eine »Fehlmeinung« nennt, »die gesellschaftliche Herrschaftsverhältnisse absichert[3].«

»Zunächst ist der *Wahrheitsgehalt* bestimmter Aussagen zu prüfen. Nur unrichtige Meinungen, nicht etwa zutreffende Aussagen können von ideologischer Natur sein. Sind Urteile irrig, so ist weiter zu fragen, ob sich an ihre Aufrechterhaltung gesellschaftliche *Interessen* knüpfen. Hierauf können gewisse häufig feststellbare Verfahrensmängel in der Argumentation hindeuten. Etwa:

1 In eine Aussage gehen ohne weitere Begründung Wertauffassungen ein, welche die Meinung des Aufnehmenden schon bei Mitteilung eines einfachen Sachverhalts beeinflussen.

2 Voraussetzungen, aus denen Schlüsse gezogen werden, sind unrichtig oder unvollständig. Eine nicht näher bezeichnete Vorauswahl ist getroffen worden.

3 Das zu Beweisende wird stillschweigend schon in die Voraussetzungen einer Gedankenfolge aufgenommen.

4 Annahmen hypothetischer Natur verwandeln sich in feste Behauptungen.

5 Falsche oder einseitige Kausalbeziehungen werden hergestellt[4].«

Damit sind konkrete, einzelne Schritte einer sprachlogischen Aufdeckung des ideologischen Charakters von Rechtfertigungstheorien des Design umrissen.

Hofmann nennt aber auch noch allgemeine soziologische Kriterien: »Es sind etwa Beziehungen zwischen bestimmten Aussagen und der Interessenlage derer nachzuweisen, die sich ihrer bedienen; ebenso zwischen der Aussage und dem politisch-sozialen Verhalten der Ideologieträger (etwa: Widerspruch zwischen Behauptung und eigenem Verhalten).

Oder die Behauptungen oder Begründungen werden je nach Bedürfnis gewechselt. Oft ist es auch wichtig, die verborgenen Konsequenzen einer Ideologie zu Ende zu verfolgen[5].«

Letzteres gilt besonders für die Ideologien des Design. Soweit sie auch hier den Charakter von gesellschaftlichen Vorurteilen annehmen, sind sie nicht bloß falsch, sondern gefährlich.

Indem man bei der Analyse der Vorstellungen und Theorien auch feststellt, was *nicht* ideologisch ist, trifft man auf wahre Sachverhalte oder aber auf utopische Gehalte. Wiederum kann vom Erkennen eindeutig utopischer Strukturen aus der Blick für ideologische Verhaltensmuster und Reaktionen geschärft werden; denn »gegenutopisches Denken ist stets ideologisch«[6].

Solche Unterscheidungen sind von einiger Bedeutung. Zu fragen ist schließlich nach den tatsächlichen oder den vorgeblichen sozialen Bezügen des Design, also auch nach den unterschiedlichen Motivationen, Zielsetzungen und Rechtfertigungen des Entwurfs von Umwelt.

Will man Design nicht von vornherein als bloße Verkaufshilfe über die Haut des Warenkörpers, also rein ökonomisch bestimmt, definieren und dabei den ideengeschichtlichen Hintergrund vergessen, so ist nach den weiteren Gründen zu fragen, weshalb Designobjekte so und nicht anders gemacht werden und wirken.

Der Versuch auch nur einer knappen kritischen Theoriengeschichte des Design ist schließlich darauf anzulegen, hierbei zu einem schon etwas differenzierenden Urteil zu kommen. Die übliche Designtheorie heute vermag eben dies nicht zu leisten, weil sie unterschiedslos alle Ideen und Überbaukomponenten – nur sich selbst nicht – reflexionslos einem undifferenzierten Ideologiebegriff unterordnet.

1 Karl Mannheim, Ideologie und Utopie, Frankfurt 1969, S. 169

2 A. a. O., S. 182

3 Vgl. Werner Hofmann, Grundelemente der Wirtschaftsgesellschaft, Reinbek 1969, S. 16

4 A. a. O., S. 17

5 A. a. O., S. 17 f.

6 Vgl. Arnhelm Neusüss, Utopie und Ideologie, in: Neusüss (Hrsg.), Utopie, Begriff und Phänomen des Utopischen, Neuwied/Berlin 1968, S. 33

III Ideengeschichtlicher Abriß

1 Zur Vorgeschichte des Industrial Design

Die industrielle Produktion von Gebrauchsgütern führt zunächst nicht zu einer neuen Produktästhetik, die sich aus neuen konstruktiven und fertigungstechnischen Möglichkeiten ableitet und einem neuen kulturellen Selbstverständnis des Maschinenzeitalters entspräche.

Abgesehen von den großen Ausnahmen meist anonymer Ingenieur-Entwürfe ist in der frühindustriellen Epoche kaum von einer technischen Ästhetik zu sprechen, vielmehr erscheinen die bloße Imitation früher handwerklich gefertigter Produkte durch Maschinenarbeit und der Rückgriff auf historische Stil- und Dekorformen geradezu irrational, sofern man dabei nicht auf die gesellschaftlichen Verhältnisse sieht.

Denn die frühkapitalistische Expansion der Märkte geht einher mit einer Ausdrucksform kapitalistischer Kultur, deren demonstrativer Charakter nicht zu übersehen ist. Gerade in ihrer Tendenz zur Nachahmung der Produkt- und Formensprache einst herrschender Schichten demonstriert die neue herrschende Klasse ihren Machtanspruch, der sich in eben dieser Demonstration zu erschöpfen und auf das Selbstverständnis der Epoche so zurückzuwirken scheint, daß neben dem Verbrauch historischer Formen eigene und vor allem nicht-klassenspezifische, allgemeinverbindliche und neue kulturelle Aktivitäten sich kaum entfalten können. Die Dekorationswut mindestens des späteren 19. Jahrhunderts, von ernstzunehmenden Kritikern wie William Morris und Adolf Loos als durchaus krankhaftes gesellschaftliches Symptom definiert, mag heute bloß belustigend wirken.

Aber die so gestalteten Massenprodukte sind auch ein Beweis für die überaus starke gesellschaftliche Bestimmung scheinbar nur ästhetischer Vorstellungen und Aktivitäten im ideologischen und politischen Sinne, welche offensichtlich die gegebenen sachlichen, materialen, herstellungstechnischen und konstruktiven Gestaltungsmöglichkeiten bis zur Unkenntlichkeit verstümmeln und damit den emanzipierten Gebrauch neuer technischer Möglichkeiten für den Menschen verhindern kann. Schon die Produktform der Gründerzeit wirkt sprachlich als Instrument der Unterdrückung und zwingt zur Übereinkunft auf das herrschende Interesse.

In der zweckrationalen technischen Ästhetik der zeitgenössischen Ingenieurbauten und Maschinenkonstruktionen kommt zwar deren unverstellter Gebrauchswert zum Ausdruck und werden technische, funktional-formal einheitlich begreifbare Gesamtorganismen entworfen, deren Verständlichkeit für den Zweck und deren Gebrauchsnutzen-Transparenz uns heute noch von ihrem Wert überzeugen, aber diese Formen bleiben zunächst ein mehr oder weniger bloß technisch bestaunenswertes Phänomen, Erfindungen, deren Ästhetik als gesellschaftlich verbindliche Wahrnehmungsweise

Wandgasleuchte von M. Gagneau frères, Weltausstellung
London 1851

zunächst nicht bewußt wird. Die technische Funktionalität dieser Objekte bleibt auch
nur in der Produktionssphäre unkaschiert, während an den sonstigen Umweltformen
die dekorative Verkleidung dominiert, eine Tendenz, die auch noch unsere Gegenwart
und Umwelt prägt.

So kann man also nicht, wie das gern getan wird, die Geschichte des Industrial
Design mit den frühen Zeugnissen der Ingenieur-Ästhetik beginnen lassen, die lange
Epoche des dominierenden Historismus übergehen und etwa den Eintritt von Peter
Behrens als Berater und Gestalter in die Firma AEG (1907) zum eigentlichen Beginn des
modernen Design erklären. Das Industrial Design beginnt schlicht mit der Industriali-
sierung der Produktion. Man darf z.B. das viktorianische und das wilhelminische
Design aus qualitativen Gründen nicht einfach unterschlagen; denn das käme einer
Geschichtsfälschung gleich, dem Ausklammern erzwungener kultureller Verbindlich-
keiten einer ganzen Epoche, in der sich soziologisch und psychologisch das Massen-Design
unserer Gegenwart konstituiert.

Schon bei Beginn der maschinellen Produktion trifft man nämlich auf eine Fülle
differenziert gestalteter Produkte auf dem Markt, deren Verbrauch durch verbindliche
Normen abgestützt wird und deren Erscheinen sich mit bestimmten Erwartungshaltungen der Konsumenten deckt.

Denn die kapitalistische Produktionsweise setzt sich zwar mit der Industrialisierung
der Produktion erst durch, reicht in ihren Wurzeln aber auf vorindustrielle Produktionsformen zurück. Schon bevor die Industrialisierung überall einsetzt, haben sich
handwerkliche Großbetriebe und Manufakturen einen so großen Markt geschaffen, daß
deren Umstellung auf maschinelle Massenfertigung als lohnende Investitionsmaßnahme
nur zu nahe liegt. Nach *Pevsner* beschäftigt 1808 z.B. eine Großtischlerei in Paris an die
350 Arbeiter und stellt Fauteuils zwischen 36 und 4000 Francs, Sofas zwischen 108
und 12000 Francs her[1].

Die Entwicklung ganzer Fabrikationsprogramme in Richtung auf ein differenziertes
Warenangebot aus einer Hand ist also schon früh zu beobachten. Mit der differenzierten

Sharp, Brothers & Co., Manchester 1847 und London & North Western Railway (um 1870)

›The Daydreamer‹, Sessel aus Papier-
maché, um 1851

Massenproduktion und der allmählichen Ablösung des qualifizierten Handwerkers durch den Facharbeiter in der Fabrik gewinnt der Musterzeichner oder Dessinateur, wir können sagen – der Designer – an Bedeutung.

Pevsner hat nachgewiesen, daß das Entwurfszeichnen etwa um 1800 zum selbständigen Beruf wird. Die Entwerfer informieren sich z. B. in Paris über die Mode, um auf dem neuesten Stand arbeiten zu können[2]; und stellenweise kommt ihre neue Bedeutung auch in attraktiven Gehältern zum Ausdruck. So soll der Tapetenhersteller Réveillon seinen Hauptentwerfer mit jährlich 10 000 Livres entlohnt haben[3], was dem heutigen Einkommen eines 'Spitzendesigners' nahekommen dürfte.

Wenn man schon, wie üblich, die Ingenieure des frühen Maschinenzeitalters zu den Pionieren eines modernen funktionalen Design erklärt, so wird man erst recht die zahlreichen anonymen Mustermacher der Produkt-Kultur der bürgerlich-imperialistischen Ära als legitime Vorläufer der warengestaltenden Designer von heute betrachten müssen. Ihre Funktionen innerhalb der Produktion für einen expansiven Markt sind ebenso wenig zu übersehen wie die ideologisch-politischen Dimensionen der von ihnen geschaffenen Produkt-Ästhetik, damals wie heute.

Daß das klassenspezifisch differenzierte Produktangebot und der nachgeahmte feudalistische Prunk an den Gegenständen des täglichen Gebrauchs und den privaten und öffentlichen 'environments' Kapitalisten und Kleinbürger im Bewußtsein vereint, darf als ein soziologisches Faktum gelten, das aus der Frühgeschichte des Design bis in die Gegenwart reicht. Die schwülstige Produktsprache der historistischen Epoche kann als Ausdruck eines gesellschaftlichen Bewußtseins gedeutet werden, das die um sich aufgebaute Scheinwelt geborgter Formen der Beeindruckung und ästhetischen Einschüchte-

John Harper & Co., London 1889, gußeiserner Ofen, Modell 'Kathedrale'

rung als adäquat empfindet und sich mit der sonst doch sinnlosen Dekoration immer mehr technifizierter Umwelt identifizieren kann. Solche Designobjekte müssen der Erwartung des 'Gebrauchers' etwa in dem Maße entsprochen haben, wie sie in unseren Augen Gebrauchswert und Funktion *nicht* auszudrücken vermögen. Nur so wird die Beziehungslosigkeit verständlich, die man zwischen solchem Gebrauchsverständnis und den wirklich großen Werken der Epoche, den Maschinen, Brücken und Hallenkonstruktionen, feststellen muß.

Die Produktsprache des Historismus geschmacklich zu verunglimpfen, ist für den Betrachter nicht ohne hinterhältige Gefahr, sie bloß lächerlich zu finden, unangemessen. Ihre politische Dimension würde dadurch verharmlost, ihre reale und ideologische Funktion zur Legitimation von Gewaltverhältnissen oder Ansprüchen, die auf nationaler und wirtschaftlicher Macht beruhen, würde dabei übersehen.

Es ist auch gar nicht abwegig, auf die Parallelen der Entwicklung in Gegenwart und Frühgeschichte des Design zu verweisen. Wo viele Waren produziert und abgesetzt werden, entfaltet sich nicht nur gewerbliche, sondern auch kulturelle Aktivität; die ideelle Rechtfertigung der Verhältnisse wird jeweils mitgeliefert. Außerdem bedeutet Industrialisierung ja nicht nur Ausbau und Verwertung des technischen Know-How zur Steigerung der Produktivität, sondern es sind auch weltweite Handelsbeziehungen

Pseudo-Historismus als Ausdruck einer gruppenspezifischen Norm

zu knüpfen, so daß z. B. sehr früh die Selbstdarstellung und Werbung der Hersteller-Firmen über Musterbücher und Warenkataloge erfolgt.

Die zeitige Gründung von Schulen und Museen verbreitet den Entwurfs-Fundus und stellt Möglichkeiten auch ideologischer Beeinflussung bereit. Wettbewerbe und Preisvergaben für besondere gestalterische Leistungen gibt es seit mehr als 100 Jahren[4]. Weltausstellungen der nationalen Leistungsfähigkeit bilden den größten Umschlagplatz für gestalterische Ideen, so jene erste in London 1851, für die *Joseph Paxton* den berühmten Crystal Palace schuf, der in denkwürdigem Gegensatz zu den meisten darin ausgestellten Gütern gestanden haben muß. Zugleich aber zeichnen sich erste Versuche zur Reform oder Korrektur des Fabrik-Kunstgewerbes ab, erste zaghafte Versuche einer Theorienbildung in Fragen der Produktgestaltung, am frühesten in England, das einen Vorsprung in der Industrialisierung besitzt und mit den Folge-problemen als erstes Land konfrontiert wird.

Das Nachlassen der Produktqualität gegenüber der früheren handwerklichen oder manufakturellen Fertigung infolge maschineller Serien- und Massenproduktion, die teil-weise nicht nur die handwerkliche oder kunsthandwerkliche Gestaltung nachahmt, son-dern auch neue billige Materialien verwendet, stößt auf erste Bedenken. Die *Royal Society of Arts* unter *Prinz Albert* und *Henry Cole,* der ab 1849 die Zeitschrift 'Journal of Design' herausgibt, versucht, dem entgegenzuwirken.

Bugholz-Stuhl der Gebr. Thonet, Wien 1859
Das berühmte Modell Nr. 14 aus dem reichhaltigen
Katalogangebot dieses Herstellers gilt als ein frühes
Beispiel gestalterischer Vernunft und ist mit leichten
Varianten in einer Stückzahl von schätzungsweise 50
Millionen produziert worden. (Kaufpreis 1915: 5.60
bis 6.– Kronen, je nach Durchmesser des Sitzes)

Ihre Absicht ist, den Standard der Produktion und gleichzeitig den Geschmack der
Verbraucher zu heben, eine Vorstellung, die über ein Jahrhundert hinweg von den
Protagonisten und Theoretikern des Design verfolgt werden soll, im Grunde ohne
Erfolg. Denn mit Geschmacksbildung wird vermutlich nur an ästhetischen Symptomen
kuriert, solange die Produktionsverhältnisse unverändert bleiben und die Eigengesetz-
lichkeit kapitalistischer Produktivität jene kulturelle Beziehungslosigkeit der Massen
zu den Produkten erhält, die sie zu bloßen Verbrauchern macht.

'Geschmack' ist ohnehin eine sozial determinierte, klassenspezifische Übereinkunft
(der Herrschenden) auf verbindlich wertende Wahrnehmungsweisen und Verhaltensnormen bzw. Leitbilder, in die nicht nur Gewohnheiten und Traditionen eingehen
dürften, sondern auch massive Anpassungszwänge[5].

Daß die gesellschaftliche Problematik der Produktgestaltung weit hinter die bloße
Geschmackserziehung zurückgreift und sich aus den authentischen Bedürfnissen der
Gebraucher von Produkten und der Bewohner von Umwelt in ihrer Klassenzugehörigkeit und -lage ergibt, zeigt deutlich die folgende erste Phase radikaler Theorienbildung
nach *Henry Cole*.

1 Vgl. N. Pevsner, Architektur und Design, Von der Romantik zur Sachlichkeit, München 1971, S. 222
2 Vgl. a. a. O., S. 223
3 Vgl. a. a. O.
4 Vgl. a. a. O., S. 225 ff.
5 Vgl. Alphons Silbermann, Das schöne Heim – Ergebnise einer empirischen Untersuchung, in: William
Simmat (Hrsg.), Exakte Ästhetik 2/1965, S. 82 f.; S. 84; S. 87 f.

2 Industrialisierung und restaurative Utopie – Anfänge einer gesellschaftlichen Theorie der Gestaltung bei Ruskin und Morris

Sehr früh werden, vor allem in England, auch die sozialen Folgen der Industrialisierung bemerkbar, so wie sie *Engels* in seiner Studie ›Die Lage der arbeitenden Klasse in England‹ (1844/45) beschreibt. Die unmenschlichen Lebensbedingungen eines großen Teils der Bevölkerung, die schon verunstaltete Umwelt und eine Unzahl mißgeformter, minderwertiger Produkte einerseits und repräsentativ zur Schau gestellter Reichtum andererseits werden zum Anstoß für Reformideen, die soziale und ästhetische Beweggründe vereinen, ihre konkreten sozial-ästhetischen Bezüge aber nicht nur aus der gesellschaftlichen Wirklichkeit, sondern auch aus idealistischen, romantisch-historisierenden Vorstellungen ableiten. Gewöhnlich werden hier *John Ruskin* (1819–1900) und *William Morris* (1834–1896) in einem Zuge genannt, wobei darauf zu achten ist, daß sie *nicht* als Väter des modernen Design mißverstanden werden dürfen. *Ruskin* hatte mit industrieller Formgebung nichts zu tun – er war ein strikter Gegner der Maschinenproduktion – und *Morris* allenfalls widerstrebend ganz am Rande.

Die Unterschiede sind nicht nur zwischen dem Theoretiker und dem Praktiker vereinfachend zu ziehen – *Ruskin* war Kunsthistoriker, Philosoph, Sozialreformer und Schriftsteller von beträchtlicher Publikumswirkung, *Morris* kann als Begründer eines erneuerten Kunsthandwerks gelten –, vielmehr ist ihr gesellschaftsbezogenes Denken von verschiedenartiger Radikalität geprägt:
»Morris was looking forward to a communist state; Ruskin had notions of somewhat strictly organized aristocratic one[1].«

Beide aber dürfen als die Begründer einer sozialen Theorie des Design gelten.

Auf seine intellektuellen Zeitgenossen mindestens ist *Ruskins* Wirkung enorm, die Bedeutung von *Morris* soll sich später noch anhaltend bemerkbar machen.
»Während fast 50 Jahren wurde die Tatsache, daß man Ruskin las, als Beweis dafür angesehen, daß man eine Seele hatte. Tolstoi, Ghandi und Shaw hielten ihn für einen der größten sozialen Reformer seiner Zeit[2].«

Clark beschreibt *Ruskin* als den verzärtelten Ästheten, der allmählich der sozialen Ungerechtigkeit innewird und deswegen seinen Ruf, sein Vermögen und seine Gesundheit opfert[3]. Seine sozialästhetischen Vorstellungen stehen mit der ihn umgebenden Gesellschaft in hartem Kontrast und sind utopischer Natur.
»The Ruskinian type of design would only be possible in a society completely different from any within the range of modern western civilisation[4].«

Gesellschaft und Umwelt im hochindustrialisierten England mit seinen sozialen Folgeerscheinungen, der Ausbeutung des Industrieproletariats auf der einen, dem ungeheuren gesellschaftlichen Reichtum in den Händen weniger auf der anderen Seite, und der allgemeine kulturelle Verfall sind Gegenstand der Kritik *Ruskins*, die ihn schließlich zu eigenen sozialreformerischen Modellen und deren praktischer Erprobung im begrenzten Rahmen führt[5].

»Er war zweifellos der erste, der den Niedergang der Kunst und des Geschmacks als das Zeichen einer allgemeinen Kulturkrise auffaßte und das grundlegende, auch heute noch nicht genügend gewürdigte Prinzip aussprach, daß man vor allem die Lebensbedingungen der Menschen ändern müsse, um ihren Sinn für die Schönheit und ihr Verständnis für die Kunst zu erwecken ... Er war schließlich der erste, der die Botschaft verkündete, daß die Kunst kein Privileg der Künstler, Kenner und Gebildeten sei, sondern zu jedermanns Erbschaft und Besitz gehöre. Er war aber trotzdem kein Sozialist, ja, er war nicht einmal ein wirklicher Demokrat[6].«

Ruskins utopische Vorstellungen sind historisch rückwärts gerichtet, für die sozialen Zustände und die ästhetischen Scheußlichkeiten seiner Zeit macht er die moderne Technik verantwortlich. *'Gothic Revival'* scheint daher für ihn weit mehr zu bedeuten als eine Wiederbelebung mittelalterlicher Architektur- und Kunsttradition, und aus seiner Beschäftigung mit den mittelalterlichen Produktionsformen geht eine Einsicht hervor, die er mit dem marxistischen Denken teilt:

»Ruskin leitete den Verfall der Kunst von dem Umstand ab, daß die moderne Fabrik mit ihrer mechanischen Produktionsweise und ihrer Arbeitsteilung eine innere Beziehung des Arbeiters zu seiner Arbeit verhindert, das heißt, die Entseelung der Arbeit und die Entfremdung des Produzenten von dem Produkt seiner Hände mit sich bringt[7].«

Hauser stellt an *Ruskins* Gedanken aber auch deutlich den Unterschied zu den marxistischen Konsequenzen dar:

»Der Kampf gegen den Industrialismus verlor bei ihm die gegen die Proletarisierung der Massen gerichtete Spitze und verwandelte sich in eine romantische Begeisterung für etwas Unwiederbringliches, nämlich für die Handarbeit, den Hausfleiß, die Zunft, mit einem Wort die mittelalterlichen Produktionsformen[8].«

Die Wiederbelebung dieser Produktionsformen soll nach *Ruskins* Vorstellungen sowohl bessere Lebensbedingungen für die Arbeiter sichern als auch den kulturellen Mangel beheben, der durch die industrielle Massenproduktion von dekorativen, aber minderwertigen Gebrauchsgütern entsteht[9]. Restaurativ-utopisches Leitbild für *Ruskin* ist die mittelalterliche Werkstatt, in der durch Handarbeit gediegene Formen entstehen und menschenwürdige Arbeit geleistet wird, verbunden mit der Verkehrsform des einfachen Warentauschs. Diese restaurative Utopie, fern der objektiven gesellschaftlichen Wirklichkeit und Möglichkeit, bleibt unrealisierbar und abstrakt.

Sie nimmt etwas konkretere Form bei *William Morris* an, freilich ohne dem Industriearbeiter oder der Gesellschaft insgesamt jenen Nutzen zu bringen, den *Ruskin* sich davon verspricht. Vielmehr verschärft sich im Versuch, Teile der Utopie wenigstens persönlich zu realisieren, bei *Morris* der Gegensatz von Kulturprivileg und sozialer Wirklichkeit.

Denn was schließlich aus dieser Vorstellungswelt real entsteht, ist nicht eine verbindliche neue Umweltform, kein neues Industriedesign, sondern ein Kunsthandwerk von hoher Qualität, handwerkliches Elite-Design für den privilegierten Teil der Gesellschaft. Dieses Leitbild überdeckt bis in den Jugendstil und in den Deutschen Werkbund hinein nahezu alles, was tatsächlich ungebrochen weiter an Industrie-Kitsch und an hohlen Phrasen des sozialen Geltungsbedürfnisses erzeugt wird. Für die Entwicklung eines elitären Kunsthandwerks aber ist *Morris* eine Schlüsselfigur; denn er setzt, wenigstens für sich selbst und seine Auftraggeber, in die Tat um, was *Ruskin* nur dachte. Aber er ist nicht nur Praktiker. Gleich *Ruskin* schreibt er einen utopischen Roman und wird in mannigfacher Weise durch Schriften und Vorträge publizistisch tätig. Seine Entwicklung vom präraffaelitischen Maler mit einem rein 'ästhetischen' Bewußtsein zum politisch engagierten Kämpfer und Reformer erinnert durchaus an *Ruskins* Werdegang, jedoch verschärft sich bei *Morris* das Problembewußtsein.

Zwar teilt er dessen Vorurteile gegen die industrielle Produktion; denn als Lebensbedingung sei alle Maschinenproduktion vom Übel[10], aber er relativiert seine Haltung später und sieht die sozialen und politischen Probleme nüchterner als *Ruskin*. Wären seine politischen Schriften bei uns bekannter, so geriete er wohl leicht in jenes Zwielicht, in das bestimmte Ausformungen der sozialen Theorie des Design heute so leicht abgedrängt zu werden pflegen:

»Morris, when he had to define himself politically, called himself a Communist[11].«

Zeitweilig erscheint es ihm wichtiger, 'Sozialisten zu machen' als Kunst zu produzieren; er sieht sehr wohl die Aussichtslosigkeit des Versuchs ein, Kunst und 'Geschmack' verbessern zu wollen, ohne gleichzeitig die Gesellschaft zu verändern[12]. Seine Kritik an den Verhältnissen ist unmißverständlich:

»Instead of the useless classes being swept away by the useful, the useless classes gaining some of the usefulness of the workers, and so safeguarding their privilege[13]. Oder:

»Auch begnügen sich diese Alleinbesitzer (von Produktionsmitteln, Anm. d. Verf.) nicht damit, einen kargen Lebensunterhalt von den Arbeitenden zu erpressen, wie es bloß Vagabunden und kleine Diebe tun, sie vermögen in allen Fällen von den Arbeitenden einen überreichen Lebensunterhalt einzutreiben, ... und in vielen Fällen eine so mächtige Stellung einzunehmen, daß sie in Wahrheit von der Gemeinschaft unabhängig sind und beinahe außerhalb ihrer Gesetze stehen ...[14]«

Morris kannte zwar die französische Ausgabe des ›Kapital‹ (die lange vor der englischen erschien), steht aber trotz seiner Mitgliedschaft in sozialistischen Vereinigungen der marxistischen Theorie hilflos gegenüber:

»Offengestanden kapiere ich nicht, was die Werttheorie von Marx wert ist, und es ist mir auch verdammt gleichgültig, wenn ich sie nicht verstehe. Die Wahrheit zu sagen, meine Freunde, ich habe wirklich versucht, sie zu begreifen, aber Nationalökonomie liegt mir nun einmal nicht, und vieles davon kommt mir wie öder Unsinn vor. Aber ich bin, so hoffe ich, nichts destoweniger ein Sozialist. Für mich ist es genug Nationalökonomie, zu wissen, daß die faule reiche Klasse reich und die arbeitende Klasse arm ist, und daß die Reichen reich sind, weil sie die Armen ausnutzen[15].«

Engels nennt *Morris* denn auch folgerecht einen »Gemütssozialisten«[16].

Morris' Stärke ist gewiß nicht die marxistische Theorie, sondern die scharfsichtige und kompromißlose Denunziation der ideologischen Pseudo-Kultur seiner Zeit. Er spricht von London als einer »ganzen Grafschaft, von scheußlichen Hütten bedeckt«, von seinen

Bewohnern als einer »vertierten Gemeinde geräucherter Schwindler und ihrer Sklaven«, von den Reichen als »ignorante, geldsackstolze Verdaumaschinen«, von ihren Häusern, daß sie »voll Zentnern und Aberzentnern von unaussprechlichem Schund« seien[17].

Aber als Entwerfer gerät *Morris* mit den gesellschaftlichen Verhältnissen ebenso in Konflikt wie als sozialistischer Agitator; er muß sich selbst eingestehen, wiederum nur dem »schweinischen Luxus der Reichen zu dienen«[18]. Denn auf eigene Weise ist er auch Kapitalist, er gründet 1861 die Firma *Morris, Marshall & Faulkner* (später *Morris & Co.*), mit deren Hilfe er seine Vorstellungen von den Aufgaben des Kunsthandwerkers, vom neuen Kunstgewerbe und der vorwiegend handgefertigten Gebrauchsform verwirklichen kann.

Barbara Morris zitiert eine Beschreibung des Geschäftsgebarens durch den Bruder des Malers *Dante Gabriel Rossetti:*
». . . und so etwas wie diktatorische Ironie gegenüber den Kunden waren die Methoden, mit denen diese eigenartige Firma geführt wurde . . . Es gab keine Kompromisse. Mr. Morris als geschäftsführender Partner stellte das Gesetz auf, und alle seine Klienten hatten sich auf Biegen oder Brechen danach zu richten. Die Erzeugnisse waren erstklassig, die künstlerische und handwerkliche Qualität hervorragend, die Preise hoch[19].«
Aus eigener Erfahrung als Entwerfer und Unternehmer formuliert *Morris* eine fundamentale Erkenntnis zum Beruf des Designers, die deprimierend, aber immer noch gültig ist: »Ein hochbegabter, gebildeter Mann schielt auf ein Blatt Papier, und sein Schielen setzt eine ungeheure Menge wohlgenährter, zufriedener Arbeiter in Bewegung, so daß sie zehn Stunden am Tag Hebel drehen. Dieses System soll dreifachen Segen bringen. Essen und Kleidung und schlecht-und-rechte Wohnung und ein bißchen Muße für die Arbeiter, enorme Reichtümer für die Kapitalisten, die sie anstellen, und eine mäßige Wohlhabenheit für den Schieler, und am Ende, ganz am Ende, eine Menge billiger Kunst für die Arbeiter oder Hebeldreher[20].«
Diese realistische Einsicht läßt nicht nur die seit *Henry Cole* über *Morris* und seine Zeit hinaus anschwellende kunsthandwerkliche Renaissance in ihren tatsächlichen Folgen zweifelhaft erscheinen (1883 wird die wohl bedeutendste Sammlungsbewegung in der *Arts and Crafts Exhibition Society* zusammengefaßt), sie nimmt geradezu das zukünftige soziale Scheitern des Industrial Design vorweg.

Die Devise von *Morris* »whatever gives pleasure in the doing, should be reserved for the hand«[21] trifft auf den Mustermacher und Entwerfer zwar zu, der sich persönlich als Künstler und Handwerker in seiner Arbeit zu realisieren vermag, jedoch nicht auf die Masse der Verbraucher bzw. der Industriearbeiter, die nach wie vor vom Produkt ihrer Arbeit getrennt bleiben.

Das im historischen Sinne notwendige Scheitern der restaurativen Utopie der Aufhebung entfremdeter Arbeit und ihrer Folgen durch Regression auf den handwerklichen Produktionsprozeß ist der Angelpunkt einer Kritik dieser Utopie.

Bloch nennt *Morris* im Abriß der Sozialutopie schlicht einen romantischen Antikapitalisten.

»Morris, Architekt und Zeichner, Glasmacher und Keramiker, Erzeuger von Möbeln, Stoffen, Teppichen, Tapeten war mit Ruskin darin einig: nur Handarbeit mache gut, Maschine sei die Hölle ... Morris ist ein kunstgewerblicher, ein Homespun-Sozialist ... Also wird von Morris der Kapitalismus nicht so sehr wegen seiner Unmenschlichkeit als wegen seiner Häßlichkeit bekämpft, und diese wird am alten Handwerk gemessen ...

Selten ist eine utopische Homespun-City geschmackvoller erschienen als bei William Morris, selten aber auch hat sie sich, mit der gleichzeitig naiven und sentimentalischen Intellektuellen-Mischung von Neugotik und Revolution, an einen so kleinen Kreis gewandt ...

Die bürgerlichen Utopien enden nun, Morris gab mit seinem neugotischen Arkadien das letzte originale, obzwar gegenstandslose Motiv[22].«

Blochs Utopiekritik ist vernichtend. Sie wird gemildert durch Eingeständnisse von *Morris* selbst, sie wird aber nicht aufgehoben durch das Aufblühen eines exquisiten Kunstgewerbes bis hin zum hohen Jugendstil, das als kulturelle Rechtfertigung der sozialästhetischen Utopie mißdeutet würde. Vielmehr sind Folgeerscheinungen in der Tradition dieses restaurativ-utopischen Denkens kritisch zu berücksichtigen. Die fast zur Heilslehre stilisierte Vorstellung von der sozialtherapeutischen Funktion des wiederbelebten gestaltenden Handwerks und die marxistisch erkannte Wirklichkeit berühren sich nur in einem Punkt: in der Erkenntnis der Entfremdung des Menschen von den Produkten seiner Arbeit im industriellen Produktionsprozeß.

Was *Morris* allen kommenden Entwerfern allerdings als Erbe hinterläßt, ist die konkrete soziale Verpflichtung, der sich nun kein Designer mehr moralisch entziehen kann, auch nicht unter Hinweis auf bestehende Gewaltverhältnisse.

Thompson nennt *Morris* mit einigem Recht »the greatest moral initiator of Communism within our tradition«[23] und ordnet ihm ein Bewußtsein zu, dessen Aktualität auch für eine kritische Designtheorie der Gegenwart unbestritten sein dürfte:

»He was a revolutionary without a Revolution: more than that, he *knew* that he did not live within a revolutionary context[24].«

Die politische Theoriengeschichte des Design beginnt mit *Morris*. Das Bemerkenswerte, leicht in Vergessenheit Geratene ihrer frühen Phasen ist, wie *Behrendt* schon 1920 feststellte, daß »die kunstgewerbliche Bewegung in ihrer Problemstellung geradezu von den jeweils vorherrschenden Tendenzen des Sozialismus abzuhängen scheint[25].« Man könnte diesen Gedanken bis in die unmittelbare Gegenwart projizieren und hypothetisch folgern, daß eben nur die sozialistische Utopie gesellschaftliche Ziele des Design definieren kann, trotz des Scheiterns vieler Gestaltungsversuche an der unveränderten Struktur der Gesellschaft. *Blochs* Kritik an der Utopie bei *Morris* ist wohl auch weniger eine an der Substanz, sondern eher eine an der Form oder der Strategie ihres Versuchs zur Realisation, der so scheitern mußte. Die Strategie einer »Flucht aus dem Industrialismus in überlebte Produktionsformen«[26] hat in der Tat eine Folge von Fehlentwicklungen eingeleitet.

1 Alf Bøe, From Gothic Revival to Functional Form, A Study in Victorian Theories of Design, Oslo 1957, S. 109

2 Kenneth Clark, John Ruskin aus heutiger Sicht, in: du-atlantis, 25. Jg./Sept. 1965, S. 701

3 Vgl. a. a. O., S. 702

4 Bøe, a. a. O., S. 102

5 Vgl. Samuel Saenger, John Ruskin, Sein Leben und sein Werk, Straßburg 1900, S. 208 ff.
1864 wird Ruskin Eigentümer von Arbeiterwohnungen in Marylebone, die er instandsetzen läßt und wieder abgibt; 1875 Gründung der St. Georges Guild; 1877 Ankauf einer Farm (Abbeydale) für einige Kommunisten, die wegen der religiösen Vorschriften nicht der Gilde angehören. Das Experiment scheitert an Kapitalmangel und fachlicher Unkenntnis der Gruppe.
Einigen Erfolg hat erst die Wassermühle in Laxey (vgl. S. 213). Die Leute der Umgebung brachten Wolle und erhielten dafür im Tausch Garn und handgewebte Stoffe, die trotz der Maschinenkonkurrenz Anklang fanden.
Im übrigen wird die Form der Kommune als Glaubens-, Lebens- und Produktionsgemeinschaft etwa zur gleichen Zeit in den USA, z. B. bei der Sekte der Shaker, aktuell, die sehr einfache und gebrauchstüchtige Möbel herstellen.

6 Arnold Hauser, Sozialgeschichte der Kunst und Literatur, München 1967, S. 870 f.

7 A. a. O., S. 872

8 A. a. O.

9 Vgl. z. B. John Ruskin, Die sieben Leuchter der Baukunst, Leipzig 1900, S. 223 f.

10 Vgl. Nikolaus Pevsner, Wegbereiter moderner Formgebung, Von Morris bis Gropius, Hamburg 1957, S. 16

11 Bernard Shaw, Morris as I knew him, William-Morris-Society (Hrsg.), London 1966, S. 11

12 Vgl. Hauser, a. a. O., S. 871

13 William Morris, 'A Society of Equality'. From Communism (1893), in: Asa Briggs (Hrsg.), William Morris, Selected Writings and Designs, Harmondsworth 1962, S. 154 f.

14 William Morris, Wahre und falsche Gesellschaft, in: W. Morris, Kunstgewerbliches Sendschreiben, Leipzig 1901, S. 14 f.

15 Zitiert nach Martin Hürlimann, William Morris und die Antiviktorianer, in: du-atlantis, 25. Jg./Sept. 1965, S. 640

16 Vgl. Marx/Engels, Über Kunst und Literatur, Bd. 2, Berlin 1968, S. 315

17 Zitiert nach Nikolaus Pevsner, William Morris, Vortrag im Bauhaus-Archiv (Hrsg.), Darmstadt 1966, S. 17

18 Nach Pevsner, a. a. O., S. 22

19 William Rossetti nach Barbara Morris, Morris und Company, in: du-atlantis, 25. Jg./Sept. 1965, S. 658

20 Zitiert nach Pevsner, a. a. O., S. 22

21 Zitiert nach Wilhelm Braun-Feldweg, Industrial Design heute, Umwelt aus der Fabrik, Hamburg 1966, S. 26 (Fußnote)

22 Ernst Bloch, Freiheit und Ordnung, Abriß der Sozialutopien, Hamburg 1969, S. 170 ff.

23 Edward Thompson, The Communism of William Morris, William-Morris-Society (Hrsg.), London 1965, S. 19

24 A. a. O., S. 8

25 Walter Curt Behrendt, Der Kampf um den Stil im Kunstgewerbe und in der Architektur, Stuttgart/Berlin 1920, S. 33

26 A. a. O., S. 36

3   Rückkehr zum Selbstverständnis bürgerlicher Kultur – Jugendstil und Deutscher Werkbund

Der gesellschaftskritische und politische Realismus von *Morris,* der sich in seinen Vorträgen und Schriften oft verzweifelt Luft macht[1], und im Widerspruch dazu seine gestalterische Praxis (also auch seine Inkongruenz von Denken und Handeln) beeinflussen Theorie und Praxis industrieller Produktgestaltung zunächst nicht. Es wird zu seiner Zeit und in der Folge des europäischen Jugendstils ohnehin industriell weiterproduziert, was der Verbraucher an imitierten Repräsentationsobjekten zu erwarten und zu bedürfen gelernt hat. Daneben wird auf kunsthandwerklich-gewerblicher Basis die bessere und meist auch teuerere Gebrauchsform weiterentwickelt.

Vorstellungsweise und Werthaltung der Künstler, Kunsthandwerker und Architekten – nicht selten sind alle diese Tätigkeiten in einer Person vereint – bleiben vorerst weitgehend der Idee des 'craftmanship' verpflichtet; man kann den Entwerfer im Jugendstil, um ihn vom späteren Industriedesigner abzuheben, als 'artist-designer' bezeichnen. Voraussetzung für die sprunghafte Entwicklung des internationalen Jugendstils ist sicher die kunsthandwerkliche Renaissance der Morris-Zeit in ihrer ganzen Breite. Aber je mehr diese besondere gestalterische Praxis an formaler Qualität und stilistischer Verbindlichkeit gewinnt, je mehr sie sich verfeinert, um so mehr verblaßt im Grunde die sozialästhetische Utopie. Zum Teil bemächtigt sich die industrielle Formgebungspraxis einfach der neuen stilistischen Phänomene, die ihren gestalterischen Sinn am billigen Material verlieren. Neben den originalen Entwürfen von höchster künstlerischer Qualität und innovativ-formaler Eigenart erscheinen nach wie vor die jetzt 'modernen' Imitationen auf dem Markt. Auch stellt der Jugendstil sich als eine Ausdrucksform dar, die untergründig noch immer viktorianischen oder wilhelminischen Selbstdarstellungstendenzen Raum gibt, während sich in seinen besten Zeugnissen das spätbürgerliche Ideal einer verfeinerten Lebenskultur spiegelt. Denn im hohen *Art Nouveau* wird die wuchernd dekorative Tendenz der historistischen Epoche nicht verleugnet, freilich wird sie überzeugender, als Neuerfindung, zu einem originalen Zeitstil ausgeprägt.

Jene Gebrauchsformen, die vor und im Jugendstil selbst kaum ornamental behandelt, glatt und funktional-einfach disponiert und damit zukunftsweisend auftreten, bleiben in der Minderheit. Gerade sie sollen den Jugendstil später überwinden helfen als Vorläufer konstruktiv-funktionaler und formaler Vereinfachung, als Vorformen einer neuen Ästhetik der industriellen Produktgestaltung, obwohl diese Formen zur Zeit ihres Entstehens nur Beispiele einer scheinasketischen, in Wirklichkeit aber hochkünstlerischen Verfeinerung handwerklicher Arbeit sind. Über die schottische Gruppe um *Mackintosh,* dessen strenge Möbelformen etwa konstruktivistische Tendenzen des späteren niederländischen *Stijl* vorwegzunehmen scheinen, und der durch Veröffentlichungen und Ausstellungen auf dem europäischen Festland Einfluß gewinnt[2], z.B. auf die Wiener Schule um *Wagner* und *Hoffmann* ('*Quadratl-Hoffmann*'), und damit indirekt auf *Olbrich,* entwickelt sich die einfache Linie des Jugendstils. Äußerst kostbare

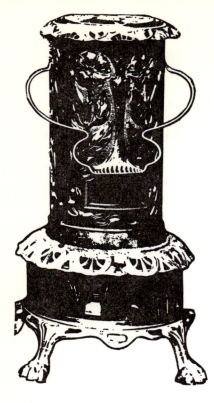

Harper & Co., London 1903, gußeiserner Ofen (industrialisierter Jugendstil)

Schlichtheit und scheinbare Sachlichkeit stehen der äußerst kostbaren ornamentalen Fülle der anderen Erscheinungsformen des Jugendstils gegenüber. Nicht zufällig beginnt *Adolf Loos* kurz nach 1900 von Wien aus seinen Kampf gegen das Ornament.

Die Auftraggeber der Entwürfe, die im Sinne von 'environments' oft alles umfassen, was kultivierten Gebrauchern in der täglichen Umgebung ihres Hauses zuträglich sein kann, als stilistische Einheit privater Umwelt vom Haus bis zum Eßbesteck, ist die ästhetisch sensibilisierte, gebildete und wohlhabende Oberschicht.

Öffentliche Aufträge wie *Guimards* Pariser Metro-Eingänge, die Postsparkasse und die Wiener Stadtbahnbauten von *Otto Wagner* oder die Glasgower Kunstschule von *Mackintosh* sind relativ selten. Im Wesentlichen ist der Jugendstil eine private Mäzenaten- und Künstler-Kunst, mit der sich Teile der Geld- und Adels-Aristokratie ein kulturelles Sonderprivileg verschaffen. In der Eleganz der Formensprache spiegelt sich das kulturelle Selbstverständnis einer dünnen Elite-Schicht, die den Stil der Verfeinerung als angemessen empfindet und entsprechend honoriert.

Den gebildeten Auftraggebern und Gebrauchern vermitteln die Formen des kunsthandwerklichen Jugendstils das Bewußtsein einer Befreiung aus der historistischen Enge und den erstarrten Konventionen der Vergangenheit. An diesem Vorrecht geistiger

Befreiung im ästhetischen Genuß, der kulturellen Selbstverwirklichung einer privilegierten sozialen Gruppe, haben die lohnabhängigen Massen freilich keinen Anteil. Sie können allenfalls imitierte, industriell produzierte Jugendstil-'Gebrauchsformen' konsumieren, die in nichts besser sind als der gewohnte historistische Schund und von Freiheit nichts ahnen lassen. Freier Genuß bleibt klassengebunden, was schon *Morris* zur Selbstkritik an seiner Entwurfspraxis trieb.

Im Umfang von Angebot und Nachfrage zeigt sich die von ihm und anderen propagierte kunsthandwerkliche Idee als erfolgreich. Zeitgenössische Publikationen zeugen von der großen Vielfalt an entwerferischen Einfällen, individuellen Entwürfen, Aufträgen und Ausstellungs-Aktivitäten[3]. Das Kunstgewerbe erhält insgesamt ungeheuren Aufschwung und wird zum Ausweis national-kultureller Bedeutung, es übernimmt Repräsentationsfunktionen im privaten und im öffentlichen Leben.

Auf der Weltausstellung in *Paris* 1900 und in *St. Louis* 1904 ist auch die deutsche Entwerfer-Elite vertreten[4]. Aber im Grunde trifft auf viele der auch weniger aufwendigen Objekte dieser Epoche zu, was *Ahlers-Hestermann* zu den extrem streng stilisierten Entwürfen speziell von *Mackintosh* bemerkt: »Hier herrschte in der Tat die merkwürdigste Vermischung einer puritanisch strengen Gebrauchsform ... mit einer geradezu lyrischen Verflüchtigung jedes Gebrauchswertes[5].«

Zwar findet man im Jugendstil neben Formexperimenten auch viele Hinweise auf den praktischen Gebrauchsnutzen, aber die totale Ästhetisierung der Gebrauchsform überwiegt, ja das ganze tägliche Leben soll auf diese Weise ein ästhetisches Ereignis werden. Das Leben wird zur Feier, zum Kunstwerk, das die sozialen Antagonismen aufhebt. So heißt es in einem Bericht zur Eröffnung der *Darmstädter Ausstellung* von 1901:

»Das erste große Fest im Geiste moderner Ästhetik: so läßt sich vielleicht die Eröffnungsfeier vom 15. Mai am besten charakterisieren. Es war weder eine rein-höfische Veranstaltung, noch eines jener romantischen 'Künstler-Feste' ..., noch ein Volks- und Massenfest, und doch von allen Dreien etwas, aber in einer neuen, groß gedachten, ästhetischen Zusammenfassung. Obzwar nur Geladene Zutritt hatten, so war man doch nicht engherzig in der Wahl der Gäste und hatte erfreulicherweise besonderen Wert darauf gelegt, daß auch die Vertreter der Industrie und des Handwerkes, welche an dem großen Werke mitgethan, samt ihren Angehörigen dabei waren.

So sammelte sich ... vor dem Ernst-Ludwig-Hause eine große Menge: Hof und Volk, die Vertreter von Kunst, Wissenschaft und Litteratur von nah und fern, die Gesellschaft Darmstadt's und die kunstgewerbliche Industrie Deutschlands ...

Der *Großherzog*, die *Großherzogin*, die kleine Prinzessin-Tochter, die Battenberg'schen sowie die übrigen hohen Herrschaften wurden am Haupt-Eingange von den Herren der Kolonie begrüßt und sodann von diesen durch die wundervollen Park-Anlagen nach dem großen Platze geleitet. Als der Großherzog diesen Raum betrat, brausten von den umstehenden Häusern Fanfaren ..., öffnete sich oben die eherne Mittelpforte des ›Ernst-Ludwig-Hauses‹ und zwischen den beiden Kolossal-Figuren Habich's bewegte sich ein feierlicher Zug hellgekleideter, blumengeschmückter Männer und Frauen hernieder und nahm auf der oberen Terrasse Aufstellung. Nun ertönte auch aus dem Innern des Künstler-Hauses ernste Musik und in gemessenen Rhythmen intonierte der Chor . . .[6]«

Der einst von *Morris* gesuchte soziale Bezug der Ästhetik der Umweltformen, ihr gesellschaftlicher Gebrauchswert, löst sich im spätfeudalistisch-großbürgerlichen Theaterdonner des 'Gesamtkunstwerks' Jugendstil auf. Die neue Ästhetik erscheint als ideologisches Moment, als sich verselbständigende Legitimation privilegierter Teilhabe an Kultur; die bürgerlich-abstrakte Variante der Utopie von der Einheit von Kunst und Leben tritt hervor:

»Kein Wissen um Edles, kein großes Thun kann uns mehr genügen, sondern nur ein volles Dasein im Guten und Schönen selbst, dem jeder frohe Augenblick neue Flügel ansetzen wird.

Dies im Stillen lang gehegt, aber in die breite Welt verstreut, eilt nun auf Ihren Ruf, Hoheit, beglückt herbei. Es ist Ihr Entschluß, daß in Ihrem Hessen wahr werde, was an anderen Orten blos erträumt und gewünscht werden darf. Dort soll die Kunst nicht mehr ein äußerer Schmuck und bloser Tand der Menschen sein, sondern die innere Uhr ihres Wesens[7].«

Zwei Merkmale der begleitenden Theorie sind in ihrer Koppelung aufmerksam zu betrachten: das ausgeprägt idealistische Kunstverständnis *und* die Betonung der wirtschaftlichen Bedeutung des neuen Kunstgewerbes, also die Vermischung von emotionalen und rationalen Beweggründen und Rechtfertigungsweisen des Phänomens.

»München, Dresden, Berlin, Hamburg, Karlsruhe, Stuttgart und seit einigen Jahren auch Darmstadt fühlen merklich die *wirtschaftlichen Segnungen* nach der praktischen Durchsetzung des *modernen Stils*[8].«

»Wer heute noch nicht von der hohen nationalen und volkswirtschaftlichen Bedeutung des Kunstgewerbes und von der Notwendigkeit wie Lebensfähigkeit einer 'Renaissance im Kunstgewerbe' überzeugt ist, der findet in dem Vorgehen des Großherzogs von Hessen durch die Hebung seiner Residenz und des ganzen Hessenlandes den schlagendsten Beweis – hier reden gewaltige Zahlen[9].«

Wichtig ist in unserem Zusammenhang nicht, ob es sich tatsächlich im Verhältnis zum Bruttosozialprodukt um gewaltige Zahlen handelt, sondern der ökonomische Rechtfertigungsversuch der neuen idealistischen Ästhetik. Er wird in der weiteren Geschichte der Produktgestaltung immer wieder eine Rolle spielen als fundamentaler Bestandteil der Ideologie des Design; denn als Beweis für die Richtigkeit der Theorie, hier der Ästhetik, sind solche Zahlen nicht schlüssig. Sie dienen rein der Abstützung eines Gefühlsverhältnisses zum Phänomen.

Daß nicht mehr Sozialutopie, sondern nur noch ein neues künstlerisches Lebensgefühl zu den neuen Formen führt, wird an einer so hervorragenden Figur wie *Henry van de Velde* deutlich:

»Darin das große Vorbild William Morris übertrumpfend, hat er für buchstäblich alles Entwürfe gemacht. Von der Malerei gelangte er über Applikationen und Graphik zum

Buchschmuck und zur Schrift, zum abstrakten Plakat und zur Warenpackung für industrielle Produkte; vom Ornament zu Mustern für Tapeten, Stoffe, Teppiche bis zu Stickereien und Damenkleidern, zu Fenstern und Oberlichtverglasungen; vom Möbel über Raum-Ensembles zur Baukunst selber, ja zum Ozeandampfer; Gerät, Geschirr, Bestecke in Silber, Leuchter, Lampen, Schmuck, Keramik und Porzellan ...

In seine Räume bezog van de Velde Wandbilder von Denis, von Hodler, Skulpturen von Maillol und Minne ein, denn das Gesamtkunstwerk sollte auch außerhalb der hochromantischen Wagner-Oper Verwirklichung finden, ja, das Ganze des Lebens sollte in Form gesetzt, in Kunst verwandel werden[10].«

Gleichzeitig geht *van de Velde* auch in der Theorie über *Morris* hinaus und steht praktisch an der Schwelle zum Industrie-Designer – unbeschadet der Tatsache, daß er am Hof in Weimar etwa die gleiche Rolle des elitären Entwerfers ausfüllt wie *Olbrich* und andere in der Künstler-Kolonie des hessischen Großherzogs.

»Ich selbst wie auch die Künstler der Gruppe 'Arts and Crafts' wollten nicht die Maschine und die maschinelle Herstellung diskreditieren, im Gegenteil: wir waren der Meinung, daß die Schöpfung von Modellen und die Wahl der Materialien beim industriellen Herstellungsprozeß Künstlern anvertraut werden müßten. Wir sahen darin weder Abstieg noch Erniedrigung. Die Repräsentanten der Kunstindustrie ihrerseits mußten sich bewußt sein, daß in Zukunft ihr Ansehen unmittelbar von dem ästhetischen und moralischen Wert in ihren Fabriken erzeugten Produkte abhing[11].«

Aber die universale Gestaltungstendenz im 'environmental design' *van de Veldes* wird nicht motiviert von sozialer Utopie im Sinne von *Ruskin* und *Morris*, sondern von einem individualistischen Ästhetizismus, der im Widerspruch zur sozialen Wirklichkeit der Industriegesellschaft steht. Der Designer ist Schöpfer des Gesamtkunstwerks privater Umweltform, das die privilegierte Klasse im Selbstgenuß zwischen sich und die soziale Wirklichkeit stellt. Die Entwerfer sind grundsätzlich wieder 'Künstler', nicht Handwerker im Sinne von *Morris*:

»Jede Vase und jedes Möbelstück von Gallé, die der Künstler 'Étuden' nannte, waren signiert. Jedes Glas von Tiffany war ein einmaliges, individuelles Kunstwerk ... Weder die Gitter von Gaudí, die Stickereien von Obrist, noch die Möbel von Horta oder Guimard waren für industrielle Serienproduktion gedacht[12].«

Wie lückenlos die kunstvolle Ästhetisierung des Lebens geplant wird, zeigt wiederum das Beispiel *van de Velde,* der nicht nur die dem Jugendstil-Interieur angepaßte Damenkleidung entwirft, sondern sich auch noch um die harmonische Farbzusammenstellung von Essen und Geschirr kümmert. So sind nach seiner Vorstellung Tomaten auf zum Tomatenrot komplementär grün abgestimmten Tellern zu servieren[13].

Gelegentlich kommen die elitären Entwerfer, wie auch van de Velde, mit der industriellen Produktionsform in Berührung, man braucht Mustermacher für den Bereich des neuen Stils, der schließlich in der ganzen zivilisierten Welt Bedeutung gewinnt. So entwirft *Olbrich* schon 1906 Karosserien für Opel-Automobile. Wahrscheinlich spricht kaufmännisches Konkurrenzdenken mit, nicht bloß Aufgeschlossenheit der

Abb. 1 Entwurf William Morris, 1877. Maschinengewebter Möbelbezugsstoff

Abb. 2 ›Sussex Chair‹, Morris & Co., um 1865

Abb. 3   Peter Behrens, Elektrische Tischlampen, um 1903

Abb. 4   Henry van de Velde, Herren-Arbeitszimmer, ausgestellt auf der Münchner Secession 1899

Abb. 5   Richard Riemerschmid, 1899. Konstruktion und Form bilden schon eine die Funktion des Objekts
überzeugend ausdrückende Einheit, der die dekorativen Elemente untergeordnet sind.

Abb. 6 Charles Rennie Mackintosh, Diele im ›Hill House‹, 1905. Strenge, fast schon konstruktivistische Ordnung des 'Environments'

Abb. 7 Joseph Maria Olbrich, Salon für eine fürstliche Lust-Yacht. Grand Prix auf der Pariser Weltausstellung 1900. Jugendstil als Ausdruck kultivierter Verfeinerung des Lebensstils privilegierter Schichten

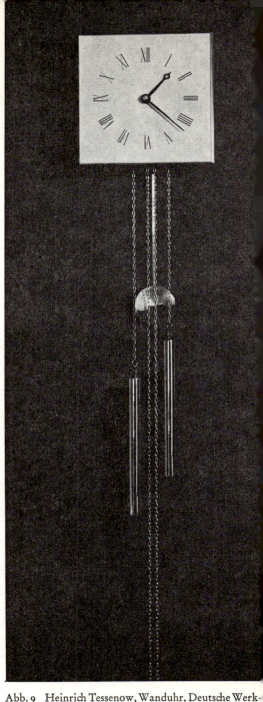

Abb. 8 Charles Rennie Mackintosh, Stuhl mit hoher
Rückenlehne, 1904/05

Abb. 9 Heinrich Tessenow, Wanduhr, Deutsche Werkstätten München, 1910. Vorformen einer späteren
Produktsprache von rigoroser Strenge

Abb. 10 Detail des Yacht-Salons von Olbrich (vgl. Abb. 7). Auf knappem Raum sind alle Merkmale des verfeinerten kunsthandwerklichen Ornamental-Entwurfs vereinigt.

Abb. 11   Katalog-Seite der AEG, 1897.
Die industriell gefertigte Gebrauchsform hat ihre angemessene 'Sprache' noch nicht gefunden.

Abb. 12   Peter Behrens, AEG, 1911.
Der Beginn der vollmechanisierten Küche, gleichzeitig der Beginn einer neuen Form von Werbung   ▷

AEG
Haushaltungs-Motor

Allgemeine
Elektricitäts-
Gesellschaft

Abb. 13   Peter Behrens, Lampe aus Bronze und Glas (Schloß Wolfsgarten), um 1900.
Kein Serienprodukt, sondern typischer Einzelentwurf eines 'artist-designers'

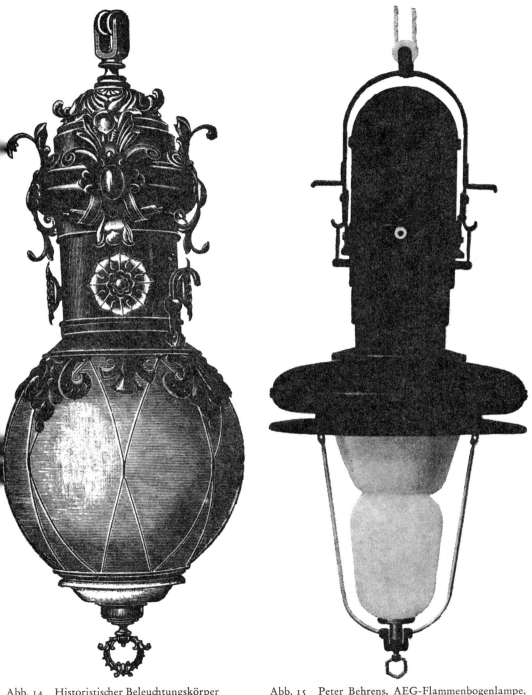

Abb. 14   Historistischer Beleuchtungskörper

Abb. 15   Peter Behrens, AEG-Flammenbogenlampe, 1908/11. Im Vergleich zu Abb. 13 ermißt man den Weg, den ein 'artist-designer' zum Industriedesigner zurücklegen mußte.

Abb. 16   Josef Knau, Teemaschine mit Spirituskocher und Extraktkännchen, 1924. Bauhaus Weimar

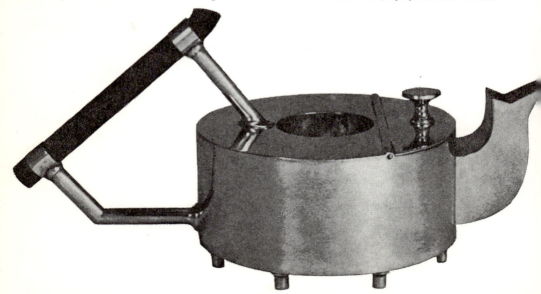

Abb. 17   Christopher Dresser, Teekanne, um 1880. Auch die 'Bauhausform' hat Vorläufer im 19. Jahrhundert zeichnet sich jedoch durch äußerste Gestaltreinheit in der Reduktion auf einfache Grundformen aus.

Abb. 18 Marcel Breuer, Stahlrohrsessel, 1925 (ab 1926 industriell produziert). Das funktionale Bauhaus-Entwurfsdenken wird an dieser Einheit von Konstruktion und sinngemäßer formaler Gestaltung besonders deutlich.

Abb. 19 Mart Stam, 1927, Bauhaus Dessau. Die teilweise schon im strengen Jugendstil sich an-
kündigende klare, die Beziehungen von Funktion, Material und Form ausdrückende Sprache des
industriellen Produkts ist ausgeprägt.

Abb. 20 Wilhelm Wagenfeld, Kubus-Geschirr, 1938. Bauhaustradition in der Gestaltung einfacher Gebrauchsformen

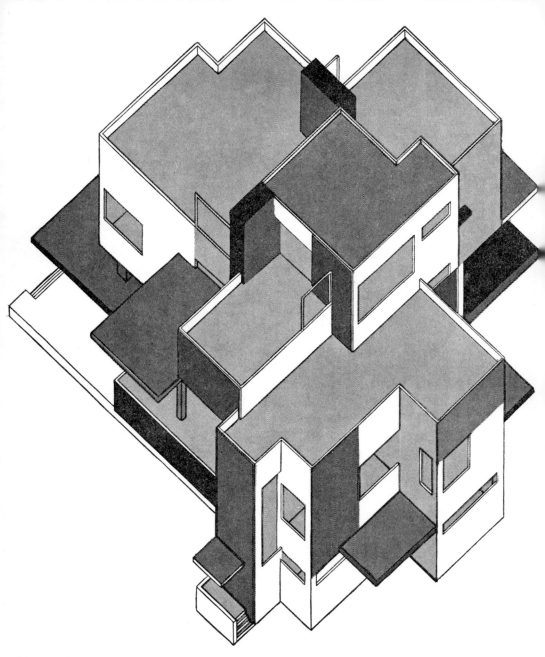

Abb. 21   Theo van Doesburg / Cornelis van Eesteren, Architekturentwurf, 1923. Beispiel des strengen gestalterischen Ordnungsprinzips im Stijl.
Abb. 22   Gerrit Thomas Rietveld, Sessel in Rot, Blau, Schwarz und Gelb, 1917. Frühe Ausformung des reinen
konstruktivistischen Stils ohne Rücksicht auf die Funktion des 'Sessels'. ▷

Abb. 23 Marcel Breuer, Holzstuhl, 1922, Bauhaus Weimar. In diesem Objekt überwiegt deutlich der Einfluß des Konstruktivismus auf die Entwurfsvorstellung am Bauhaus.

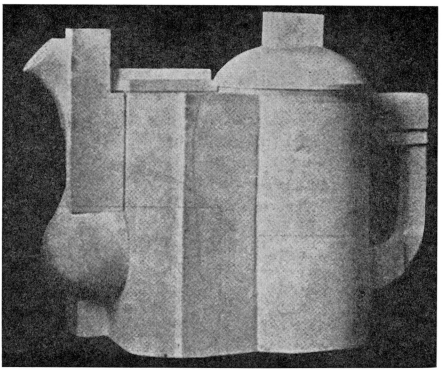

Abb. 24 Kasimir Malewitsch, Teekanne, um 1920

Abb. 25 Gerrit Thomas Rietveld, Innenentwurf für das Haus Schröder, 1923/24. Beide Entwürfe sind exemplarische Ausdrucksformen einer gestalterischen Utopie der Umwelt, eher symbolhafte als gebrauchsnutzenbezogene Objekte.

Abb. 26 Wladimir Tatlin vor seinem eigens für sparsamen Verbrauch konstruierten Ofen, in seinem selbstentworfenen Anzug; Schnittmuster des Anzugs, 1918/19

Abb. 27 Alexander Rodschenko, Modell eines Arbeiterklubs. Internationale Dekorations- und Kunstgewerbeausstellung Paris 1925

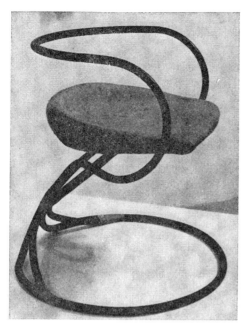

Abb. 28 Tatlin und Rogoschin, Stahlrohrstuhl
mit Gummisitzkissen, um 1927

Abb. 29 Werkstattstuhl, Bauhaus Dessau,
1929

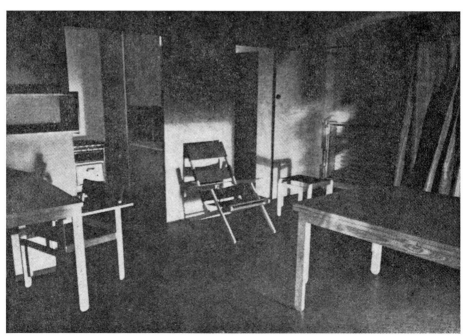

Abb. 30 Einrichtung einer Volkswohnung, Bauhaus Dessau, 1929 (unter Hannes Meyer)
Den vorangegangenen, oft hoch ästhetisiert wirkenden gestalterischen Lösungen treten um
diese Zeit Entwürfe aus gebrauchstechnischer und sozialer Notwendigkeit entgegen.

Abb. 31   Walter Gropius, Adler-Limousine, 1931

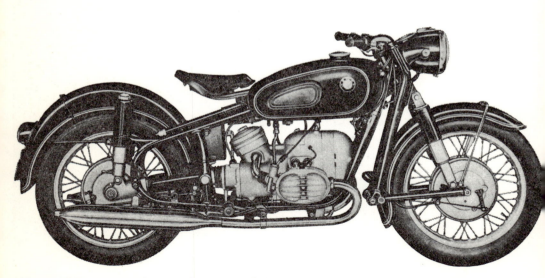

Abb. 32   BMW R 50, Werksentwurf, 1955. Die funktional bestimmte Gestaltungsweise führt während 100 Jahren industrieller Designgeschichte – von den Anfängen im 19. Jahrhundert über Bauhaustradition und 'Neue Sachlichkeit' bis zum 'Funktionalismus' der Nachkriegszeit – immer wieder zu überzeugend einfachen Lösungen.

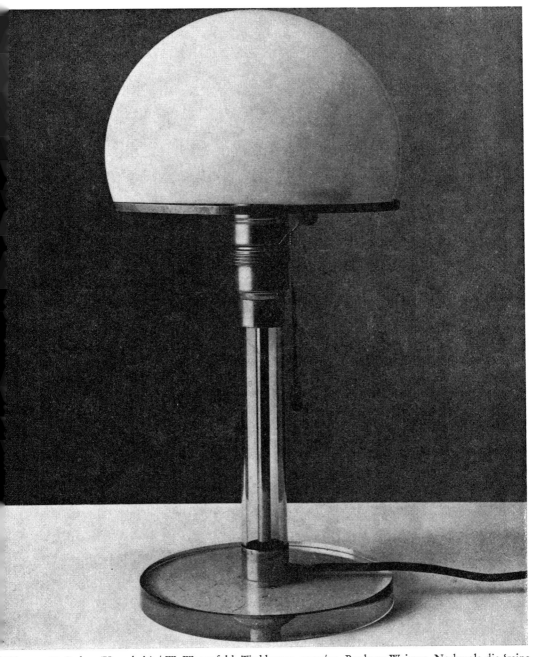

Abb. 33 K. Jucker (Vorarbeit) / W. Wagenfeld, Tischlampe, 1923/24, Bauhaus Weimar. Nochmals die 'reine Bauhausform', die sich aus der Transparenz der Beziehung von Funktion und Form, aus der Gebrauchstüchtigkeit und Materialgerechtigkeit und aus der Proportionalität des Gesamtbildes und der Details ableitet, deren 'Sprache' aber keineswegs sozial verbindlich geworden ist.

Firmenleitung gegenüber dem Modernen, daß *Peter Behrens* als Architekt, künstlerischer Berater und praktizierender Entwerfer bei der *AEG* eintreten und dort sofort Serienerzeugnisse gestalten kann.

Behrens hat tatsächlich weitergehende Vollmachten als die Mustermacher, Dessinateure und Modelleure der Manufaktur und Industrie um die Zeit der Weltausstellung von 1851 und danach. In seiner Tätigkeit sind schon alle im heutigen Sinne wichtigen Maßnahmen zur Produktgestaltung vereint: Planung, Koordination und Einzelentwurf. Selbst Werbemaßnahmen und Firmen-Architektur, also das, was man heute Corporate Image nennen würde, liegen in seinem Verantwortungsbereich; er ist der erste Industriedesigner nach modernem Verständnis.

Etwa gleichzeitig mit dem Beginn seiner Arbeit bei der *AEG* wird der *Deutsche Werkbund* 1907 gegründet. *Posener* bemerkt dazu, man könne *Behrens* ›Mr. Werkbund‹ nennen, so vollkommen entspreche seine Tätigkeit dem Werkbund-Gedanken[14]. Dieser Werkbund-Gedanke aber erweist sich als Bündelung traditioneller und neuer Vorstellungen von den gestalterischen Funktionen bei meist offenkundiger, aber nicht unfruchtbarer Uneinigkeit der Mitglieder in der Frage der gestalterischen und sozialen Ziele und den Verfahren zu ihrer Verwirklichung. Wir treffen hier, wie früher schon bei den '*Arts and Crafts*' oder anderen Gruppierungen, auf eine Sammlungsbewegung von Ideen, gleichzeitig auf deren Institutionalisierung. Spätbürgerlicher Idealismus, künstlerischer Individualismus, kaufmännisches Denken, technologischer Rationalismus, ja sogar nationalistisch-imperialistische Vorstellungen finden im Werkbund zu einer gemeinsam organisierten Form. Den Pluralismus der Ideen in der Geschichte des Werkbundes aufzuweisen, wäre Aufgabe einer eigenen Studie; hier können nur einige Grundtendenzen der Frühzeit des Bundes dargestellt werden. § 2 der Satzung vom 12. 7. 1908 lautet:

»Der Zweck des Bundes ist die Veredelung der gewerblichen Arbeit im Zusammenwirken von Kunst, Industrie und Handwerk durch Erziehung, Propaganda und geschlossene Stellungnahme zu einschlägigen Fragen[15].«

Aus der Festschreibung der Ziele in der Satzung geht zwar nicht die vielfältig individuelle Aktivität der Mitglieder (Architekten, Künstler, Entwerfer, Hersteller, Händler, Pädagogen, Publizisten) hervor, auch kommen keineswegs die gegensätzlichen Theorien zum Ausdruck, die den Werkbund gelegentlich zu spalten drohen, aber es lassen sich daran zwei wichtige Feststellungen knüpfen: der Bund versteht sich von Anfang an als Überbau-Institution, und die Mitgliedschaft begreift sich als 'Opinion Leader' in Fragen der Gestaltung.

Außerdem weist diese Stelle der Satzung auf die Mehrdeutigkeit des Werkbund-Gedankens hin. Kunst, Industrie und Handwerk, also tradierte und zukunftweisende, einander entgegengesetzte Prinzipien werden hier verbal und programmatisch vereint.

Elitebewußtsein und Widersprüchlichkeit in der Theorie sind Merkmale des Bundes, besonders aber jenes Sendungsbewußtsein, das zu propagandistischen Akten beflügelt: »Der Bund will eine Auslese der besten in Kunst, Industrie, Handwerk und Handel tätigen Kräfte vollziehen. Er will zusammenfassen, was an Qualitätsleistung und Streben in der gewerblichen Arbeit vorhanden ist. Er bildet den Sammelpunkt für alle, welche zur Qualitätsleistung gewillt und befähigt sind[16].«

Das wirtschaftliche Motiv wird sichtbar und besonders von *Hermann Muthesius* immer wieder angeführt:

»Von der Überzeugung ausgehend, daß es für Deutschland eine Lebensfrage ist, seine Produktion mehr und mehr zu veredeln, hat der Deutsche Werkbund als eine Vereinigung von Künstlern, Industriellen und Kaufleuten sein Augenmerk darauf zu richten, die Vorbedingungen für einen kunstindustriellen Export zu schaffen[17].«

Volkswirtschaftlicher Realismus scheint an die Stelle restaurativer Sozialutopie zu treten. Es geht nicht mehr wie bei *Ruskin* um die Heilung der Gesellschaft von den Folgen der Industrialisierung und um die Aufhebung der entfremdeten Arbeit durch Rückkehr zur handwerklichen Produktion und zur Verkehrsform des einfachen Warentauschs. Diese Vorstellungen scheinen völlig überwunden. Es geht nun um die Veredelung der nationalen Industrieprodukte und die internationale Ausweitung des kapitalistischen Warenverkehrs. Die Devise lautet nun Wettbewerbsfähigkeit, vereint mit kulturellem Fortschritt. An die neue Produktsprache aber werden gelegentlich Hoffnungen geknüpft, die ihr Herrschaftscharakter verleihen:

»Es gilt, mehr als die Welt zu beherrschen, mehr als sie zu finanzieren, sie zu unterrichten, sie mit Waren und Gütern zu überschwemmen. Es gilt, ihr das Gesicht zu geben. Erst das Volk, das diese Tat vollbringt, steht wahrhaft an der Spitze der Welt, und Deutschland muß dieses Volk werden[18].«

An gleicher Stelle spricht *Muthesius*, preußischer Staatsbeamter und Architekt, bis zu Beginn des 1. Weltkriegs sehr aktiv im Bund, von der 'deutschen Form'.

Nun denn, an ihr ist die Welt wirklich nicht genesen, aber das Beispiel zeigt, wozu Produktgestaltung mindestens theoretisch herhalten kann.

Auch *Friedrich Naumann* möchte durch Qualitätssteigerung der deutschen Arbeit in der Welt den Sieg erkämpfen[19]. Daß *Posener* 1970 in Kenntnis solcher Bestrebungen oder Äußerungen hervorragender Mitglieder des Bundes von einem 'aufgeklärten Kapitalismus'[20] spricht, der dem Gedanken guter Formgebung aufgeschlossen gegenübergestanden haben soll, sei hier nur als Randnotiz vermerkt.

Der Werkbund-Gedanke offenbart hier seine ideologische Komponente. Die deutsche Produktgestaltung erobert zwar keineswegs die Welt oder den Weltmarkt, hingegen wird sie theoretisch kompromittiert. Der einzelne Entwerfer mag noch so sehr an gestalterische Qualität, an Steigerung des Gebrauchswertes, an das Benutzer-Interesse glauben, er wird in Wahrheit schon ganz anderen Interessen unterstellt. Es muß gar nicht imperialistisches Säbelrasseln sein, das die gestalterische Theorie unglaubhaft macht (und um 1914 ja ganz glaubhaft klingt).

Vielmehr gerät stellenweise im Werkbund die ideelle Verbindung von bürgerlich-kapitalistischem Gewerbefleiß, kulturellem Anspruch und ästhetischem Sendungsbewußtsein in eine geradezu als klassisch zu bezeichnende ideologische Konstellation.

Die so überzeugend wirkenden und daher gern propagandistisch genutzten ethischen Beweggründe und ästhetischen Ideale der 'Qualitätsarbeit' drücken als Appelle an Entwerfer, Hersteller und Händler nur ein unkontrolliertes Gefühlsverhältnis zu den geformten Dingen und zu ihrer vermuteten Wirkung in der gesellschaftlichen Umwelt aus. Die Abhängigkeit der Dinge und ihrer Wirkung von den Gesetzen der Warenproduktion und Warenverteilung bleibt darin unberücksichtigt. So steckt schon in diesem Gefühlsverhältnis Ideologie oder falsches Bewußtsein, offenbart sich Scheintheorie[21], die ihre Voraussetzungen nicht reflektiert.

Die besondere ideologische Täuschung besteht in der oberflächlichen Beseitigung der Interessengegensätze von Produzenten und Konsumenten im kapitalistischen Produktionsprozeß und in der Glorifizierung wirtschaftlicher Machtinteressen als kulturtragende Elemente. In der genannten Konstellation geht es ja nicht nur um idealistische Zielvorstellungen und ihre Verwirklichung in 'Kultur', sondern erklärtermaßen auch um die Durchsetzung nüchterner Geschäftsinteressen. Diese dürfen sich als scheinbar notwendig mit der Durchsetzung der sie stützenden Ideale verbundene kulturelle Leistungen und Bedürfnisbefriedigung, also als 'Wert', erfahren. Den Unternehmer-Interessen wird bei besonderer gestalterischer Leistung in der Produktion quasi bescheinigt, daß sie nicht nur für den volkswirtschaftlichen, sondern auch für den allgemeinen kulturellen Nutzen unabdingbar sind.

Vermag man die ideologische Koppelung von Geschäftssinn, ästhetischem Idealismus und Sendungsbewußtsein im frühen Werkbund noch naiv, im Sinne traditionell bürgerlichen Kulturverständnisses gutgläubig zu nennen, so werden die Folgen solchen Denkens und solcher Propaganda doch gefährlich. Das ungeprüfte, falsche Vorverständnis von der selbstverständlichen Möglichkeit gleichzeitiger Marktexpansion und Verbesserung der kulturellen Lebensqualitäten innerhalb der Industriegesellschaft wird nämlich an die Design-Ideologie der Gegenwart überliefert. Rückblickend läßt sich feststellen, daß die 'Firmen-Philosophie' führender, designbewußter Unternehmen heute auf dieser ideologischen Tradition fußt.

Man darf vermuten, daß die hergestellte, propagandistisch abgestützte Übereinkunft auf Sinn und Zweck neuer Produktgestaltung um 1914 international verbindlich wird. Den Anfang macht der *Deutsche Werkbund*, es folgen der österreichische (1910), der *Schweizer* (1913), der schwedische *Slöjdförening* (zwischen 1910 und 1917) und die *Design and Industries Association* 1915 in England[22]. Der Aufbau solcher Überbau-Institutionen kommt in gewisser Weise dem Aufbau eines verbindlichen gestalterischen Bewußtseins gleich.

Über den Weg, den die Produktgestaltung einschlagen soll, herrscht im *Deutschen Werkbund* aber Uneinigkeit. Auf der Jahrestagung und Ausstellung 1914 in Köln wird über die strittigen Kernfragen entschieden; es geht um gestalterische Individualität und kunsthandwerkliche Tradition einerseits und um die zeitgemäße Forderung nach industrieller Typisierung andererseits. *Muthesius* vertritt die neue Forderung:

»Die Architektur und mit ihr das ganze Werkbundschaffensgebiet drängt nach Typisierung und kann nur durch sie diejenige allgemeine Bedeutung wiedererlangen, die ihr in Zeiten harmonischer Kultur eigen war[23].«

Er stößt auf den heftigsten Widerstand bei einem Teil der Mitglieder des Bundes, für die *van de Velde* Gegen-Leitsätze formuliert:

»Solange es noch Künstler im Werkbund geben wird und solange diese noch einen Einfluß auf dessen Geschicke haben werden, werden sie gegen jeden Vorschlag eines Kanons oder einer Typisierung protestieren. Der Künstler ist seiner innersten Essenz nach glühender Individualist, freier spontaner Schöpfer . . .

Deutschland hingegen hat den großen Vorzug, noch Gaben zu haben, die den anderen älteren, müderen Völkern abgehen, die Gaben der Erfindung, der persönlichen geistreichen Einfälle . . .

Die Anstrengungen des Werkbundes sollten dahin abzielen, gerade diese Gaben der individuellen Handfertigkeit, die Freude und den Glauben an die Schönheit einer möglichst differenzierten Ausführung zu pflegen und nicht durch eine Typisierung zu hemmen, gerade in dem Moment, wo das Ausland anfängt, an deutscher Arbeit Interesse zu empfinden[24].«

Der ideologische Gehalt auch seiner ganzen, hier nicht vollständig zitierten Gegen-Leitsätze ist unverkennbar, aber die Partei *van de Veldes* behält dennoch oder gerade deshalb die Oberhand. »Die Kölner Tage bestätigen meine Rolle als Haupt der Bewegung in Deutschland«[25], schreibt *van de Velde* später befriedigt.

Die Folge ist, daß individualistisch-künstlerische Ideen und elitär-kunsthandwerkliche Produktionsvorstellungen ideologisch bis in die ersten Jahre des *Bauhauses* ragen, für dessen Gründung *Walter Gropius* durch *van de Velde* der Weg geebnet wird.

Gestaltungstheoretisch und produktionstechnisch soll hingegen die industrielle Norm oder Typisierung erst wieder in den Vorstellungen des 'Neuen Bauens' oder der 'Neuen Sachlichkeit', also erst um die Mitte der 20er Jahre, eine wesentliche Rolle spielen. Nicht zufällig werden auch dann die sozialen Bezüge der Produktgestaltung wieder aktualisiert.

Die kunst- bzw. designsoziologische Forschung beginnt erst heute, sich mit den ideologieträchtigen historischen Bemühungen um eine Kultivierung der Produktions- und Lebenspraxis der im Hochkapitalismus sich aufaltenden Industriegesellschaft intensiv zu beschäftigen.

Sehr detailliertes, die Ideologiekritik an der kunstgewerblichen Bewegung in Deutschland bis 1914 fundierendes Material, z. B. zu den Zielen der Museumspraxis von *Karl Ernst Osthaus*, hat *Sebastian Müller* als Beitrag zur Osthaus-Monographie[26] zusammengestellt und kommentiert. (Vom gleichen Verfasser ist demnächst eine kritische Darstellung der Ideen und Aktivitäten des Deutschen Werkbundes zu erwarten.)

Wie stark noch gegenwärtig verbreitete Vorstellungen vom kulturellen Nutzen und Wert industrieller Produktion aus diesen ideologischen Quellen gespeist werden, wird erst heute allmählich bewußt.

1 Vgl. z. B. William Morris, Preaching Socialism, S. 116 f.; ›A Society of Equality‹. From Communism, S. 154 f.; Socialist Morality. From the Aims of Art, S. 155, in: Asa Briggs (Hrsg.), William Morris, Selected Writings and Designs, Harmondsworth 1962

2 Vgl. Hermann Muthesius, Die Glasgower Kunstbewegung, Charles R. Mackintosh und Margaret Macdonald-Mackintosh, in: Dekorative Kunst IX, München 1902, S. 193 ff.

3 Vgl. z. B. die von Alexander Koch in Darmstadt herausgegebenen illustrierten Monatshefte ›Deutsche Kunst und Dekoration‹ (›Zur Förderung Deutscher Kunst und Formensprache in neuzeitlicher Auffassung aus Deutschland, Schweiz, den Deutsch sprechenden Kronländern Österreich-Ungarns, den Niederlanden und skandinavischen Ländern‹), besonders die Jahrgänge von 1896–1907

4 Vgl. Hermann Muthesius, Die Wohnungskunst auf der Welt-Ausstellung in St. Louis, in: Deutsche Kunst und Dekoration, Bd. 15, Darmstadt 1905, S. 209 ff.

5 Friedrich Ahlers-Hestermann, Stilwende, Berlin 1956, S. 82

6 Bericht zur ›Eröffnungs-Feier der Darmstädter Kunst-Ausstellung‹, in: Deutsche Kunst und Dekoration, Bd. 8, Darmstadt 1901, S. 446

7 Hermann Bahr, zitiert nach Prinz Ludwig von Hessen und bei Rhein, in: Schriftenreihe 1 über Darmstadt, Darmstadt 1950, S. 17 (Die Darmstädter Künstlerkolonie und ihr Gründer Großherzog Ernst Ludwig)

8 Alexander Koch, Darmstadt und die volkswirtschaftliche Bedeutung des Kunstgewerbes, Vorwort zu: Darmstadt, eine Stätte moderner Kunstbestrebungen, Darmstadt 1905, S. V

9 A. a. O., S. VIII

10 Robert Schmutzler, Art Nouveau – Jugendstil, Stuttgart 1962, S. 10

11 Henry van de Velde, Geschichte meines Lebens, München 1962, S. 85

12 Schmutzler, a. a. O., S. 98

13 Vgl. a. a. O., S. 138

14 Vgl. Julius Posener, Der Deutsche Werkbund, Beilage zu Werk und Zeit, Nr. 5/1970, S. 1

15 Zitiert nach Walter Rossow, Werkbundarbeit – damals und heute, in: Schwarz/Gloor (Hrsg.), ›Die Form‹, Stimme des Deutschen Werkbundes 1925–1934, Gütersloh 1969, S. 9

16 Zitiert nach Nikolaus Pevsner, Wegbereiter moderner Formgebung, von Morris bis Gropius, Hamburg 1957, S. 28 (Fußnote)

17 In einem Vortrag auf der Werkbund-Tagung 1914 in Köln, zitiert nach Julius Posener, Anfänge des Funktionalismus, Von Arts and Crafts zum Deutschen Werkbund, Frankfurt/Berlin 1964, S. 205

18 Zitiert nach Posener, a. a. O., S. 42

19 Vgl. in Schwarz/Gloor (Hrsg.), ›Die Form‹, a. a. O., S. 85, Peter Bruckmann, Die Gründung des Deutschen Werkbundes am 6. Oktober 1907
Vgl. zur politischen Rolle Friedrich Naumanns auch Egon Stein, Von William Morris zur sozialistischen Kulturrevolution. Entwicklungen in Architektur und angewandter Kunst in hundert Jahren gesellschaftlichen Fortschritts, Berlin 1965 (Dissertation), S. 36 ff.

20 Vgl. Posener, Der Deutsche Werkbund, a. a. O., S. 1

21 Vgl. Theodor Geiger, Ideologie und Werturteil, in: Kurt Lenk (Hrsg.), Ideologie, Ideologiekritik und Wissenssoziologie, Neuwied/Berlin 1971, S. 231 f.

22 Nach Pevsner, Wegbereiter, a. a. O., S. 29

23 Zitiert nach Posener, Anfänge des Funktionalismus, a. a. O., S. 205

24 Zitiert nach Posener, a. a. O., S. 206 f.

25 van de Velde, a. a. O., S. 370

26 Vgl. Sebastian Müller, Das Deutsche Museum für Kunst in Handel und Gewerbe, in: Herta Hesse-Frielinghaus/August Hoff/Walter Erben/Klaus Volprecht/Sebastian Müller/Peter Stressig/Justus Buekschmitt, Karl Ernst Osthaus, Leben und Werk, Recklinghausen 1971, S. 259–344

4 Die zweite Phase kulturrevolutionärer Ideen –
Konstruktivismus und Neue Sachlichkeit

»Die Werkbundform ist die Bauhausform, daran ist kein Zweifel. Bauhaus und Werkbund gingen Hand in Hand. Die Bauhausform, welche man als die Reduktion der Form 𝖬 aller Gegenstände auf geometrische Elemente definieren kann, erwies sich als die gültige neue Form, die der Werkbund angestrebt hatte[1].«

Ehe sich diese Identität herstellt und der neue Stil sich ausprägt (beides wird erst auf der Bauausstellung der *Weißenhofsiedlung* 1927 in Stuttgart für die Öffentlichkeit sichtbar), müssen *Werkbund* und *Bauhaus* eine Phase durchlaufen, in der tradierte Vorstellungen abgetragen und neue, technikbezogene Entwurfsideen entwickelt werden.

Das *Bauhaus*, heute ein Mythos, vor dem die Kritik aus vielerlei Gründen haltzumachen pflegt, ist zweifellos der Ort, an dem nahezu alles vorformuliert wird, was späteres Industriedesign betrifft. Es ist zeitweilig der Brennpunkt aller progressiven Zeittendenzen und gestalterischen Ideen.

Aber die ʻBauhausformʼ verliert an Eindeutigkeit, wenn man sie mit diesen Zeittendenzen in Beziehung setzt, sie verliert dann auch an Originalität. Die historisch sich vor dem *Bauhaus* konstituierende *de-Stijl-*Gruppe in Holland und die russischen Konstruk- *LG* tivisten haben zur neuen Form sicherlich mehr beigetragen, als es nach der geläufigen Bauhaus-Literatur heute den Anschein hat. Außerdem ist der Entwicklungsprozeß der Ideen im *Bauhaus* langwierig und erhält entscheidende Anstöße von draußen, ehe wirklich das entsteht, was *Posener* die ʻBauhausformʼ nennt.

An welchem Punkt die Theorienbildung einsetzt, beweist das Gründungsmanifest von *Gropius* (1919), hier nur auszugsweise zu zitieren:
»*Das Endziel aller bildnerischen Tätigkeiten ist der Bau!* Ihn zu schmücken war einst die vornehmste Aufgabe der bildenden Künste, sie waren unablösliche Bestandteile der großen Baukunst. Heute stehen sie in selbstgenügsamer Eigenheit, aus der sie erst wieder erlöst werden können durch bewußtes Mit- und Ineinanderwirken aller Werkleute untereinander . . .
Architekten, Bildhauer, Maler, wir alle müssen zum Handwerk zurück! Denn es gibt *Arbeit* keine ʻKunst von Berufʼ. Es gibt keinen Wesensunterschied zwischen dem Künstler und dem Handwerker . . . Gnade des Himmels läßt in seltenen Lichtmomenten, die jenseits seines Wollens stehen, unbewußt Kunst aus dem Werk seiner Hand erblühen . . .
Bilden wir also eine *neue Zunft der Handwerker* ohne die klassentrennende Anmaßung, die eine hochmütige Mauer zwischen Handwerkern und Künstlern errichten wollte! Wollen, erdenken, erschaffen wir gemeinsam den neuen Bau der Zukunft, der alles in *einer Gestalt* sein wird: Architektur *und* Plastik *und* Malerei, der aus Millionen Händen der Handwerker einst gen Himmel steigen wird als kristallenes Sinnbild eines neuen kommenden Glaubens[2].«

Sieht man einmal davon ab, daß dieses Manifest auch als Absage an akademische Kunstschul-Traditionen zu verstehen ist, so wird daneben noch ein ganz anderer Gehalt deutlich: die romantisierend-idealistische Tendenz einer Rückkehr zum all-handwerklichen Gestalten im Sinne von *Ruskin* und *Morris,* ja zum Zunftgedanken des 'Gothic Revival' und einer verschwommenen Religiosität. Das *Bauhaus* beginnt offensichtlich unter dem Vorzeichen einer traditionellen Utopie, deren konservativ-abstrakter Charakter von *Bloch* bereits bei *Morris* denunziert wird.

Die im *Werkbund* bis 1914 nicht ausdiskutierten Fragen, kunsthandwerklicher Individualismus oder Typisierung der technischen Form für die Serienproduktion, werden in das *Bauhaus* der Gründungsphase und der frühen Weimarer Jahre hineinverlagert.

In der Rückschau vermerkt *Gropius* zur Korrektur der Gründungs-Ideen:

»Erst sehr viel später erkannten in dieser Verwirrung einige Persönlichkeiten, denen die Entwicklung der Form am Herzen lag, daß Kunst und Produktion erst wieder in Einklang gebracht werden könnten, wenn man die Maschine auch als formgebendes Werkzeug anerkenne und sie in den Dienst des gestaltenden Entwerfers stelle[3].«

Gropius sieht sehr wohl den Unterschied zwischen Handwerkskunst und Maschinenarbeit, die ungeteilte Kontrolle des Produktionsprozesses durch den Handwerker bzw. die Arbeitsteilung und den Verlust dieser Kontrolle beim Industriearbeiter, versucht aber gleichzeitig für den Handwerker der Zukunft eine ideale Rolle zu projizieren:

»Der Typ des intelligenten Handwerkers der Vergangenheit wird in Zukunft für spekulative Vorarbeiten bei der Herstellung industrieller Waren verantwortlich sein. Statt seine Fähigkeiten in einem rein mechanischen Vervielfältigungsprozeß zu vergeuden, wird er in experimenteller Laboratoriumsarbeit und in der Werkzeugentwicklung Verwendung finden[4].«

Der Wirklichkeit wird das positive Berufsbild des Handwerkers, das *Gropius* entwirft, nie entsprechen. Der Handwerker wird zum Facharbeiter in der Industrie, und jener 'Typ für spekulative Vorarbeiten bei der Herstellung industrieller Waren' ist schlicht der spätere Industriedesigner, von dem man heute kaum behaupten kann, daß er nicht-entfremdete Arbeit leistet. In der Realität seiner Lehre weicht das *Bauhaus* denn auch bald auf einen Kompromiß aus:

»Ein solcher Versuch, mit der industriellen Produktion Kontakt zu bekommen und junge Leute gleichzeitig in Hand- und Maschinenarbeit sowie im Entwurf auszubilden, wurde vom Bauhaus unternommen[5].«

Für die Gründungsphase ist festzuhalten, daß weder die Idee der 'Vereinigung aller werkkünstlerischen Disziplinen', noch die Funktionen von Kunst, Handwerk und Industrie, gemessen am historischen Stand der entwickelten gesellschaftlichen Produktivkräfte, hinreichend reflektiert werden. Die Ideen können daher ohne Korrektur nicht ihrem Sinngehalt nach realisiert werden.

Die Erkenntnis gesellschaftlicher Notwendigkeit und Wirklichkeit, die eindeutige Ausrichtung des Bauhaus-Gedankens auf die industrielle Gestaltungs- und Produktionspraxis, findet relativ spät statt. *Dexel,* der zu den wenigen gehört, die den Bauhaus-Mythos aus kritischer Distanz zu würdigen wagen, bestreitet im Gegensatz zu den meisten Autoren sogar, daß dies schon 1927 der Fall gewesen sei[6].

Ein Hindernis scheint die Lehrstruktur zu sein, das Meister-Gesellen-Lehrlings-Prinzip bei teilweise dominierendem Lehr-Typus des berühmten Individualkünstlers (z. B. Klee, Feininger, Schlemmer, Kandinsky und andere), was stellenweise zweifellos zu einer Überbetonung des künstlerischen Prinzips führt. Anstöße von außen und Richtungskämpfe innerhalb der Schule sind nötig, bis aus den Werkstätten Entwürfe, z. B. für Beleuchtungskörper, Tapeten und Möbel in die industrielle Produktion gehen und der Typus des Industriedesigners geschaffen ist.

Eine Vertriebsorganisation für Modellverkäufe bzw. zur Herstellung von Kontakten und zur Abwicklung von Geschäften mit Gewerbe und Industrie besteht als Bauhaus-GmbH seit 1925[7].

Vermutlich wesentlich infolge des Einflusses von *Theo van Doesburg* zeichnen sich zu Beginn der Dessauer Zeit (1925 Verlegung von Weimar nach Dessau) die Tendenzen zur industriellen Gestaltungsweise deutlicher ab. *Schlemmer* berichtet schon 1922 über *van Doesburg:*

»Er negiert das Handwerk (den Brennpunkt des Bauhauses) zugunsten des modernen Mittels: der Maschine[8].«

Van Doesburg verbreitet die Lehren des Stijl schon in Weimar außerhalb der Schule, seine Einflußnahme auf das *Bauhaus* ist noch nicht hinreichend untersucht (worauf *Maldonado* bereits hingewiesen hat)[9], vielleicht, weil er niemals richtig integriert wird, trotz einer Publikation in der Reihe der Bauhausbücher[10].

Denn die niederländische *de-Stijl*-Gruppe, bereits 1917 mit der ersten Ausgabe der Zeitschrift ›de stijl‹ gegründet (Gründungsmitglieder: *van Doesburg, Mondrian, Huszar, Oud, Kok, Severini, Wils, van der Leck, van't Hoff, Vantongerloo*)[11], steht von Anfang an in einem ganz anderen Verhältnis zur technischen Umwelt und gesellschaftlichen Wirklichkeit des Industriezeitalters. Sie entwickelt aus eben diesem Verhältnis eindeutig utopische Vorstellungen.

Jaffé stellt zur Utopie des *Stijl* fest, daß sie, vielmehr enger noch die *Mondrians,* auf ästhetischen Gedanken beruhe, während alle vorangehenden utopischen Ideen auf moralischen, sozialen und politischen Prinzipien aufgebaut gewesen seien[12]. Das dürfte nicht einmal voll für *Mondrian* zutreffen, weniger noch für *van Doesburg.* Denn es geht im Vorstellungsbereich des *Stijl* sowohl um ästhetische wie um soziale Utopie, um die Projektion der Gestaltung von Umweltform und Lebensform gleichermaßen. Diese Parallelität erinnert an *Ruskin* und *Morris,* aber nun ist die Utopie zukunftsorientiert, nicht mehr restaurativ. Dabei wird die Ästhetik durchaus als soziales Phänomen, als gesellschaftliches Integrationsprinzip, ja gelegentlich sogar politisch interpretiert, in der den *Stijl*-Mitgliedern eigentümlichen universalen Denkweise.

Umweltgestaltung erscheint hier erstmals als Mittel und Ausdruck von Weltumgestaltung im Versuch der ästhetischen Realisation.

In der Rückschau (1937) bemerkt *Mondrian:*

»Die Kultur erzeugt ein relatives Bewußtsein des verständlichen Ausdrucks der Realität. Ist dieser Bewußtseinsgrad erreicht, so findet eine Revolte statt: der Anfang der

Befreiung. Die Zerstörung der eigenen Grenzen folgt. Die Kultur der intuitiven Fähigkeiten hat gesiegt. Eine klare Wahrnehmung konstanter Realität ist möglich. Ein neuer Realismus erscheint. All dies offenbart sich im Laufe der Kultur plastischer Kunst. Wir sehen die Kultur der Form in einem Kampf um die Befreiung von Formgrenzen enden[13].«

In diesem Hinweis auf einen neuen Realismus verbirgt sich die Idee einer Kulturrevolution, freilich einer ästhetisch erlebten oder vorweggenommenen. *Van Doesburg* umreißt die utopischen Vorstellungen von einer neuen Gesellschaft konkreter:
»Die neue Gesellschaft ist anonym und kennt kein Eigentum. Sie hat nur Arbeiter und solche, die über Geist verfügen. Die Gesellschaft wird Arbeit ein Vergnügen sein lassen. Arbeit wird statt Stumpfsinn eine Quelle der Intelligenz sein[14].«

Somit umfaßt die ästhetische Universal-Utopie des *Stijl* auch die soziale Utopie der Aufhebung entfremdeter Arbeit. Die Rolle der Gestaltung, die im *Stijl* Kunst, Architektur und Gebrauchsform umfaßt, wird in ihrer Funktion für die gegenwärtige Gesellschaft von *Mondrian* folgendermaßen definiert:
»Obwohl die Neue Gestaltung das Ende der menschlichen Kultur als vollendete Tatsache hinstellt, zeigt uns dieses Ende zugleich die nächsten Schritte, die wir unternehmen müssen. Obwohl das von der Neuen Gestaltung dargestellte Gleichgewicht im augenblicklichen Leben nicht verwirklicht werden kann, hat uns die Neue Kunst doch gezeigt, daß es sogar heute schon möglich ist, sowohl klare Formen als auch klare Beziehungen herzustellen und mit ihrer Hilfe eine neue Ordnung zu schaffen, die schon in unserer Zeit ein Leben in größter Freiheit erlauben würde, ein Leben, das infolgedessen in jedem Fall eine größere Einheit darstellen würde[15].«

Der vorläufige Ersatzcharakter der neuen Gestaltung ist *Mondrian* bewußt[16], er grenzt seine Utopie damit indirekt ein.

Dieses Bewußtsein der Proportionalität von Utopie und gesellschaftlicher Wirklichkeit darf man nicht übersehen, wenn man das Denken und die strenge Ästhetik der Stijl-Gruppe als ideologisch interpretieren will, wie das schon im Versuch geschehen ist, ihren Anspruch auf formale Reinheit psychologisierend als Scheu vor Schmutz, als Wegbereiter für die Persilwerbung zu deklarieren[17].

In solchen ideologiekritischen Kraftakten wird leicht übersehen, daß es sich hier tatsächlich um reine Ausdrucksformen des utopischen Denkens handelt, um Utopie insofern, als das Bewußtsein im *Stijl* in voller Breite utopisch ist, als es bewußt die gesellschaftliche Seinswirklichkeit übersteigt und sich gleichzeitig an ihr korrigiert, als es sich in der gestalterischen Praxis kompromißlos artikuliert und die Utopie wenigstens ästhetisch-konkret punktuell vorwegzunehmen trachtet, indem es sichtbare ʿZeichenʾ setzt.

So sind auch die streng konstruktivistischen Objekte nach Maßgabe einer utopischen Ästhetik zu verstehen. Sie sind eher Symbole als Gegenstände, eher Kunstwerke als Designobjekte. Womit allerdings Utopiekritik sich zu beschäftigen hat, sind Phänomen und Folgen des Versuchs einer totalen Ästhetisierung von Umweltform und Lebensform. Aber diese Ästhetisierung der zukünftigen Gesellschaftsordnung sieht in der Utopie des *Stijl* ganz anders aus als in der Tendenz des Jugendstils zur Ästhetisierung des privaten Lebensgefühls der bürgerlichen Klasse.

Die Theorienbildung des *Stijl* umfaßt deutlich sozialutopische Gehalte, die in einer merkwürdigen Verwandtschaft zu später entwickelten Vorstellungen *Marcuses* stehen: »Gibt es etwas in der ästhetischen Dimension, das eine wesentliche Affinität zur Freiheit hat, nicht nur in ihrer sublimierten kulturellen (künstlerischen), sondern ebenso in ihrer entsublimierten politischen Form, so daß das Ästhetische eine gesellschaftliche Produktivkraft werden kann, ein Faktor in der Produktionstechnik, ein Horizont, unter dem die materiellen und geistigen Bedürfnisse sich entfalten? ... Kraft dieser Qualitäten kann die ästhetische Dimension als eine Art Eichmaß für eine freie Gesellschaft dienen[18].«

Die Vorstellungen *Marcuses* und jene *Mondrians* und *van Doesburgs* berühren sich mindestens in einem Punkte direkt, dort, wo ihre Utopie das Aufgehen der Kunst in eine neue, freie Gesellschaft intendiert und die Identität der ästhetischen und der politischen Form der Freiheit ins Auge gefaßt wird.

Marcuse spricht von der »kollektiven Praxis der Produktion von Umwelt«, »in der die nicht-aggressiven, erotischen und rezeptiven Anlagen des Menschen im Einklang mit dem Bewußtsein der Freiheit die Befriedung von Mensch und Natur anstreben«[19].

Seine weiteren Aussagen könnten durchaus im Programm des *Stijl* stehen: »Beim Neubau der Gesellschaft, der dieses Ziel erreichen will, nähme die Wirklichkeit insgesamt eine *Form* an, die das neue Ziel ausdrückt. Die wesentlich ästhetische Qualität dieser Form würde aus ihr ein *Kunstwerk* machen; insoweit aber die Form aus dem gesellschaftlichen Produktionsprozeß hervorginge, hätte Kunst ihren traditionellen Ort und ihre Funktion in der Gesellschaft geändert: sie wäre zur Produktivkraft der materiellen wie der kulturellen Umgestaltung geworden. Als solche Kraft wäre sie ein integraler Faktor beim Gestalten der Qualität und der 'Erscheinung' der Dinge, der Realität, der Lebensform. Dies würde die Aufhebung von Kunst bedeuten: das Ende der Trennung des Ästhetischen vom Wirklichen, aber ebenso das Ende der kommerziellen Vereinigung von Geschäft und Schönheit, Ausbeutung und Freude[20].«

Marcuse meint hier genau die Aufhebung jener ideologischen Konstellation von Kommerz und Kultur, die beispielsweise am Jugendstil so irritiert, am Werkbund-Gedanken, an der 'Guten Form'.

Ähnlich sagt die Theorie des *Stijl* in der Konsequenz ihrer Utopie das Ende der Kunst voraus: »Wenn Kunst sich selbst in reales Leben transformiert, ist das Ende der Kunst gekommen[21].«

»Eines Tages wird der Augenblick da sein, in dem wir ohne jede Kunst, wie wir sie jetzt kennen, auskommen werden. Schönheit wird dann zu greifbarer Realität herangereift sein. Die Menschheit wird durch den Verlust der Kunst nicht viel einbüßen[22].«

Van Doesburg bestätigt *Mondrians* Standpunkt:

»Für diese Gefühlsausschweifung wird in einer kollektiven Kultur kein Bedürfnis mehr bestehen. Auf einer höheren Kulturstufe werden das Gemälde und die Skulptur einfach aufhören zu existieren[23].«

Über die Sinngebung der neuen Gestaltung sagt *Mondrian*:

»Wenn der neue Mensch die Natur wiedererschaffen hat, damit sie mit dem übereinstimmt, was er, der Mensch, dann sein wird, nämlich: Natur und Nicht-Natur in einer ausgewogenen Beziehung, dann wird der Mensch – und auch Du – im neuen Menschen das Paradies auf Erden wiedergefunden haben[24].«

Dies ist wiederum nur Verheißung und klingt recht abstrakt-utopisch nach bloßer Hoffnung und greift weit über die Wirklichkeit hinaus.

Aber in gewisser Weise realisiert sich die utopische Theorie des *Stijl* in ihrer Ausformung zur sichtbaren Gestalt. Wenn man so will, entstehen die Entwürfe nach Maßgabe der entwickelten gesellschaftlichen Produktivkräfte, die eine Weltumgestaltung zumindest möglich erscheinen lassen. In der ästhetischen Realisation wird diese Gestalt konkret an einzelnen Stellen vorweggenommen. Die Realisationen von *Oud, van Eesteren* und *Rietveld* etwa entsprechen durchaus der Forderung *Mondrians*, daß der Architekt und der Ingenieur in Zukunft Harmonie zwischen uns und unserer Umwelt schaffen müßten[25].

So ist die Utopie des *Stijl* der erste Totalentwurf von Umweltform als Vorwegnahme neuer Lebensform, der punktuell praktiziert wird, mit einem deutlichen Technik-Bezug.

Nach *Severini* ist »der Prozeß des Entwerfens einer Maschine dem eines Kunstwerks analog«[26], und *van Doesburg* prägt den Begriff einer 'mechanischen Ästhetik', der identisch mit dem technischen Ästhetikbegriff der russischen Konstruktivisten ist. Nicht nur die Reflexion der Funktionen von Kunst in ihrer Beziehung zur Gesellschaft, sondern auch die Reflexion der Bedeutung der Technik für die Gestaltung scheint ausgeprägter zu sein und früher einzusetzen als im *Bauhaus*.

Van Doesburg kennzeichnet den Praxisbezug des neuen konstruktivistischen Stils:

»Für einen Stil, dessen Aufgabe nicht mehr darin besteht, individualistische Einzelheiten, wie lose Bilder, Schmucksachen oder Privatwohnungen, zu schaffen, sondern den ökonomischen Verhältnissen entsprechend ganze Stadtteile, Wolkenkratzer, Flugzeugstationen kollektiv in Angriff zu nehmen, kann eine handwerkliche Ausführung nicht in Betracht kommen ...

Infolge der geistig-praktischen Bedürfnisse unserer Zeit wird die konstruktive Bestimmtheit Forderung. Nur die Maschine kann diese konstruktive Bestimmtheit verwirklichen[27].«

Hier im Konstruktivismus als Ausdruck ästhetischer Ordnung des technischen Prinzips, in der gestalterischen Theorie ursprünglich eng verbunden mit gesellschaftlicher Utopie, ist also ein Ursprung des modernen Funktionalismus zu suchen, wie er sich in der Folge am *Bauhaus* ausprägen soll.

Hier und da im Ingenieur-Design des 19. Jahrhunderts, oberflächlich auch im 'strengen' Jugendstil z. B. eines *Mackintosh*, vor allem aber in den Vorstellungen von *Adolf*

Loos hat diese Ästhetik der rigorosen Formstrenge, technischen Glätte und totalen Ornamentlosigkeit ihre Vorläufer. Im Konstruktivismus des *Stijl* erfüllt sich die Utopie von *Loos*. Er schreibt schon 1908 in seinem Essay ›Ornament und Verbrechen‹: »Ornament ist vergeudete arbeitskraft . . . Da das ornament nicht mehr organisch mit unserer kultur zusammenhängt, ist es auch nicht mehr der ausdruck unserer kultur . . . Der wechsel der ornamente hat eine frühzeitige entwertung des arbeitsproduktes zur folge . . .«[28]

Loos spricht noch während der Hochsaison des ornamentalen Jugendstils von »Ornament-Seuche« und »geschändetem Material«, er entwickelt die Utopie der Ornamentlosigkeit der modernen artifiziellen Umweltform, die als Ausdruck neuer, kollektiver, technischer Ästhetik von der *Stijl*-Gruppe, den russischen Konstruktivisten und vom *Bauhaus* später verwirklicht wird.

»Weinet nicht! Seht, das macht ja die größe unserer zeit aus, daß sie nicht imstande ist, ein neues ornament hervorzubringen. Wir haben das ornament überwunden, wir haben uns zur ornamentlosigkeit durchgerungen. Seht, die zeit ist nahe, die erfüllung wartet unser. Bald werden die straßen der städte wie weiße mauern glänzen. Wie Zion, die heilige stadt, die hauptstadt des himmels. Dann ist die erfüllung da[29].«

Die utopische Verheißung ist nicht bloß eine ästhetische. Für *Loos* bedeutet der Leitsatz »evolution der kultur ist gleichbedeutend mit dem entfernen des ornaments aus dem gebrauchsgegenstande«[30] gleichzeitig auch sozialen Fortschritt. Er geht dabei von dem Gedanken aus, daß bei der Herstellung einfacher, zweckmäßiger Gebrauchsgegenstände ohne sinnlos repräsentierende Ornamentik und deren modischen Wechsel im Sinne des Styling der Arbeitsaufwand geringer, die Arbeitsproduktivität aber höher sein müßten, nach seiner Auffassung sogar der Arbeitslohn, und daß Lebensdauer und Gebrauchswert der Produkte ausschlaggebend werden.

Loos denunziert auch nachhaltig die Ornamentiker, sozusagen für die ganze nachfolgende Zeit:

»Sie sagen: Ein konsument, der eine einrichtung hat, die ihm schon nach zehn jahren unerträglich wird, und der daher gezwungen ist, sich alle zehn jahre einrichten zu lassen, ist uns lieber, als einer, der sich einen gegenstand erst dann kauft, wenn der alte aufgebraucht ist. Die industrie verlangt das[31].«

Seine Kritik bleibt ein Ärgernis noch für Neu-Ornamentiker und Anti-Funktionalisten der Nach-Bauhauszeit. Die frühe Betonung des Gebrauchswertes, die notwendig zu einer Ästhetik der Nüchternheit führt, weist sogar schon über die konstruktivistische Ästhetik hinaus, die der Gefahr der Verselbständigung stilistischer Merkmale zu einer betont formalistischen Sprache der Produkte nicht immer entgeht.

Der Gebrauchswertstandpunkt ist eine der Voraussetzungen des funktionalen Stils der 'Neuen Sachlichkeit', zu der die sogenannte 'Bauhausform' teilweise zu rechnen ist.

Weniger bekannt und bisher kaum berücksichtigt ist die Theorienbildung der russischen Konstruktivisten in bezug auf die soziale Utopie des Industrial Design. Verbindungen bestehen hier sowohl zum *Stijl* als auch zum *Bauhaus*. *Van Doesburg* trifft in

Berlin und Weimar mit *El Lissitzky* zusammen, eine Nummer des *>Stijl<* ist dessen Werk gewidmet[32]. *Malewitsch* publiziert in der Reihe der Bauhausbücher[33].

Die konstruktivistische Theorie jener Gruppierungen, die nach der Oktoberrevolution 1917 sich frei entfalten und als Träger des revolutionären Stils zunächst voll anerkannt werden, insbesondere aber die von *Wladimir Tatlin* korrigierte Theorie, erweisen sich als eine der wichtigsten Quellen sozialästhetischer Ideen nach *Ruskin, Morris* und dem *Stijl.* Daß sie ohne Einfluß auf die industrielle Produktionspraxis bleiben, liegt nicht nur an der teilweise extrem formalistischen Struktur der utopischen Entwürfe, die schließlich unter *Stalin* ganz dem Odium der Abartigkeit verfallen werden, sondern auch an der wirtschaftlichen Lage der Jahre nach der Revolution, die es kaum erlaubt, gestalterische Probleme ernst zu nehmen, obwohl die neuen Ideen von *Lunatscharskij* als Kommissar für Volksbildung unterstützt werden und die Bewegung des *Proletkult* eine praktische Arbeitsbasis zu bieten scheint. So gibt es ähnlich wie im *Stijl* Formexperimente, neben freier Kunst vor allem utopische Architekturentwürfe, aber kaum Ausgeführtes.

Gorsen stellt dazu fest:

»Die Versöhnung von Künstler und Arbeiter, die These vom Produktionskünstler war eine des Bewußtseins und nicht der Praxis. Sie stimmte nicht mit der Realität eines kaum industrialisierten und technisch-wissenschaftlich unterentwickelten Rußland überein[34].«

Es ist aber eine Zeit der allgemeinen, tiefgreifenden, kulturrevolutionären Ideation. *Braun-Feldweg* bemerkt dazu mit Recht, daß die meisten Motivationen für neues Design aus diesen Jahren stammen[35], allerdings spricht er zu Unrecht summarisch von den »ideologischen Wurzeln«; denn die konstruktivistische Idee entspringt eindeutig einer utopischen Zielsetzung des gestalterischen Bewußtseins jener Zeit.

Die Vorstellung von der neuen technischen Ästhetik als Ausdruck neuer Gesellschaftsform, als Ordnungsprinzip ihrer Umwelt, ist dem russischen Konstruktivismus und dem *Stijl* gemeinsam, gemessen an der *Stijl*-Gruppe aber ist die Theorienbildung hier bei weitem nicht so einheitlich.

Kasimir Malewitsch, u. a. Mitglied des *INChUK* (Institut für künstlerische Kulturen), dem auch *Kandinsky* eine Zeit lang angehört, und das z. B. die Richtlinien der *wchUTEMAS*, später *wchUTEIN* (eine Art russisches Bauhaus) entwirft[36], versammelt um sich einen Kreis der mehr an rein geistig-künstlerischer Aktion Interessierten. Er liefert die theoretische Begründung der revolutionären Ästhetik der Gegenstandslosigkeit in der Kunst, während andere, wie *Tatlin* und *Rodschenko,* sich der Idee des Künstler-Ingenieurs in der Arbeits- und Produktionswelt praktisch nähern.

Für *Malewitsch* ist die Industriekunst eine »zwangsläufig von der abstrakten Schöpfung abhängige Tätigkeit zweiten Ranges«[37].

Seine gelegentlichen Entwürfe von Gebrauchsformen wie die hier abgebildete Teekanne sind daher auch nicht als industrielles Design zu verstehen, sondern als Veranschaulichung seiner 'suprematistischen' Gestaltungsidee, als Aufhebung von Gegenständlichkeit auch bei einem Gegenstande, so wie er Gegenstandslosigkeit als wahren

Ausdruck der Kultur des Proletariats interpretiert[38]. Sie sind also eher als Sinnbilder zu verstehen, wie *Rietvelds* ›Lehnstuhl‹, den man ja auch kaum noch als Gebrauchsgegenstand bezeichnen kann, sondern nur als ästhetisches Realisat einer Idee.

Der Abstand solcher Abstraktionen bei *Malewitsch*, die nur als Konkretionen einer Idee gelten können, zur sozialistisch gemeinten Wirklichkeit ist augenscheinlich. So wird *Tatlins* Kritik in gewisser Weise zur Grundsatzkritik an solchen Ausprägungen des Konstruktivismus, dessen abstrakte, mißverständliche Ästhetik sich als Prinzip künstlerischer Ordnung der neuen Gesellschaft versteht, während die konkreten Gegenstände zu formalistischen Exempeln geraten.

Tatlin spricht später von der fehlenden »Anregung für die Schaffung künstlicher, lebensnotwendiger Dinge« und stellt fest:

»Die ... 'Konstruktivisten' arbeiteten auch mit Materialien, doch nicht auf grundsätzliche Art, und nicht ihrer gestalterischen Aufgabe entsprechend, indem sie Technik und mechanische Arbeitsweise in ihrer Kunst verbanden. Die 'Konstruktivisten' kümmerten sich in ihrer Arbeit nicht um die organischen Beziehungen zwischen Material und Verdichtung. Ohne die Dynamik dieser Verhältnisse kann aber kaum eine lebensnotwendige Form entstehen. Es ist daher nicht verwunderlich, daß die 'Konstruktivisten' Dekorateure geworden sind, oder sich auf grafische Dinge verlegten. Auf dem Gebiete der Möbel und anderer Gebrauchsgegenstände befindet sich die Arbeit noch im Anfangsstadium; die Einrichtung neuer, für unser tägliches Leben unverzichtbarer kultureller Einrichtungen, in denen die arbeitenden Massen leben, denken und sich entwickeln können, fordert vom Künstler nicht nur ein Gefühl für das äußerlich Dekorative, sondern auch – und vor allem – ein Gefühl für die Dinge, die sich für das moderne Dasein und seine Dialektik eignen[39]!«

Tatlins Kritik ist eine Kritik der Utopie des Konstruktivismus in seiner abstrakten Form; er stellt hier praktisch die Forderungen auf, die auch am *Bauhaus* zu einem aus konstruktivistischen Tendenzen sich entwickelnden *Funktionalismus* führen.

Er selbst bezieht sich, auch aus der materiellen Not seiner Zeit, auf die elementaren Bedürfnisse des Menschen in einigen seiner Entwürfe zurück. In seiner Theorie interpretiert er als ein Grundprinzip des Konstruktivismus[40] neu und konkret die Bedeutung von Technik, Material und Verarbeitung, bezieht sich also auf das, was die materielle Produktion bedingt.

»Die Hauptidee des Konstruktivismus war, Stil durch Technik zu ersetzen«[41] – diese Feststellung trifft auch auf Tatlin zu.

»Die Theorie hinter Tatlins Konstruktivismus ist: eine rationale Konstruktion, eine logische Struktur, beruhend auf den Eigenschaften des Materials, d.h. die grundlegenden Ideen, die gleichermaßen für die Kunst, wie für die revolutionäre Gesellschaft gelten[42].«

Oberflächlich hat gewiß der strenge Formalismus der Gruppierung um *Malewitsch* auf das *Bauhaus* am deutlichsten eingewirkt, er ist ablesbar an den konstruktivistischen Gegenständen, die dort unter dem Einfluß des *Stijl* und der russischen Variante des Konstruktivismus entstehen.

Aber ohne daß man heute direkte Verbindungen nachweisen kann, möglicherweise auch nur als logische Konsequenz zur Ablösung des reinen Konstruktivismus, beobachtet man am Bauhaus eine neue Phase konkreter Theorienbildung, als *Walter Gropius* 1928 demissioniert und *Hannes Meyer* die Leitung der Schule übernimmt. *Braun-Feldweg* bemerkt zu diesem Punkt, daß nun »marxistische Ideologie« und »Bedürfnisse der Massengesellschaft« in den Vordergrund treten[43].

Das ist die geläufige Interpretation der *Ära Meyer* und der Grund, weshalb diese gewöhnlich unterbewertet wird. Die Interpretation ist überdies, was den ersten Punkt betrifft, schlicht falsch; denn der Begriff Ideologie wird undefiniert verwendet. Gerade auf diese Periode der Konkretisierung gestalterischer Utopie an der gesellschaftlichen Wirklichkeit und historischen Fälligkeit von Veränderungen treffen die von *Hübner* genannten Bestimmungsmerkmale der Utopie zu:
»1. die soziale Unangepaßtheit 2. die innere Schlüssigkeit des Systems 3. das pädagogische Prinzip 4. die Errichtung von Zeichen in der Gesellschaft«[44].

1929 schreibt *Meyer:*
»wir erkennen in jeglicher lebensrichtigen gestaltung eine organisationsform des daseins. wahrhaft verwirklicht ist jede lebensrichtige gestaltung ein reflex der zeitgenössischen gesellschaft. –

bauen und gestalten sind uns eins, und sie sind ein gesellschaftliches geschehnis. als eine 'hohe schule der gestaltung' ist das bauhaus dessau kein künstlerisches, wohl aber ein soziales phänomen.

als gestalter ist unsere tätigkeit gesellschaftsbedingt, und den kreis unserer aufgaben schlägt die gesellschaft. fordert nicht heute in deutschland unsere gesellschaft tausende von volksschulen, volksgärten, volkshäusern? hunderttausende von volkswohnungen?? millionen von volksmöbeln???

(was frommt hiegegen das piepsen irgendwelcher kenner nach den kubistischen kuben der bauhaus-sachlichkeit?) . . .

die neue bauschule als eine erziehungsstätte zur lebensgestaltung trifft keine begabtenauslese. sie verachtet affenhafte geistige beweglichkeit der begabung, sie achtet die gefahr der geistigen sektenbildung: inzucht, egozentrik, weltfremdheit, lebensferne . . .

dergestalt ergreift erziehung zur gestaltung den ganzen menschen. entfernt hemmung, beklemmung, verdrängung. beseitigt vorwand, vorurteil, voreingenommenheit. sie vereinigt die befreiung des gestalters mit der eignung zur eingliederung in die gesellschaft . . .[45]«

Man kann nun insofern von einer konkreten sozialen Utopie der Gestaltung in der Lehr-Theorie des Bauhauses sprechen, als ein direkter Gesellschaftsbezug feststellbar wird. Die neue Theorie rückt entschieden vom künstlerischen Elite-Bewußtsein ab, das seit *van de Velde* die Motivation für besondere Entwürfe liefert. Die Abkehr vom Künstlertum, im *Stijl* als historisch fällig verstanden, bei einem Teil der russischen Konstruktivisten als revolutionäre Konsequenz gefordert und praktiziert, ist in der Theorie von *Hannes Meyer* endgültig vollzogen. Von jetzt an gehört der 'artist-designer' eigentlich der Vergangenheit an. Nun ist der Gestalter lebensnotwendiger Dinge nicht mehr dem Künstler gleichzusetzen, eher dem Ingenieur, dem Konstrukteur. Gedanken, die der ›Arbeitsrat für Kunst‹[46] im Kreis um den Architekten _Bruno Taut_ in der ersten sozialistischen Nachkriegs-Euphorie um 1918, also noch vor Gründung des Bauhauses, formulierte, rücken nun ihrer Realisation näher. An die Stelle des Elite-Design mit bisweilen formalistischer Tendenz sollen Umweltformen treten, die aus sozialen Bezügen und sozialer Notwendigkeit abzuleiten sind. Das bedeutet aber gleichzeitig Entwicklung von Typen für die industrielle Produktion und den Standard des Volksbedarfs und ein Zurückdrängen konstruktivistisch-scheinsachlicher Entwurfsvorstellungen. Notwendig muß der schwelende Konflikt zwischen künstlerischem Bewußtsein und dem Bewußtsein sachlich-praktischer Entwerfertätigkeit unter dieser neuen Zielsetzung am _Bauhaus_ erneut aufflammen. Als _Meyer_ 1930 unehrenhaft entlassen und _Mies van der Rohe_ der neue Leiter wird, beginnt denn auch eine Revision der sozialutopischen Tendenz. In der späteren Beurteilung klingt das so:

»Mies van der Rohe hat dann, ein aristokratischer Gestalter, den Qualitätsgedanken in Form und Material wieder stärker hervorgehoben und, seiner Natur gemäß, die ideologische Problematik zurückgedrängt[47].«

Noch bezeichnender selbst ideologisch befangen sind die Ausführungen _Grotes,_ der zur _Ära Meyer_ feststellt, die Kleinstwohnung sei die Aufgabe gewesen und dem Wohngerät sei demonstrativ ein billiger, dürftiger Charakter gegeben worden, obwohl es praktisch gewesen sei[48]:

»mit mies van der rohe zog wieder künstlerischer geist ins bauhaus ein. seine interpretation des funktionalismus ist ein bekenntnis zur kunst, die baukunst wurzelt mit ihren einfachsten gestaltungen ganz im zweckhaften, reicht aber hinauf über alle werksstufen bis in den höchsten bezirk geistigen seins, in das gebiet des sinnhaften, der sphäre reiner kunst[49].«

Meyers konkrete soziale Vorstellungen, die als 'materialistisch' abgetan werden, passen nicht in den Bauhaus-Mythos, auch nicht seine Versuche zu einer wissenschaftlichen Fundierung der gestalterischen Voraussetzungen und Prozesse und damit der Bauhaus-Lehre allgemein, die jeder individualistisch-künstlerischen Emotionalität naturgemäß widersprechen müssen. Schließlich paßt auch nicht in das Bauhausbild jene vernichtende Kritik, die er bei seiner Entlassung übt:

»Was fand ich bei meiner Berufung vor? Ein Bauhaus, dessen Leistungsfähigkeit von seinem Ruf um das Mehrfache übertroffen wurde und mit dem eine beispiellose Reklame getrieben wurde. Eine 'Hochschule für Gestaltung', in welcher aus jedem Teeglas ein problematisch-konstruktivistelndes Gebilde gemacht wurde. Eine 'Kathedrale des Sozialismus', in welcher ein mittelalterlicher Kult getrieben wurde mit den Revolutionären der Vorkriegskunst unter Assistenz einer Jugend, die nach links schielte und gleichzeitig selber hoffte, im gleichen Tempel dermaleinst heilig gesprochen zu werden. Inzüchtige Theorien versperrten jeden Zugang zur lebensrichtigen Gestaltung. Der Würfel war Trumpf, und seine Seiten waren gelb, rot, blau, weiß, grau, schwarz.

Diesen Bauhauswürfel gab man dem Kind zum Spielen und dem Bauhaus-Snob zur Spielerei. Das Quadrat war rot. Der Kreis war blau. Das Dreieck war gelb. Man saß und schlief auf der farbigen Geometrie der Möbel. Man bewohnte die gefärbten Plastiken der Häuser. Auf deren Fußböden lagen als Teppiche die seelischen Komplexe junger Mädchen. Überall erdrosselte die Kunst das Leben. So entstand meine tragikomische Situation: Als Bauhausleiter bekämpfte ich den Bauhausstil[50].«

Meyer hingegen betreibt gemeinsam mit Studenten der Bauabteilung Studien zum Lebensraum von Arbeiter- und Angestelltenfamilien in Dessau; es wird an Entwürfen für Musterhäuser, an Projekten für Standard-Typen von Möbeln, darunter für Umwelt des Kindes und Alleinstehende, gearbeitet, 90 'Volkswohnungen' der Stadt Dessau in *Törten* (begonnen noch unter Gropius) werden geplant und ausgeführt, als sozialer Wohnungsbau bei einer vorgesehenen Monatsmiete von 37,50 Reichsmark für eine Zweieinhalb-Zimmer-Wohnung[51].

Für *Meyer* bedeutet Bauen Gestaltung des Lebens, nicht 'Affektleistung des Künstlers': »bauen ist nur organisation: soziale, technische, ökonomische, psychische organisation . . . diese funktionell-biologische auffassung des bauens als einer gestaltung der lebensprozesse führt mit folgerichtigkeit zur reinen konstruktion . . . sie ist der ausdruck internationaler baugesinnung . . .[52]«

Konstruktion aber bedeutet nicht mehr die reine und rücksichtslose konstruktivistische Ästhetik; gemessen an den Ideen des *Stijl* kann man hier eher von einer Korrektur im Sinne *Tatlins* sprechen; die konstruktivistische Utopie der reinen gestalterischen Ordnung als Versinnbildlichung einer neuen Gesellschaft wird als zu abstrakt und vorgreifend erkannt, die gestalterische Arbeit am *Bauhaus* orientiert sich nunmehr rational und konkret an der historisch-sozialen Realität, ohne dabei die soziale Utopie zu verraten.

Es beginnt, was man in der Ära *Meyer* als den Versuch eines sozialen Funktionalismus interpretieren kann oder was *Kállai* unter »sozial-humanistischer« Sinngebung dieser Periode begreift[53], die mißverstanden worden oder in Vergessenheit geraten ist.

Schnaidt bemerkt deshalb:
»Man spricht heute beispielsweise von den fatalen Auswirkungen des Funktionalismus und fängt bereits an, ihn auszurotten, bevor man noch recht weiß, was Funktionalismus überhaupt ist[54].«

Meyer selbst beschreibt die Folgen der neuen sozialen Bindung funktionaler Entwurfsvorstellungen am *Bauhaus*:
»Das Volk schien in unser vornehmes Glashaus einzubrechen. Bedarfswirtschaft ward Leitmotiv, und die letzten Kunstjünger gingen Tapetenfarben mischen[55].«

Zwar sind die Vorarbeiten auf die neue Theorie und Lehre sowie auf den industriellen Standard der Entwürfe hin geleistet, als *Gropius* sein Amt niederlegt, jedoch ist von einer sozialen Sachlichkeit des Gestaltens, die allmählich die gesamte Struktur der Schule verändert, erst unter *Hannes Meyer* zu reden. Die Utopie dieser funktionalen Sachlichkeit bezieht sich konkret auf die soziale Wirklichkeit und Notwendigkeit der

Zeit um 1927–30 und die real erkennbare, zu verändernde Umweltsituation der Industriestadt *Dessau*.

Die Realisation der Utopie eines sozialen Funktionalismus in der Breite scheitert weniger an *Meyers* Nachfolger *Mies van der Rohe* und wiederauflebenden elitären Tendenzen, sondern an der Schließung der Schule durch die Nationalsozialisten, der Zerstreuung, Verfolgung oder Emigration ihrer Mitglieder. Zur historischen Nachwirkung bemerkt *Maldonado:*

»Das Bauhaus wird nur im oberflächlich restaurativen Sinne akzeptiert. Das Verständnis der eigentlichen Bedeutung des Bauhauses, vor allem die Beziehung zu unseren gegenwärtigen Problemen, gibt es nicht[56].«

Die soziale Utopie des Design kommt am Ende der Bauhauszeit häufiger in einem progressiven Stil der technisch-materiellen Sachlichkeit und streng funktionalen, auf Gebrauchswert angelegten Gegenstandsform zum Ausdruck, wobei formal-ästhetische und funktional-konstruktive Elemente eine Einheit bilden, wie das gelegentlich im strengen Jugendstil sich schon andeutete. Nun aber sind Einfachheit, Unaufdringlichkeit und Zweckmäßigkeit dominierende Produktinformationen an Formen eines angestrebten sozialen Standards privater oder öffentlicher Umwelt, die weder privilegieren noch diskriminieren.

Freilich fehlt es an Breitenwirkung und sozial verbindlichem Verständnis der Objekte; die 'Bauhausform' wird keineswegs historisch-sozial zum verbindlichen Ausdruck der Produktkultur einer Epoche, sie bleibt ein Versuch zur ästhetischen Korrektur ökonomisch bestimmter Verhältnisse, die in ihrer Weiterentwicklung später das Ausmaß der Wirkungslosigkeit eines solchen Versuchs erst richtig erkennen lassen.

Dennoch sind diese schon historischen Formen als Zeichen zu verstehen, die das utopische Entwurfsdenken in der Gesellschaft gesetzt hat, deren Umwelt – von anderen Faktoren nachhaltig bestimmt – gerade angesichts dieser Zeichen kritisch wahrnehmbar, in ihrer Unmenschlichkeit definierbarer geworden ist.

Im Abriß der Ideengeschichte des Design hat sich gezeigt, daß utopisches Denken und Planen zu konkreten Entwürfen führen kann, zur punktuellen, vorweggenommenen Realisation von Ideen. Es war nachzuweisen, daß soziale Utopie schlechthin über weite Strecken als Motivation und Bestimmung des gestalterischen Bewußtseins anzusehen ist.

In der Pionierzeit des Industrial Design wird häufig nicht nur projektiert und utopische Lehre vertreten, sondern in praktischer Vorwegnahme eines veränderten Zustands auf ein neues Gesellschaftsbild hin utopisch agiert – im Gegensatz zu heute. Weshalb der begründete Radikalismus solchen Denkens und Handelns unter dem Vorzeichen der sozial-gestalterischen Vernunft sich nicht durchsetzen und weiter wirksam werden konnte oder heute allenfalls als historisches Alibi für die angepaßte Entwurfspraxis dient, sollen einige der folgenden Untersuchungen erläutern.

1   Julius Posener, Der Deutsche Werkbund, Beilage zu Werk und Zeit, Nr. 5/1970, S. 3
2   Zitiert nach Faksimile-Druck des Originals, in: Hans M. Wingler, Das Bauhaus, Bramsche 1962, S. 39
3   Walter Gropius, Architektur, Frankfurt/Hamburg 1956, S. 17
4   A. a. O., S. 18
5   A. a. O., S. 19
6   Nach Wilhelm Braun-Feldweg, Industrial Design heute, Reinbek 1966, S. 34
    Vgl. ebenda, S. 156 ff., Walter Dexel, Der ›Bauhausstil‹ – ein Mythos
7   Vgl. Wingler, a. a. O., S. 121 f.
8   Zitiert nach Braun-Feldweg, a. a. O., S. 35
9   Vgl. Tomás Maldonado, Ist das Bauhaus aktuell?, in: ulm, Zeitschr. der Hochschule für Gestaltung, Nr. 8/9, 1963, S. 11
10 Theo van Doesburg, Grundbegriffe der neuen gestaltenden Kunst, Bd. 6 der Reihe der Bauhaus-Bücher, 1925 (Neuaufl. Mainz 1966)
11 Nach H. L. C. Jaffé, De Stijl 1917–1931, Der niederländische Beitrag zur modernen Kunst, Berlin/Frankfurt/Wien 1965, S. 19
12 Vgl. a. a. O., S. 140
13 Zitiert nach Jaffé, a. a. O., S. 142
14 Zitiert nach Jaffé, a. a. O., S. 146
15 Zitiert nach Jaffé, a. a. O., S. 149
16 Vgl. auch a. a. O., S. 147
17 Vgl. Hermann K. Ehmer, Von Mondrian bis Persil, Zur Ideologie des Reinen in Kunst und Werbung, in: Ehmer (Hrsg.), Visuelle Kommunikation, Beiträge zur Kritik der Bewußtseinsindustrie, Köln 1971, S. 189 ff.
18 Herbert Marcuse, Versuch über die Befreiung, Frankfurt 1969, S. 46 f.; S. 48
19 A. a. O., S. 54
20 A. a. O.
21 Zitiert nach Jaffé, a. a. O., S. 146
22 Zitiert nach Jaffé, a. a. O.
23 Zitiert nach Jaffé, a. a. O.
24 Zitiert nach Jaffé, a. a. O., S. 148
25 Vgl. Jaffé, a. a. O., S. 168
26 Zitiert nach Jaffé, a. a. O., S. 165
27 Zitiert nach Jaffé, a. a. O., S. 164 f.
28 Adolf Loos, Ornament und Verbrechen, in: Loos, Sämtl. Schriften, Bd. 1, Wien/München 1962, S. 282 f.
29 A. a. O., S. 278
30 A. a. O., S. 277
31 A. a. O., S. 284
32 Vgl. Jaffé, a. a. O., S. 32
33 Kasimir Malewitsch, Die gegenstandslose Welt, München 1927 (Bd. 11 der Reihe der Bauhaus-Bücher)
34 Peter Gorsen, Der revolutionäre Kulturkampf der Übergangsgesellschaft in Sowjetrußland (1917–32), in: Katalog ›Kunst in der Revolution‹, hrsg. vom Frankfurter Kunstverein, Frankfurt 1972, o. S.
35 Vgl. Braun-Feldweg, a. a. O., S. 44
36 Vgl. Camilla Gray, Die russische Avantgarde der modernen Kunst, 1863–1922, Köln 1963, S. 209
37 A. a. O., S. 228 f.
38 Vgl. Kasimir Malewitsch, Suprematismus – Die gegenstandslose Welt, Köln 1962, S. 171 f.; S. 176
39 Wladimir Tatlin, Kunst mündet aus in Technik, (1932), in: Katalog Wladimir Tatlin 1885–1953, hrsg. vom Münchener Kunstverein, München 1970, S. 63
40 Vgl. die Grundprinzipien des Konstruktivismus (Tektonik, Faktur, Konstruktion) bei Gray, a. a. O., S. 234
    sowie ebenda, S. 267 f., Alexej Gan, Die drei Prinzipien des Konstruktivismus

41 Gray, a. a. O., S. 234

42 K. G. P. Hultén, Vorwort zum Katalog Tatlin, a. a. O., S. 4

43 Vgl. Braun-Feldweg, a. a. O., S. 35

44 Herbert Hübner, Die soziale Utopie des Bauhauses. Ein Beitrag zur Wissenssoziologie in der bildenden Kunst, Münster 1963 (Dissertation), S. 160

45 Hannes Meyer, bauhaus und gesellschaft, 1929, in: Claude Schnaidt, Hannes Meyer, Bauten, Projekte und Schriften, Teufen 1965, S. 98 ff.

46 Vgl. Hübner, a. a. O., S. 60 ff.

47 Braun-Feldweg, a. a. O., S. 37

48 Vgl. Ludwig Grote, grundformen und funktionalismus, in: Katalog ›50 Jahre bauhaus‹, Stuttgart 1968, S. 20

49 A. a. O.

50 Hannes Meyer, Mein Hinauswurf aus dem Bauhaus, 1930, in: Schnaidt, a. a. O., S. 100 f.

51 Vgl. Schnaidt, a. a. O., S. 38; S. 102

52 Hannes Meyer, bauen, 1928, in: Schnaidt, a. a. O., S. 96; S. 94

53 Ernst Kállai, zur einführung, in: Katalog ›bauhaus dessau‹, Ausstellung im Gewerbemuseum Basel, 1929, o. S.
    Vgl. auch zum Konstruktivismus: Ernst Kállai, Das Bauen und die Kunst, in: Der Kunstnarr (Hrsg. E. Kállai), Nr. 1/1929, S. 12

54 Schnaidt, Einleitung, a. a. O., S. 16

55 Hannes Meyer, Mein Hinauswurf aus dem Bauhaus, a. a. O., S. 102
    Vgl. auch zu den Lehrinhalten, den Zielen, der Struktur und der Arbeitsweise des Bauhauses der Ära Meyer: Hannes Meyer, Bauhaus Dessau 1927–30, Erfahrungen einer polytechnischen Erziehung (– 1940 rückblickend in Mexiko geschrieben –), in: Schnaidt, a. a. O., S. 106 ff.

56 Maldonado, Ist das Bauhaus aktuell?, a. a. O., S. 8

IV   Soziale Theorie und Praxis des Design heute

1   Die 'gute' Form

Wer sich mit der gegenwärtigen Formgebung theoriekritisch auseinandersetzen will, sieht sich einem Komplex von Vorstellungen gegenüber, dessen Wurzeln weit in die Geschichte des Design zurückreichen. Der Begriff der 'guten' Form oder des 'good design' faßt nahezu alles zu einem verschwommenen Leitbild zusammen, was aus dem Prozeß der historischen Theorienbildung an Motivationen und Zielsetzungen des Design überliefert ist, mit Ausnahme allerdings jener Anstöße, die nicht der bürgerlich-idealistischen Tradition und Denkweise zu verdanken sind oder sich mit dieser Denkweise nicht vereinbaren lassen.

Die Vorstellungen hinter der 'guten' Form lassen sich daher kaum als eine zusammenhängende, schlüssige Theorie definieren, sondern sind als ein Komplex von Werthaltungen zu deuten, deren Ursprung in tradierten kulturellen Normen und der unablässigen 'Werbung' für diese Normen zu suchen ist.

Tatsächlich ist 'gute' Form ein feststehender, wenn auch im Grunde unklarer Leitbegriff und ein institutionell voll abgesichertes Phänomen, dessen berufene Interpreten unablässig für die gesellschaftliche Übereinkunft sorgen, daß es sich dabei unbedingt um ein kulturelles Ereignis handele. Beträchtlicher Aufwand an Propaganda über Publizistik und Ausstellungswesen auf nationaler und internationaler Ebene täuscht darüber hinweg, daß eigentlich niemand so richtig weiß und erklären kann, was 'gute' Form ist und was sie bewirkt.

Dennoch beansprucht man für sie in der unübersichtlichen Produktlandschaft der Gegenwart eine Sonderstellung. Von ihr wird vorausgesetzt und öffentlich behauptet, daß sie 'besser' sei als alle anderen produktsprachlichen Phänomene, als der differenzierte 'Industriekitsch', auf dessen Verständnis und Verbrauch die Massen eingeschworen sind.

Diese Meinung können einige Kritiker des Design heute keineswegs teilen, weil sie den begründeten Verdacht hegen, daß hier eine unkontrollierte Wertung vorgenommen und Scheintheorie etabliert wird, zumal die Grenzen der traditionellen 'guten' Form verschwimmen. Für alle, die 'besser' gestaltete Produkte vom Massenangebot zu unterscheiden und zu verbrauchen gelernt haben, ist es allerdings schockierend und gilt als Indiz für mangelnde ästhetische Bildung, für mangelndes Kulturverständnis und für gesellschaftliche Verantwortungslosigkeit schlechthin, wenn jemand entschieden bezweifelt, daß zwischen 'guten' und 'schlechten' Produktformen ein prinzipieller Unterschied in der gesellschaftlichen Wirkung bestehe. Bei diesem Urteilsstreit kommt es aber nicht auf subjektive Meinungen an, sondern auf die Beweisführung unter gesellschaftlichen Gesichtspunkten.

Damit die Kritik an Theorie und Praxis der 'guten' Form verständlich wird, sollen einige Ansätze hier kurz erläutert werden. (In den folgenden Kapiteln sind die hierbei angeschnittenen Probleme nochmals in einer zusammenfassenden Kritik am Design zu erörtern.)

1 Der Aspekt der Überbauung

Die einfache, berechtigte Eingangsfrage lautet: Wem und wozu nützt eine derart massiv propagierte Idee? Die Antwort darauf müßte die Begründung für das Adjektiv 'gut' geben, das für den Wert und die besondere Funktion der gemeinten Gestaltungsweise steht:

»Die gute Form ... stellt nicht einen Selbstzweck oder Selbstwert dar, sondern sie ist Erscheinungsform und Ausdruck der durch Material, Verarbeitung und Funktionstüchtigkeit bestimmten Qualität eines Produktes: die gute Form ist das Signum der Qualität. Da es Menschen sind, die mit den Dingen und Geräten umgehen, mit ihnen leben und arbeiten, besitzt die gute Form bildende und prägende Kraft im humanen, sozialen, kulturellen Bereich. Ihre wirtschaftliche Bedeutung resultiert aus ihrem Vermögen, die Vollkommenheit und den Wert eines Produktes sichtbar zu repräsentieren[1].«

Diese frühe, offizielle Definition dürfte alle individuell möglichen Interpretationsakzente umgreifen und soll deshalb hier als ideelle Zusammenfassung gelten. Sie enthält den charakterisierenden Hinweis auf das relativ hohe Gebrauchswertversprechen des Markenartikels 'gute' Form und auf die notwendige Marktrepräsentanz. Soweit ist die Definition rational nachvollziehbar; denn beide Begründungen des Adjektivs 'gut' sind im logischen Zusammenhang mit dem Wirtschaftssystem zu sehen, das Konkurrenzfähigkeit und damit den Einsatz aller verfügbaren materiellen, fertigungstechnischen und ästhetischen Mittel im Wettbewerb zwingend vorschreibt.

Dann aber beginnt unvermittelt – und das ist für alle Interpretationen der 'guten' Form bezeichnend – ein Gefühlsverhältnis zum Objekt zu wirken.

Die irrationale Kausalbeziehung (vgl. das Zitat oben: »Da es Menschen sind ...« bis Ende des Satzes) signalisiert dieses Gefühlsverhältnis insofern, als nicht nur eine unbewiesene Voraussetzung in den Kontext eingeführt, sondern unversehens auch der bloße Glaube an die bildende und prägende Kraft guter Gestaltung zur Tatsache, zur faktischen Wirkung im sozialen Bereich erklärt wird. Damit ist die Falschheit der Theorie evident, ein Merkmal des Ideologischen wird offenkundig. Ob es sich dabei bloß um eine unbewußte Überbauung andersgearteter Wirklichkeit mit gut gemeintem Wunschdenken oder um eine Rechtfertigung sonst allzu nackt erscheinender Interessen handelt, bleibt noch ungeklärt. *Ludwig Erhard* indes drückte sich als Bundeswirtschaftsminister schon ein wenig deutlicher aus:

»Es ist ein bekanntes Wort, daß wir nicht nur mit dem Mund und mit dem Gaumen und mit dem Magen essen, sondern auch mit den Augen – das heißt, wir verbinden mit unserem Konsum noch etwas, was offenbar den ganzen Menschen anspricht, was das Seelische, was das Menschliche in diesem höchsten Sinn irgendwie noch mitberührt. Sagen Sie nicht, das sei Philosophie, das sei Psychologie –, nein: das ist im letzten Grund Wirtschaft auch im Materiellen, im Volkswirtschaftlichen. Eine Volkswirtschaft wird auf die Dauer nur gedeihen, wenn sie sich in diesem Sinne in der ganzen Welt und sozusagen in der Wertung der Menschheit bewährt. Die deutsche Volkswirtschaft kann nicht darauf verzichten, hier mit führend zu sein. Das Führen ist zuletzt aber etwas Geistiges, aber gerade das läßt sich nicht auf eine Formel bringen. Da ist es nicht damit getan, einen Gegenstand zu produzieren, sondern es gehört das Erfühlen des Zeitgeistes, das Empfinden eines ganzen Volkes dazu. Dazu läßt sich meines Erachtens unsere Wirtschaft erziehen, und aus diesem Grunde sind Ausstellungen und Bestrebungen, wie sie hier von Ihnen gepflogen werden, so außerordentlich wichtig . . . wir haben es schon etwas weiter gebracht! Wenn ich so an die alten Bierkrüge denke mit Bismarck und dem Kürassierhelm als Deckel – bis etwa zu den Gläsern, die wir hier ausgestellt sehen, dann wird uns nicht nur der Fortschritt, sondern fast ein Wandel der Gesinnung deutlich. Hier hat sich der menschliche Geist in einem wirklich höheren Sinn entfaltet[2].«

Soweit diese geradezu klassische Überbauung von Machtinteressen mit Gefühlsverhältnissen und geistigen Werten. Vom 'Führen' über die Eroberung des Weltmarktes durch gute Gestaltung der Waren war ja schon die Rede im frühen *Werkbund*, als 1914 die imperialistischen Tendenzen offen zum Ausdruck kamen.

Die Industrie arbeitet selbst an der Überbauung mit; zunächst aber ein Beispiel ihres realistischen Zugriffs auf die Ästhetik als akquisitorisches Mittel:

»Schöner arbeiten – das gilt besonders für Sie! Natürlich ist es mit den Maschinen nicht getan. Zum schöneren Arbeiten gehört mehr: Es gehören schöne Räume dazu. Die bringt uns das neue von Professor Eiermann entworfene Olivetti-Haus . . . Es gehören auch schöne Möbel dazu. Auch die bringt uns das neue Olivetti-Haus . . . Geben Sie Anregungen, sagen Sie, was Ihnen nicht gefällt, wie man es schöner machen kann. Wenden Sie sich an die Geschäftsleitung. Denn stile olivetti ist schöner arbeiten[3].«

Das Unternehmen hat aber auch eine Hausphilosophie, die auf höherer Ebene zur Werbung verbraucht wird und der Theorie der 'guten' Form entspricht:

»Olivetti gehört zu den wenigen Unternehmen, die schon früh erkannt haben, daß auch die Industrie soziale und kulturelle Verpflichtungen innerhalb der Gesellschaft übernehmen kann und muß. Diese Erkenntnis spiegelt sich auch in der Produktentwicklung, in der Produktgestaltung, im Marketing, in der Architektur der Olivetti-Bauten, in Werbung, Öffentlichkeitsarbeit und sozialen Leistungen für Mitarbeiter.
Die Philosophie, die hinter allem steht, ist der stile olivetti[4].« Das Unternehmen ist nicht nur designbewußt, sondern auch führend auf dem Weltmarkt für Büromaschinen[5].

Offen ist die Frage, ob, was hier zur Philosophie aufgewertet wird, dem entspricht, was die soziale Theorie des Design historisch meinte, oder ob im Spiel ist, was *Bloch* die »Philanthropie der Ausbeuter«[6] nennt. Gesteht man Herstellern und Entwerfern Gutgläubigkeit im Philosophieren zu, so ist eine Voraussetzung dieses ungestörten Verhältnisses zur sozialen Funktion der Industrie offenbar das Vertrauen auf die humanisierende Kraft, die das Design im 'neutralen' Rahmen der Produktion entfalten könne: »Abgehoben von ihren spezifischen gesellschaftlichen und politischen Grundlagen erscheint die industrielle Produktion als neutraler, technischer Apparat: als das Universum des technisch Möglichen, innerhalb dessen die autonom gedachte, subjektive Intention des Designers den Fortschritt zum Besseren schafft[7].«

Genau an dieser Stelle verhält sich die Theorie der guten Gestaltung heute blind.

Den entscheidenden Irrtum hat *Kuby* hier schon an der Theorie definiert; denn diese Neutralität existiert in Wirklichkeit nicht. Sie kann nur als Resultat ideologischer Überbauung betrachtet werden, als verinnerlichte Täuschung, wo sie das Bewußtsein von Herstellern und Entwerfern bestimmt, und als gesellschaftliche Täuschung dort, wo sie öffentlich propagiert und verbindlich wird.

'Neutralität' und 'Verantwortung' im kapitalistischen Produktionsprozeß sind eindeutig und einseitig interessenbestimmt. Diese Kategorien können der geltenden sozialen Theorie des Design nur dazu dienen, die tatsächlichen Funktionen der Gestaltung idealistisch zu verschleiern, und die kulturell-geistige Überhöhung der gestalterischen Prozesse kann zu keinem anderen Zweck erfolgen als zur Rechtfertigung wirtschaftlicher Machtinteressen, die objektiv den Vorrang haben müssen. Nur selten werden die wahren Motive der produktgestalterischen Aktivität unverhüllt genannt:
»Die zunehmende Liberalisierung des Weltmarktes bringt es mit sich, daß ein Industriestaat wie Deutschland, der seinen hohen Lebensstandard erhalten muß, in Wettbewerb einerseits gegen die Niedrigpreisländer, andererseits gegen ein Land mit hoher Produktivität wie die USA auf die Dauer nur durch hohe Qualität bestehen kann. Eine dieser Qualitäten, die mit verhältnismäßig wenig Kosten und Kapitaleinsatz zu erreichen sind, ist gerade die Formgestaltung ...

Entscheidende Resultate beim Verbraucher werden immer dann erzielt, wenn einem in der Luft liegenden Bedürfnis Rechnung getragen wird. Aus einem der Formgebung benachbarten Gebiet gibt die Mode hier viele Beispiele ...
Dabei sind kurzfristige Anheizungen der Konjunktur durch modische Gags, langfristige aber nur durch echte Entwicklungen zu erzielen[8].«

Damit ist die Ideologie der 'guten' Form, soweit sie idealistische Hoffnung im Bereich der Produktion nährt, hinreichend bloßgestellt. Für eine Reihe von Praktikern ist sie ohnehin nicht verbindlich. Eine ihrer Gegen-Theorien lautet daher:
»Der moralische Anspruch der Pioniere war sicher in seiner Zeit eine revolutionierende, eine tolle Sache, auch in der Gestaltung natürlich, und sie ist heute aber zu einer nicht mehr allein gültigen Richtung geworden; man könnte auch sagen, sie ist zu einer Ideologie geworden. Wir bieten als reale Alternative natürlich keine neue Ideologie –

manche glauben, das tun zu müssen – wir bieten ganz einfach verbraucherorientierte Dienstleistung. Ideologien und deren moralische Mäntelchen haben ... dabei keinen Raum mehr und operieren an den berechtigten Wünschen der Menschen und an den rationellen Zielstellungen der Industrie vorbei[9].«

Der Hinweis auf die Produktgestaltung als »einfach verbraucherorientierte Dienstleistung« hebt sich scheinbar positiv von einigen voranstehenden Zitaten zur 'guten' Form ab, weil er sich nicht mehr auf Philosophie rückbezieht und realistisch klingt. Gemeint ist aber nicht nur das Ende der Ideologien – vom Zitat selbst widerlegt, das seine eigene unbewiesene Behauptung schlicht zur Wahrheit erklärt – sondern auch das Ende der Utopie.

Denn in statischer Sachlichkeit fallen Vorstellung und Wirklichkeit, Theorie und Praxis in eins zusammen, aber nicht als Erfüllung der sozialen Utopie, sondern durch Ausklammerung der soziologischen Imagination des Designers. Übrig bleibt die Ideologie von der Ideologiefreiheit des Design, eine Absurdität unter den gegebenen Verhältnissen, die freilich die Spezialisten des Design nicht weiter stört, weil man hier gewöhnlich ohnehin mit einem völlig verunklärten Ideologiebegriff zu operieren pflegt.

Fortan muß man also mit beiden geltenden Vorstellungen rechnen, mit der 'Nicht-Ideologie' wertneutraler Dienstleistung und mit der Ideologie der 'guten' Form, die für den Design-Überbau nach wie vor bestimmend bleibt, obwohl sie offensichtlich weder der Gestaltungspraxis noch den Gesetzmäßigkeiten kapitalistischer Produktion entspricht.

2 Der Praxis-Aspekt

'Gute' Form ist nicht allein ein vorgestellter Gehalt, dem nur mit theoriekritischen Mitteln beizukommen ist, sondern meint ein potentiell vorhandenes Produktangebot, das jenes »Signum der Qualität« trägt, welches der qualitativen Einheit von Gestaltung, Marktgerechtigkeit und Wettbewerbsfähigkeit entspricht und daher alljährlich in der BRD sortiert und ausgezeichnet wird. Die Ausstellung für den ›Bundespreis Gute Form‹ gibt jeweils einen Überblick über bestimmte Gattungen von Gütern, von denen eine Auswahl für qualitätsvoll erachtet wird.

Die Theorie-Kritik kann ihre Folgerungen also teilweise an der Produktions- und Bewertungspraxis selbst überprüfen. Zunächst ist gegen das Bestreben, Hersteller und Entwerfer zur vernünftigen Gestaltung von Gebrauchsformen mit hohem Funktionsnutzen zu ermutigen, nichts einzuwenden. Man mag sich vorstellen, daß hier der Gebraucher-Standpunkt entscheidend ist und die Entwürfe sich ihm völlig unterordnen dürfen. *Bonsiepe* bemerkt mit Recht:

»Eine handliche Kombizange, eine tropfsichere Teekanne, ein verstellbares Krankenbett, ein lesbares Armaturenbrett, ein bequemer Traktorsitz, eine anschaubare Straßenleuchte, eine praktische Milchverpackung, eine operable Drehbank – sie alle bilden Teile eines komplexen Systems, die es wert sind, daß ihrer angemessenen Lösung Intelligenz gewidmet wird[10].«

Hier werden Gebraucher-Beziehungen und ergonomische Gesichtspunkte an Gegenständen genannt, die lebensnotwendig und nur teilweise Konsumgüter sind. Ihre Gestaltung bedarf sicher keiner besonderen Rechtfertigung oder Überbauung. Gut heißt hier nichts weiter als die zweckmäßigste Lösung eines Problems, das sich in der Benutzersphäre stellt. Für solche funktionalen Lösungsmöglichkeiten gibt es schon eine Menge guter Beispiele, die erst als überholt gelten dürften, wenn eine noch bessere Lösung gefunden würde, die den Gebrauchsnutzen nochmals erhöht. Die Produktionswirklichkeit aber folgt ganz anderen Gesetzen, die von den Gebraucher-Interessen wegführen, die zu produktgestalterischen Manipulationen zwingen, welche nicht einer funktionalen Verbesserung dienen können. So werden oftmals vorhandene gute Lösungen oberflächlich ohne Zugewinn an Gebrauchswert verändert und vorausgesetzten oder hergestellten Innovationsbedürfnissen angepaßt, auch im engeren Bereich der 'guten' Form.

Solche überraschenden, oft rätselhaft erscheinenden Gestaltungssprünge aber stehen im Gegensatz zum theorie-immanenten Versprechen auf bleibenden Gebrauchswert, der sich wohl nur in der dauernden Gültigkeit und Präsenz der Formen ausdrücken würde; denn die vorausgesetzte »prägende Kraft« könnte, wenn überhaupt, in guter Gestaltung anders gewiß nicht wirken.

Der rasche Wechsel der Formen entspricht als ästhetisches Prinzip der eingeplanten Produkt-Alterung (Planned Obsolescence) und bewußten zeitlichen Begrenzung der technischen Funktionsdauer der Objekte. Das Herausstellen von Beispielen unter dem Gegen-Prinzip »Seit langem bewährt«[11] bleibt angesichts des herrschenden Prinzips unsinniger Differenzierung und Innovation eine bloß museale, zwar freundliche, aber folgenlose Aktion, welche die vom Produzenten-Interesse geregelten sozialen Übereinkünfte auf modischen Wechsel im Konsum nicht korrigieren kann; denn wechselndes Angebot und darauf ausgerichtete Erwartungshaltung lassen erlebte Dauer der Berührung mit den Formen gar nicht zu.

Daß die Vorstellung der 'guten' Form angesichts der Gestaltungswirklichkeit, in der ihre Grenzen längst zerfließen und ihr Gehalt sich verdünnt, dennoch nicht als gesellschaftlicher Irrtum aufgegeben, sondern daß sie propagandistisch weiter abgestützt und ihr korrumpiertes Gebrauchswertversprechen immer wieder erneuert wird, ist ein Indiz dafür, wie sehr man ihrer zur Verhüllung wirklicher Verhältnisse bedarf – oder aber dafür, daß die Überbau-Institutionen des Design dieser Vorstellung zur eigenen Existenzrechtfertigung bedürfen.

Mindestens beim alljährlichen ›Bundespreis‹ des Wirtschaftsministers kollidieren Theorie und Praxis offen.

Wo einerseits die Qualität von Waren, andererseits die Qualität von Gebrauchswerten gemessen und in Einklang gebracht werden soll, muß notwendig Kriterienunsicherheit um sich greifen, will man nicht blindlings voraussetzen, daß beide Qualitäten iden-

tisch sind. Eine Jury des Bundespreises hat unlängst unter dem Stichwort »gesellschaftliche Funktion« folgenden Kriterienkatalog notiert:
»1. Beitrag zum Fortschritt der Gesellschaft 2. Interessen der Konsumenten 3. Markt-
bedürfnis 4. Preiswürdigkeit 5. Marktrelation 6. Abstimmung von formaler und
praktischer Lebensdauer 7. Innovation 8. Entwicklungsfähigkeit 9. Anregung zur
Kreativität (z. B. bei Spielzeug) 10. Kommunikationsmöglichkeit«[12].

Nach diesem teils verschwommenen, teils widersprüchlichen Kriterienkatalog lassen
sich Produkte bestenfalls nach relativer technischer Brauchbarkeit und Verkaufspreis
unterscheiden, nicht aber in ihrer sozialen Wirkung messen, was z. B. dem »Fortschritt
der Gesellschaft« dienlich wäre.

Was eigentlich gesellschaftliche Funktion des Design ist, bleibt undefiniert und geht
als unreflektiertes Grundkriterium in die Beurteilung ein. Dies läßt den Schluß auf eine
unbewußt ideologische Grundhaltung zu, auf das stille Einverständnis mit gegebenen
Verhältnissen.

In der Aufzählung scheinbar unverfänglicher Kriterien wird auch unterschlagen, daß
die Objekte in erster Linie ja gar nicht durch die genannten Benutzerinteressen bestimmt
sein können, so daß der Eindruck entsteht, Hersteller- und Benutzerinteresse könnten
gerecht ausgeglichen werden wenn nicht gar identisch sein. Was in der sozio-ökonomi-
schen Situation zur Bauhauszeit vielleicht historisch noch möglich war, das begrenzte
Setzen beispielhafter 'Zeichen', in denen die Benutzerbeziehung und konkrete soziale
Ziele eindeutig angesprochen werden, mag als Leitbild der Theorie guter Gestaltung
heute noch vorschweben, doch ist dieses traditionsverhaftete Denken nicht mehr wirk-
lichkeitsgerecht. Die Entwicklung der westlichen Industriestaaten zu Konsumgesellschaf-
ten hohen Standards, die Massenproduktion und der marktwirtschaftliche Konkurrenz-
kampf haben sich auch jene historischen Prinzipien 'guter' Gestaltung längst umfunktioniert.

Wenn ein Objekt seine eigentlichen Qualitäten dem Gebraucher mitteilen, also über
das Medium Produktsprache Bedeutung übertragen werden soll (z. B. damit verbunden
das Erlernen 'richtiger' Verhaltensweisen gegenüber dem Objekt und des 'guten', wohl-
verstandenen Gebrauchs) oder die Welt der Gegenstände produktsprachlich so strukturiert werden soll, daß die Interaktionsfähigkeit der Benutzer dadurch gesteigert wird,
so ist das letztgenannte Kriterium der »Kommunikationsmöglichkeit« entscheidend.
Auch sie wird offenbar noch freischwebend und neutral vorausgesetzt, was als schwer-
wiegender Irrtum aufzudecken ist.

3 Der Aspekt der Kommunikation

Der vorausgesetzte kulturelle Gebrauchswert guter Produktgestaltung, der sich in der
Theorie als überaus geeignetes Instrument zur Überbauung wirtschaftlicher Interessen
erweist, ist – wenn überhaupt vorhanden – auf Vermittlung angewiesen. Die besondere
Produktsprache 'guter' Form muß vom Benutzer auch richtig verstanden werden können.

Die bloße Existenz von Bedeutungen bewirkt noch nichts; ihr latentes Vorhandensein in der Produktinformation muß erst in den Zustand der Evidenz, der für den Adressaten offen zutage tretenden Verständlichkeit geraten. Erst dann können das Gebrauchswertverständnis und auch die kulturellen Bedeutungen vermittelt werden, also auch jener Gebrauch der Objekte, der sich darin äußern würde, daß der Gebraucher nicht irgendeinem Zusatznutzen- oder Geltungsnutzen-Versprechen aufsitzt, sondern im aktiven, reflektierten Genuß der Teilhabe an Kultur sich im Prozeß einer sozial-geistigen Selbstverwirklichung begreift. Dieser Prozeß der individuellen Entfaltung in der Gesellschaft mit Hilfe der Produktästhetik wäre als Bildungsprozeß zu beschreiben.

Ob dies in einer von der Marktstrategie in ihrem Konsumtempo gesteuerten Massenkultur möglich ist, sei hier noch dahingestellt. Mit ziemlicher Gewißheit aber ist anzunehmen, daß der gültige produktsprachliche Code dieser Massenkultur, der ja, wie eingangs in dieser Studie definiert, ein sozialer und sozialisierender Code ist, *nicht* identisch ist mit dem elitären Code der 'guten' Form, soweit diese nicht schon mit dem Styling identisch ist. Das heißt nichts anderes, als daß der geläufige Code, über den der Warenkonsument zur Entschlüsselung der Bedeutungen der Ware verfügt, nicht zur richtigen Dekodierung einer davon möglicherweise abweichenden Produktinformation hinreicht[13].

Dem 'Normalverbraucher' steht nur derjenige Code zur Verfügung, dessen er zur Wahrnehmung und Entschlüsselung der Bedeutung der alltäglich gewohnten Gegenstände des allgemeinen Warenangebots bedarf und den er über alle Medien einschließlich der Produktform gelernt hat.

Damit ist aber das Gebrauchswertverständnis der 'guten' Form für die große Mehrheit der Verbraucher ausgeschlossen, sie wird nur als besondere Ware verstanden, als sozial klassifizierender Markenartikel, was die Werbung längst realistisch erkannt hat. Verständnis für gute Gestaltung ist ein Bildungsprivileg, Ausdruck einer klassenspezifischen Norm.

Aus der zufälligen Berührung mit ihr eine gesellschaftlich positive Funktion (»prägende Kraft«) und bildende Wirksamkeit abzuleiten, ist eine reine Fiktion.

Ihr 'Bildungswert an sich' beruht auf einer Einbildung gebildeter Leute, die ihr subjektives Erleben und ihr Geschmacksurteil verallgemeinern, ohne die objektiven Gesetzmäßigkeiten des kapitalistischen Marktes und der produktsprachlichen Massenkommunikation in Betracht zu ziehen. Dieses Denken kann sich womöglich seiner Inkongruenz zur gesellschaftlichen Wirklichkeit nur deshalb nicht bewußt werden, weil ihm durch seine eigenen historischen und sozialen Bestimmungen, z. B. seine 'Bildung', nicht erlaubt wird, diese Inkongruenz zur Kenntnis zu nehmen:

'Gute' Form und durch sie ästhetisierte Umwelt müssen daher einfach gute Wirkung haben. In der ideologischen Selbsttäuschung bleibt der kulturelle Anspruch unangetastet, während das Prinzip des Styling auf die fiktiven Kulturgüter als der vorherrschende und verständliche Waren-Code übergreift, so daß in Wirklichkeit vom kulturellen Anspruch nicht mehr viel übrig bleibt.

Zurück bleibt die Attraktivität des Warenkörpers als die wahre Dimension und Funktion des Design. So berichtet *Der Volkswirt* über die *Braun-AG:*
»Die Tochter des amerikanischen Rasierklingenkonzerns Gillette setzt die Exporteure in Erstaunen. Seit geraumer Zeit erzielt das zu den mittelgroßen westdeutschen Elektrofirmen gehörende Unternehmen (Umsatz 1968/69: 320 Millionen DM) ausgerechnet in Japan eine der höchsten Zuwachsraten seines expandierenden Auslandsgeschäftes. Der Erfolgsträger: Elektrorasierer. Das Erfolgsrezept: Ein international anerkanntes attraktives Produktdesign[14].«
– Die technische Funktion oder die Gebrauchswertdimension ist schon gar nicht mehr erwähnenswert. Von Kultur oder Kulturverständnis ist in der Marktstatistik selbstverständlich auch nicht die Rede. Die Lehre vom kulturellen Wert und das daran befestigte positive Gebraucher-Verständnis sind weithin illusorisch, die vermeintliche Produktion von Kulturgütern erweist sich als Reproduktion der Fetische des Konsums. Zu dieser Einsicht scheint nun auch die 'nicht-marxistische' Kritik am Design gekommen zu sein[15].

1 Eduard Schalfejew (Staatssekretär a.D. und ehem. Präsident des Rates für Formgebung), Die gute Form: Signum der Qualität, in: Textsammlung des Rates für Formgebung, Darmstadt o.J. (vor 1958), S. 1
2 Ludwig Erhard in seiner Ansprache zur Eröffnung der ›Sonderschau formschöner Industrieerzeugnisse‹ auf der Frühjahrsmesse in Hannover 1955, in: Textsammlung des Rates für Formgebung, a. a. O., S. 1, oder auszugsweise unter ›Sinngebung und Gestalt‹, in: Rat für Formgebung, Informationsschrift 2, hrsg. vom Rat für Formgebung, Darmstadt 1960, S. 2
3 Zitiert nach ›Thema Olivetti: Schöner arbeiten‹, Werbefaltblatt der Olivetti GmbH, o.J.
4 Zitiert nach ›olivetti, Menschen, Ideen, Produkte, Zahlen‹, hrsg. von der Deutschen Olivetti GmbH, o.J., o.S.
5 Vgl. a. a. O.: ›Position von Olivetti auf dem Weltmarkt‹:
   Schreibende Rechenmaschinen   1. Platz der Weltproduktion
   Manuelle Büro-Schreibmaschinen   1. Platz
   Elektrische Standard-Schreibmaschinen   2. Platz
   Tragbare Schreibmaschinen   2. Platz
   Mikrocomputer   ca. 1 Drittel des Weltumsatzes
   Integrierte NC-Maschinen   1. Platz in Kontinentaleuropa
   Olivetti ist der größte Büromaschinenhersteller Europas und eines der 100 größten Unternehmen außerhalb der USA.
   Der Olivetti-Konzern:
   Muttergesellschaft Ing. C. Olivetti & Co, S.p.A., Ivrea
   Grundkapital 60 Milliarden Lire
   Tochtergesellschaften:
   20 Werke und Montagefabriken
   27 Vertriebsgesellschaften
   117 Vertretungen in allen 5 Erdteilen
6 Vgl. Ernst Bloch, Freiheit und Ordnung, Abriß der Sozialutopien, Reinbek 1969, S. 173
7 Thomas Kuby, Zur gesellschaftlichen Funktion des Industrial Design (Abschlußarbeit an der HfG Ulm), hier zitiert nach: komm.-inform. 1, Darmstadt 1971 (Raubdruck), S. 11

8 Ernst Schneider und Philip Rosenthal, Bedeutung der Formgebung für den Wettbewerb, für die Konjunktur und für den Verbrauch, in: Die Formgestaltung als Wirtschafts- und kulturpolitischer Faktor, Denkschrift des Rates für Formgebung, Darmstadt 1967, S. 2 (Typoskriptkopie)

9 Edwin A. Schricker in: Design und Konsum / (1) Die Pioniere und ihre Ideologie, Westdeutsches Fernsehen (wdr) 1971, S. 23 (Sendeskript)

10 Gui Bonsiepe in: Design? Umwelt wird in Frage gestellt (IDZ 1), hrsg. vom Themakreis im IDZ, Berlin 1970, S. 26 f.

11 Vgl. Katalog ›Seit langem bewährt‹, Die Neue Sammlung (Hrsg.), München 1968

12 Punkt IV des Kriterienkatalogs der Jury des Bundespreises 1970, Typoskriptkopie beim Rat für Formgebung, Darmstadt 1970, S. 2

13 Vgl. Pierre Bourdieu, Zur Soziologie der symbolischen Formen, Frankfurt 1970, S. 159 ff. (Elemente zu einer soziologischen Theorie der Kunstwahrnehmung)

14 ›Trockenrasierer mit Stil, in: Der Volkswirt, Nr. 8, 20. 2. 1970, S. 28

15 Vgl. z. B. Arianna Giachi, Die schönen Künste, Getarnte Werbung (Rezension der Sonderschau ›Die gute Industrieform‹ auf der Hannover-Messe 1970), in: FAZ, Nr. 108, 12. 5. 1970, S. 10

2 Kultur, Konsum und Bedürfnis

Wie Fakten beweisen, nähert sich nicht der Verbraucher im Vollzug kultureller Aneignung teilhabend und übend den gestalteten Produkten, vielmehr nähern umgekehrt diese sich ihm durch Anschmiegsamkeit an jene Normen des Konsums, die – abgestützt durch Styling, Innovation und Werbung – gerade als das Gegenteil kultureller Bedürfnisbefriedigung zu wirken beginnen. So ist der Irrtum vom kulturellen Wert des Design in der Konsumgesellschaft gleich ein doppelter: erstens wird unbewiesen vorausgesetzt, daß die 'Moral' der Gestaltung eine notwendig positive gesellschaftliche Wirkung habe – dies ist der irrationale Glaubenssatz der Theorie schlechthin – und zweitens fehlt diesem Denken letztlich der Bezugsgegenstand; denn die vorgestellten Kulturgüter erweisen sich in Wirklichkeit als Konsumgüter ohne kulturellen Bezug.

Der Unterschied zwischen 'guten' und 'weniger guten' Produkten ist daher mehr oder weniger fiktiv und gesellschaftlich im Augenblick kaum relevant. Man sollte den Begriff der guten Gestaltung daher neutralisieren und nur von einer besonders differenzierten Produktsprache als gruppenspezifischer Übereinkunft ausgehen. Ihr fiktiver Gehalt an Wahrnehmungsqualitäten erschließt sich ja nur dem, der das Privileg zu ihrem Verständnis und Genuß besitzt. Der sozial klassifizierende Gebrauch oder Verbrauch gut gestalteter Produkte, zu dem gut gemeinte Erziehungsmaßnahmen in den allgemeinbildenden Schulen und die Ausstellungsrituale des Kulturbetriebs beitragen, wird auch durch gezielte Werbemaßnahmen bekräftigt; die elitäre Norm wird wohlweislich erhalten. Wer diese Produktsprache versteht oder solche Produkte sich aneignet, zeigt, daß er fähig ist, sich im 'elaborierten' Code der Exklusivität mit

Schenk Persönlichkeit.

Braun macht exclusive Geschenke. In richtungweisendem Design.
Mit faszinierender Technik. Von hohem Anspruch.
Braun Geschenke haben Persönlichkeit — und unterstreichen
die Persönlichkeit ihres Besitzers.

**Elektromagnetisches
Tischfeuerzeug T 2.**
Dieses Tischfeuerzeug sorgt i
für den zündenden Funken. Elek
magnetisch. Es braucht keine
Feuersteine. Denn in seinem Inn
sitzt ein Kraftwerk, das auf Tast
druck einen kräftigen Funken erz
Man muß es in die Hand ne
um zu wissen, wieviel Spaß es m
damit Feuer zu geben. 7 verschi
dene Ausführungen treffen jeder
Geschmack.
DM 75,– bis DM 110,–

BRAUN

Braun „phase 1".
Die Uhr mit der
modernsten Form der Zeit-
anzeige. Zahlen zeigen klar und
unmißverständlich den genauen Zeitpunkt an.
Geräuschloser, absolut genauer Gang.
Elektrisch. Termin-/Weckruf auf die Minute genau.
Mit angenehmem Intervallsummer.
Gedämpfte Beleuchtung der Zeitanzeige auf
Tastendruck. Persönlichkeit in drei Farben-
palais-weiß, studio-rot, kabinett-grün.
DM 108,–

Schenk Braun

Anzeige der Braun-AG, 1971

Bundespreis Gute Form '70 für ein Produkt aus dem Bereich Elektro-Haushaltskleingeräte

Hersteller: Braun Aktiengesellschaft, Kronberg/Taunus
Designer: Braun Produktgestaltung

Tischfeuerzeug TFG 2
Einzelhandelspreis 75,–, 89,–, 98,– DM

Warum wir, die Jury des Bundespreises, finden, daß dieses Produkt seinen Preis wert ist:

Dieses Gas-Tischfeuerzeug mit magneto-elektrischer Zündung zeichnet sich durch sein klar zylindrisches Gehäuse aus. Der kompakte Aufbau der magneto-elektrischen Apparatur führt zu handlichen Abmessungen. Durch regelflächigen Anschnitt des Zylinders ergibt sich eine sinnfällige und haptisch richtige Drucktaste. Die funktionell vorteilhafte Asymmetrie der Flammdüsen-Anordnung überzeugt ebenso wie ihre Gegengage zur Drucktaste. Da Düsenblende und Gehäuse klar getrennt sind, sind Luftzufuhr und Wärmeschutz gleichermaßen einwandfrei. Zusätzlich gewinnt das Gerät durch eine zweckmäßige Oberflächenbehandlung.

Aus dem PR-Faltblatt des Rates für Formgebung zum Bundespreis Gute Form 1970. Das gleiche Objekt wird in der Firmen-Anzeige (vgl. Abb. S. 112) mit einem statusorientierten, elitären Bedeutungshorizont interpretiert. Die Jury des Bundespreises hingegen sagt in ihrer Begründung für die Preisverleihung nichts über die besondere Marktfunktion und soziale Bedeutung des Objektes aus.

Seinesgleichen zu verständigen – was oft auch nicht billig ist. Er wird nicht und soll nicht der Normalverbraucher sein. Der Einsatz produktsprachlicher Mittel zur Statussicherung und zum Statusbeweis, der auch eine Art von Konsum-Leistungsdruck erzeugt, beseitigt den letzten Rest an sozialer Utopie im Design, die einst für alle galt.

Dabei ist der Einwand, 'gute' Form z. B. sei doch 'besser' als 'schlechte', nur insofern stichhaltig, als er nur jeweils subjektiv richtig sein kann aufgrund eines subjektiven Verständnisses ihrer elitären und vorgestellten Bedeutung.

Objektiv aber kann nicht bewiesen werden, daß gut gestaltete Produkte heute der sinnlichen Erscheinung ihres Gebrauchswerts entsprechen oder allgemein so verstanden werden und daß sie ein unverfälschtes gesellschaftliches Bedürfnis nach einer sinnfälligen, sozial verbindlichen Ordnung der Beziehungen aller Menschen zur dinglichen Umwelt befriedigen, die freien Gebrauch und Selbstverwirklichung gestatten. Dies ist zwar die vorgebliche Zielvorstellung des Design, aus der sich der kulturelle Anspruch ableitet, jedoch keineswegs die geltende Übereinkunft und Praxis.

Haug spricht vom korrumpierten Gebrauchswert, der auf die Bedürfnisstruktur der Konsumenten über einen korrumpierten Gebrauchswertstandpunkt zurückschlägt[1]. Man darf folgern, daß auch der 'kulturelle Gebrauchswert' davon berührt wird. Wo der Verbrauch von Kulturgütern zur Prestigefrage wird, bleibt auch die Bedeutung dieser Güter nicht unberührt und wird Kultur selbst zur 'Ideologie'. Aus aktiver und kreativer Teilhabe wird bloße Legitimation eines Anspruchs, dessen ursprünglicher Sinn zur sozial-geistigen Selbstverwirklichung der Individuen gar nicht mehr erfahren wird. *Habermas* stellt zu diesem Vorgang fest:

»Umgang mit Kultur übt, während der Verbrauch der Massen-Kultur keine Spuren hinterläßt; er vermittelt eine Art von Erfahrung, die nicht kumuliert, sondern regrediert[2].«

Und an anderer Stelle:

». . . von der Kultur ist nicht viel mehr aktuell geblieben als die Spur ihres Rückzugs: – der Wahrnehmungsverlust[3].«

Das in den Vorstellungen von guter Gestaltung gemeinte Aufgehen oder Ineinander-Wirken von Massenkonsum und Kultur in der modernen Industriegesellschaft – das Design soll ja angeblich den Massen dienen[4] – findet in Wirklichkeit nicht statt, da der gesellschaftliche Wahrnehmungsverlust, die korrumpierte Bedürfnisstruktur und das Konsumtempo die kulturelle Dimension der Gestaltung gegenstandslos machen:

»Das ursprüngliche Verhältnis von Bedürfnis und Befriedigung, von Drang und Sättigung ist merkwürdig verkehrt: der Bedarf wird um so bedürftiger, die latente Konsumbereitschaft um so zehrender, je mehr aktuelle Konsumbedürfnisse durch Menge und Qualität der erzeugten Güter überboten wird . . .

Die Potenzierung dieses latenten Bedarfs ist der Pauperismus des Konsums. Er entspricht exakt dem Pauperismus der industriellen Arbeit: wie diese immer weiter von Dingen entfernt . . . so entfernt auch der Massenkonsum zunehmend von den Gütern, deren 'Güte' um so weniger erfahren wird, je schwächer und kürzer die verweilende Berührung mit den Dingen selbst, je ungenauer die Wahrnehmung ihres Wesens, je unwirksamer ihre Nähe wird. Mit zunehmendem Konsumtempo verschließt sich das Wesen des Konsumguts[5].«

Wir dürfen annehmen, daß dies auch für besondere Konsumgüter gilt, die dem gleichen Verschleißprozeß im Konsum ausgesetzt sind wie alle anderen, und deren innerer Widerspruch, Gebrauchswert und Ware, Kulturgut und Konsumgut zugleich sein zu sollen, nur in der Theorie gelöst erscheint.

Zwar machen sich die Theoretiker gelegentlich öffentlich Sorgen um den Verschleiß des Design[6], aber sie halten dennoch an ihrer Vorstellung fest, daß Kultur und Massenkonsum sich gegenwärtig nicht ausschließen, und daß das Problem doch eine Frage der Geschmacksbildung der Massen sei[7].

Damit bleibt aber auch die mit der Propagierung dieser Theorie hergestellte öffentliche Meinung als Übereinkunft auf die kulturelle Funktion und den kulturellen Wert des 'good design' erhalten, wird Ideologie tradiert.

Sonderschau ›Gute Industrieform‹, Hannover-Messe 1962 (Architekt: Arnold Bode)
Exklusives Ausstellungs-Design zur Präsentation besonderer Waren als Kulturgüter

In Wahrheit erzeugen auch die 'gut' gestalteten Produkte ein Bedürfnis, das nicht mehr elementar-kulturell zu nennen ist, ein Bedürfnis, das die Werbung inzwischen realistisch und richtig erkannt hat und als soziale Norm für bestimmte Verbrauchergruppen bestätigt.

Dieses zweifellos sekundäre, von der Theorie des Design inzwischen auch schon akzeptierte und gerechtfertigte Bedürfnis[8] nach besonderen Produkten hat eine andere Motivation als die vorgeblich kulturelle.

Der amerikanische Soziologe *Thorstein Veblen* hat sie bereits 1899 definiert: »Doch hat sich die menschliche Vorliebe für den Wettbewerb des Güterkonsums als eines Mittels zu neidvollen Vergleichen bemächtigt und dabei den Konsumgütern einen sekundären Nutzen, nämlich als Ausdruck der relativen Zahlungsfähigkeit, verliehen.

Rolls Royce Silver Cloud III
Güter dieser Klasse bedürfen weder der Prinzipien 'guter' Gestaltung noch besonderer Rechtfertigung.

Dieser indirekte oder sekundäre Nutzen verschafft nicht nur dem Konsum, sondern allmählich auch den Gütern selbst einen ehrenvollen Charakter, sofern diese den Zielen des Wettbewerbs dienen[9].«

Veblen, der auch vom »Gesetz der demonstrativen Verschwendung« spricht, berührt schon die Frage des gesellschaftlichen Verständnisses gestalteter Produkte: »Bei seiner Beurteilung von Gütern verwechselt der Verbraucher das ehrenvolle mit dem rein nützlichen Element, und als Folge davon sind beide in einem schlecht verstandenen Begriff der Brauchbarkeit vertreten[10].«

Die Erwartungshaltung gegenüber den Produkten aber wird gerade unter diesem Aspekt von der Werbung immer wieder angesprochen und erhalten. Der Verzicht auf Konsum unter diesem Verständnis hingegen disqualifiziert sozial und zieht Sanktionen nach sich, weil er geltende Normen verletzt. So stellt Kuby im Rückbezug auf David Riesman und Ernest Dichter[11] fest:

»'Warenkonformität' wirkt der Angst vor Anerkennungsverlust entgegen, weil sie dem Einzelnen das Gefühl der Zugehörigkeit zu einer zwar größtenteils anonymen, aber in ihrem wirtschaftlichen Status scharf umrissenen Klasse vermittelt[12].«

Kuby knüpft auch die Ideologiefrage des Design unmittelbar an dieses Bedürfnis nach 'Warenkonformität':

»Wenn der These, das Kaufverlangen der Konsumenten entspringe einem auf Angst gegründetem Bedürfnis nach Sicherheit, eine erklärende Bedeutung zukommt, dann muß gegen die selbstgefällige Behauptung des Industrial Design, die von ihm entworfenen Produkte befriedigten die ästhetischen und kulturellen Bedürfnisse der Konsumenten und wendeten sich an ihren Geschmack, der Ideologieverdacht erhoben werden; dann ist das Gefallen, das die Konsumenten angesichts einer Ware äußern, nicht einfach als Zeichen ihrer Zustimmung zu werten, sondern vielmehr als das sprachlose Einwilligen und Sich-Beugen unter die gesellschaftlichen Zwänge, gepaart mit der Hoffnung auf jene Befriedigungen, die den 'anderen' anscheinend gewährt sind: die Besänftigung der durch Reklame und Design geweckten Angst vor Anerkennungsverlust[13].«

Das statische, gesellschaftliche Verhaltensmuster und Strukturen erhaltende Prinzip des auf besondere Konsumgüter bezogenen Kulturbegriffs innerhalb der Theorie der 'guten' Form ist ein ideologisches Prinzip. Gruppennorm als Zwang zum Kulturkonsum und die allgemein gültige Konsumnorm verhindern individuelle Selbstverwirklichung. Eine solche freie Selbstverwirklichung ist praktisch nur subjektiv, punktuell und zufällig aufgrund von Klassenzugehörigkeit und Bildungsprivilegien möglich, wenn überhaupt unverfälscht.

Das gesellschaftliche Versprechen des Design, nämlich die ästhetischen und kulturellen Grundbedürfnisse der Konsumenten authentisch befriedigen zu können, wird nicht eingelöst – es erweist sich lediglich als geeignetes Instrument der Überbauung der Produktionspraxis mit dem Ziel, bestehende Verhältnisse zu erhalten.

Der übliche Einwand gegen solche Kritik am Design ist heute, daß doch die Konsumsouveränität des einzelnen unangetastet bleibe. Konsumsouveränität, also freie rationale

Die gewohnte Produktdifferenzierung – beherrschendes Prinzip des Konsumgüterdesign (Auswahl aus dem Waschmaschinen-Angebot der 6oer Jahre)

Entscheidung oder auch freie emotional-spontane Entscheidung aller Verbraucher gegenüber dem Güterangebot auf dem Markt, dürfte eine reine Fiktion sein[14].

Diese Entscheidung wird zunächst eingeschränkt durch die gesellschaftliche Übereinkunft auf die Pflicht des Konsumierens überhaupt, auf das Konsumieren zielgruppenspezifischer Güter im besonderen, also durch das hergestellte und immer neu abgestützte Verhalten der Warenkonformität im gesellschaftlichen und individuellen Bereich.

Schließlich wird diese Souveränität schon dadurch absurd, daß ihr eine unfreie Bedürfnisstruktur zu Grunde liegt. Die elementaren individuellen Bedürfnisse spielen nämlich in der Massenproduktion kaum eine Rolle, und das Betriebsmanagement versteht unter Bedürfnis naturgemäß immer den Bedarf des Marktes, der von der Marktforschung, die eben keine Bedürfnisforschung[15] im Sinne einer verantwortungsbewußten Sozialpsychologie ist, ermittelt und der durch Maßnahmen über Design und Werbung geregelt wird. Art und Funktion der hierbei angesprochenen Bedürfnisse werden von *Marcuse* eindeutig definiert:

»Solche Bedürfnisse haben einen gesellschaftlichen Inhalt und eine gesellschaftliche Funktion, die durch äußere Mächte determiniert sind, über die das Individuum keine Kontrolle hat; die Entwicklung und Befriedigung dieser Bedürfnisse sind heteronom. Ganz gleich, wie sehr solche Bedürfnisse zu denen des Individuums selbst geworden sind und durch seine Existenzbedingungen reproduziert und befestigt werden; ganz gleich, wie sehr es sich mit ihnen identifiziert und sich in ihrer Befriedigung wiederfindet, sie bleiben, was sie seit Anbeginn waren – Produkte einer Gesellschaft, deren herrschendes Interesse Unterdrückung erheischt[16].«

Diese Tatsache bleibt in der herrschenden Theorie des Design und ihrer Argumentation zur Souveränität des Konsums verschwiegen, wie auch die Folge des gewünschten Verhaltens im Konsum:

»Konsum ist ... eine Verkehrsform, ... die alle Veränderungen vom Menschen weg und den Dingen zuschiebt[17].«

Habermas formuliert daher den treffenden, knappen Satz:

»Der Konsument verharrt bewegungslos, Kultur aber will bewegen[18].«

Endlich bestätigt sich der ideologische Charakter des gegenwärtigen Design und seiner Theorie nicht nur an der Eigenart des Konsums, sondern auch daran, daß heute im Bereich der Formgebung überhaupt nicht mehr über die Normen der gegenwärtigen Gesellschaft hinausgedacht und keine verändernde kulturelle Aktivität projektiert wird.

Die kulturrevolutionären Ideen der Väter des modernen Design (auf die man sich vorgeblich immer noch bezieht), die das unverfälschte Bedürfnis nach einer individuell erlebbaren ästhetischen Ordnung der Umwelt sozusagen naiv voraussetzten, haben so ihren Sinn und ihre Stoßkraft verloren.

Zivotić beschreibt die Folgen der Verkettung von Massenkultur und Entwicklung fiktiver Bedürfnisse, die diesem Denken entgehen oder davon unterschlagen werden:

»Die Massenkultur ist das Abbild des Menschen, den die Erzeugung fiktiver Bedürfnisse vom Kontakt mit den authentischen kulturellen Werten entfremdet und von den Möglichkeiten, in diesem Kontakt sein Selbstbewußtsein zu bilden, ausgeschlossen hat ... Fiktive Bedürfnisse unterdrücken das Bedürfnis nach geistigem Reichtum im Mitmenschen und nach Entfaltung der eigenen Individualität. Individuelle Qualität ist innerhalb der modernen bürgerlichen Gesellschaft keine Basis für soziales Prestige, vielmehr die Quantität an Waren- und Geldwerten, die man besitzt. Wenn das Bedürfnis nach Besitz einst eine psychologische Entwicklungsform des Kapitalismus darstellte, wird es heute zum Hindernis, das sich der Entwicklung der menschlichen Bedürfnisse, vor allem eines Bedürfnisses nach authentischen Kulturwerten entgegenstellt[19].«

1   Vgl. Wolfgang Fritz Haug, Zur Kritik der Warenästhetik, in: Kursbuch 20/1970, S. 155
2   Jürgen Habermas, Strukturwandel der Öffentlichkeit, Neuwied/Berlin 1971, S. 200
3   Jürgen Habermas, Notizen zum Mißverhältnis von Kultur und Konsum, in: Merkur, 10. Jg., Nr. 3/1956, S. 227 (zitiert nach Raubdruck)
4   Vgl. Gillo Dorfles, Gute Industrieform und ihre Ästhetik, München 1964, S. 55 ff.
5   Jürgen Habermas, Die Dialektik der Rationalisierung, Vom Pauperismus in Produktion und Konsum, in: Merkur, 8. Jg., Nr. 8/1954, S. 717; (zitiert nach Raubdruck)
6   Vgl. z. B. Mia Seeger, Zur Situation der Formgebung in Deutschland, in: Rat für Formgebung (Hrsg.), Informationsschrift 2, Darmstadt 1960, S. 8
7   Vgl. Dorfles, a. a. O., S. 56 f.
     oder auch: Kunst und Design in der künftigen Gesellschaft, in: form, Nr. 48/1969, S. 7 f.
8   Vgl. Wendel Rolli, Design und Repräsentation, in: form, Nr. 46/1969, S. 40 f.
9   Thorstein Veblen, Theorie der feinen Leute (The Theory of the Leisure Class), Köln/Berlin o. J., S. 153
10   A. a. O., S. 155
11   David Riesman, Die einsame Masse, Hamburg 1966
     Ernest Dichter, Strategie im Reich der Wünsche, Düsseldorf 1961
12   Thomas Kuby, Zur gesellschaftlichen Funktion des Industrial Design (Abschlußarbeit an der HfG Ulm), zitiert nach: komm.-inform. 1, Darmstadt 1971 (Raubdruck), S. 17
13   A. a. O., S. 18
     Vgl. auch: Kuby, Schöner leben? Probleme des Design, Sendeskript des Südwestfunk (Abendstudio), Baden-Baden 1970, S. 21 ff.
14   Vgl. Habermas, Notizen zum Mißverhältnis . . ., a. a. O., S. 217 ff.
15   Vgl. Bernhard E. Bürdek, Design-Theorie, Methodische und systematische Verfahren im Industrial Design, Stuttgart 1971 (Selbstverl. d. Verf.), S. 44 f.
     Vgl. auch die kritische Analyse und Aufarbeitung des Begriffs Bedürfnis bei:
     Volker Baehr, Zur Theorie der Bedürfnisse, in: Volker Baehr/Jan Kotik, Gesellschaft – Bedürfnisse – Design (iup 4), Arbeitsberichte des Instituts für Umweltplanung an der Universität Stuttgart, Ulm 1972
     Vgl. auch die marktwirtschaftliche Unterscheidung von Bedürfnis und Bedarf bei:
     Ernst Gerth, Die Bedeutung des Verbrauchsnutzens für den Absatz, Betriebswirtschaftliche Schriften, Heft 17, Berlin 1965, S. 12 f.
16   Herbert Marcuse, Der eindimensionale Mensch, Neuwied/Berlin 1967, S. 25
17   Habermas, Notizen zum Mißverhältnis . . ., a. a. O., S. 214
18   A. a. O., S. 215
19   Miladin Zivotić, Proletarischer Humanismus, Studien über Mensch, Wert und Freiheit, München 1972, S. 90

3 Warenästhetik und Design

Die fundamentale Kritik am Design der Gegenwart greift hinter die Ideologie von der sozialen Dienstleistung der Formgebung und vom kulturellen Wert der gestalteten Produkte zurück auf die ökonomischen Verhältnisse, welche die Objekte entstehen lassen und ihre Wirkung zwangsläufig festlegen.

Sie entwickelt vor diesem Faktenhintergrund eine überzeugende Psychologie der Waren und ihrer Bestimmungen unter den gegenwärtigen Produktivverhältnissen, die in sich so schlüssig ist, daß sie von der geltenden Theorie des Design bislang noch nicht widerlegt ist, sondern unbeachtet bleibt, zumal es sich um 'marxistische' Kritik handelt.

Haug hat in mehreren Ansätzen[1] eine Theorie der Schönheit der Waren entwickelt – ihrer »Glätte«, wie Habermas die Serienprodukte schon qualifizierte[2], die auch zur Ideologie der 'guten' Form im krassen Widerspruch steht.

Haug weist auf, was es mit dem Gebrauchswert, der doch immer wieder beschworen wird, heute auf sich hat. Der Gebrauchswert der Güter (nach *Marx* die Nützlichkeit eines Dings, die durch die Eigenschaften des Warenkörpers bedingt, nicht ohne diesen existiert)[3], erweist sich gerade als der strittige Punkt in seinem Verhältnis zum Tauschwert[4] in Form des Geldes. Dieses tatsächliche Verhältnis negiert die geltende Theorie des Design:

»Wo Geld den Tausch vermittelt, zerlegt es ihn nicht nur in zwei Akte, in Verkauf und Kauf, sondern es scheidet die gegensätzlichen Standpunkte. Der Käufer steht auf dem Standpunkt des Bedürfnisses, also auf dem Gebrauchswertstandpunkt: sein Zweck ist der bestimmte Gebrauchswert; sein Mittel, diesen einzutauschen, ist der Tauschwert in Geldform. Dem Verkäufer ist derselbe Gebrauchswert bloßes Mittel, den Tauschwert seiner Ware zu Geld zu machen, also den in seiner Ware steckenden Tauschwert in der Gestalt des Geldes zu verselbständigen.

Vom Tauschwertstandpunkt aus gilt jede Ware, ihrer besonderen Gestalt ungeachtet, als bloßer Tauschwert, der noch als Geld verwirklicht (realisiert) werden muß und für den die Gebrauchswertgestalt nur Durchgangsstadium und Gefängnis ist.

Vom Standpunkt des Gebrauchswertbedürfnisses ist der Zweck der Sache erreicht, wenn die gekaufte Sache brauchbar und genießbar ist. Vom Tauschwertstandpunkt ist der Zweck erfüllt, wenn der Tauschwert in Geldform herausspringt[5].«

Damit sind die gegensätzlichen Standpunkte von Herstellern und Gebrauchern von Designobjekten definiert. Da der Hersteller, wenn er weiter produzieren will, den Tauschwert der produzierten Objekte realisieren muß, folgt:

»Die Warenproduktion setzt sich zum Ziel nicht die Produktion bestimmter Gebrauchswerte als solcher, sondern das Produzieren für den Verkauf. Gebrauchswert spielt in der Berechnung des Warenproduzenten nur eine Rolle als vom Käufer erwarteter, worauf Rücksicht zu nehmen ist[6].«

Der Gebrauchswert der Designobjekte geht – entgegen allen Beteuerungen – also nur insoweit in das Produzenten-Interesse ein, als er für den Absatz der Produkte

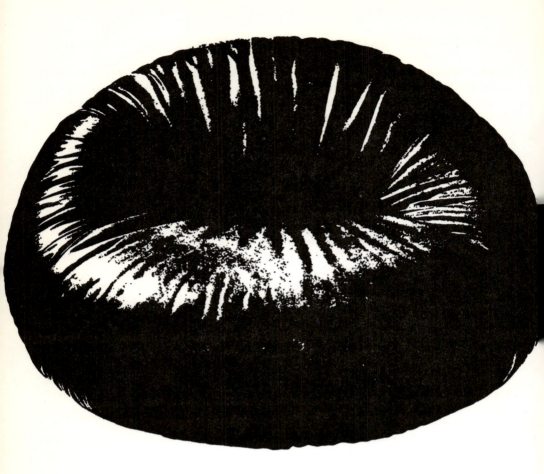

Ihr Umsatzmacher

Denn was verkauft sich spontan? Das Design.
Unsere Stärke. Reiz fürs Auge Ihrer Kunden.
Zeitgerecht, lebendig, individuell. Ein Wunder-
ding an Bequemlichkeit. Das Design.
Dreipunkt-Polstermöbel. Verführer in Ihrem
Schaufenster, Verkäufer in Ihrem Geschäft.
Dreipunkt gibt Ihnen den Trumpf in die Hand.

Dreipunkt-Polstermöbelfabrik, Hermann Schwarz
7322 Donzdorf/Württ., Postf. 80, Tel. 07162/2232

Anzeige 1971/72

an die Verbraucher auch noch notwendig ist. Ein Gegenstand, der mit überhaupt keinem Gebrauchswertversprechen verbunden ist, wäre kaum verkäuflich. Dieses Versprechen aber wird produktsprachlich mitgeteilt, es ist ein wahrnehmbares, 'ästhetisches' Versprechen, nach dem Akt des Kaufes einzulösen.

Haug aber interpretiert folgerecht das ästhetische Gebrauchswertversprechen der Ware zum Instrument für den Geldzweck des Produzenten[7].

»Hinfort wird bei aller Warenproduktion ein Doppeltes produziert: erstens der Gebrauchswert, zweitens und extra die Erscheinung des Gebrauchswertes. Denn bis zum Abschluß des Verkaufsaktes, womit der Tauschwertstandpunkt seinen Zweck erreicht hat, spielt der Gebrauchswert nur insofern eine Rolle, als der Käufer ihn sich von der Ware verspricht ...

Das Ästhetische der Ware im weitesten Sinne: sinnliche Erscheinung und Sinn ihres Gebrauchswertes, löst sich hier von der Sache ab. Schein wird für den Vollzug des Kaufakts so wichtig – und faktisch wichtiger – als Sein[8].«

Rückblickend kann man jetzt z. B. die sozialästhetische Utopie des *Stijl* besser verstehen. Sie setzte eine neue Gesellschaftsform voraus oder sich zum Ziel, in der Gebrauchswert und dessen sinnliche Erscheinung, Sein und Ästhetik nicht voneinander getrennt vorkommen, die Dinge und ihr Genuß dem Menschen nicht entfremdet sein sollten, wo Gebrauch gleichzeitig nicht-manipulierter Genuß und Selbstverwirklichung des einzelnen in der gesellschaftlichen Umwelt bedeuten konnte.

Was heute aber an der produktsprachlich erhaltenen Übereinkunft auf das Verständnis der Gebrauchswertversprechen und der hergestellten, übermächtigen Wirklichkeit des Scheins an den Produkten so niederträchtig wirkt, ist die Tatsache, daß dem Konsumenten die Zustimmung zu diesem Schein gar nicht mehr abverlangt werden muß: er ist schon 'Bedürfnis'.

Die hergestellte Übereinkunft auf den Schein ist so stark, daß sie schon zum Credo der Konsumgesellschaft, zur unantastbaren Norm geworden ist. Eine Folge ist die Entstellung der Sinnlichkeit schlechthin oder allgemein – wie *Habermas* formuliert – der kulturelle Wahrnehmungsverlust. Selbst Sexualität wird voll an der Ware in Dienst genommen und verbraucht:

»So verwandelt der Tauschwert, der die Sexualität in seinen Dienst nimmt, sie sich selber an. In ihre Oberfläche werden zahllose Gebrauchsdinge eingewickelt, und die Kulissen des sexuellen Glücks werden zum häufigsten Warenkleid oder auch zum Goldgrund, auf dem die Ware erscheint[9].«

Das Design aber ist heute, selbst als 'gutes', vom Warenfetisch nicht zu trennen, und den Designer als »das Gewissen der Industrie« zu bezeichnen[10], verschleiert, daß sein Auftrag die Gestaltung von Waren ist:

»Ein Instrumentarium, das auf soziologischen und psychologischen Erkenntnissen aufbaut, wird zu diesem Zweck eingesetzt. Marktforschung, Meinungsforschung, Mediaplanung, Wahrnehmungs- und Verhaltenspsychologie und Persuasionsforschung untersuchen, welche Scheinbedürfnisse bei bestimmten Gruppen der Gesellschaft vorhan-

Die Technik der Verführung.
RANK ARENA

Anzeige der Rank Arena GmbH, 1971 (hier auf Bildinformation und Headline reduziert)

den sind. Die Ware wird nach den daraus gewonnenen tiefenpsychologischen Erkenntnissen frisiert und ihre äußere Erscheinung in einen scheinbaren Zusammenhang mit den ausfindig gemachten Illusionen und Komplexen der Käufer gebracht. Dazu wird der Designer benötigt. Allerdings wird hierbei Design zwangsläufig zum Styling, zur Formkosmetik, deren Aufgabe es ist, Image, Innovationszwang und Überredungswirkung herbeizuführen. Der Werbung kommt die Aufgabe zu, in der Massenkommunikation die Verhaltenssteuerung perfekt zu machen[11].«

Solche kritische Einsicht ist unbequem. Die Pragmatiker argumentieren davon unbeirrt; ein Designer wischt die fundamentale Kritik vom Tisch, er spricht hier für viele: »Gute Form ist kein Styling, und auch Produktdifferenzierung entspricht einem durchaus natürlichen Bedürfnis des Verbrauchers nach Variationsbreite, die ihm allein noch eine individuelle Umgebung sichert...

Vielleicht sollten diejenigen, die 'den Konflikt vorantreiben' wollen, sich zunächst einmal nach Möglichkeiten umsehen, im Kleinen wirksam zu werden. Zur Zeit wird die Industrie zum Buhmann gemacht. In Wahrheit sind es aber immer noch die unaufgeklärten Massen aller sozialen Schichten, denen es an Erziehung mangelt. So wie Maos Studenten auf Dörfer geschickt werden, sollten unsere Designstudenten als 'designideologische Zellen' in Schulen und Ausbildungsstätten wirksam werden. Das Industriemanagement wird den Wünschen der aufgeklärten Massen gerne nachkommen[12].« – Wohl kaum anders als mit neuen Gebrauchswertversprechen, jedenfalls unter dem gegenwärtigen Wirtschaftssystem.

1 Vgl. Wolfgang Fritz Haug, Zur Ästhetik von Manipulation, in: Das Argument, 5. Jg./1963, Nr. 25
   ders., Warenästhetik und Angst, in: Das Argument, 6. Jg./1964, Nr. 28, (3. Aufl. 1969)
   ders., Zur Kritik der Warenästhetik, in: Kursbuch 20/1970
   ders., Kritik der Warenästhetik, Frankfurt 1971
2 Vgl. Jürgen Habermas, Die Dialektik der Rationalisierung, Vom Pauperismus in Produktion und Konsum, in: Merkur, 8. Jg./1954, Nr. 8, S. 718
3 Vgl. Karl Marx, Das Kapital, Bd. 1, z. B. Studienausgabe Frankfurt/Berlin/Wien 1969, S. 18; Vgl. zum 'Fetischcharakter der Ware': a. a. O., S. 50–62 oder: MEW, Bd. 23, Berlin 1968, S. 85–98
4 Vgl. zu den Kategorien Gebrauchswert und Tauschwert, a. a. O., S. 17 ff. oder MEW, Bd. 23, Berlin 1968, S. 49–98, sowie Horst Kurnitzky, Versuch über Gebrauchswert, Berlin 1970, S. 15 ff.
5 Haug, Kritik der Warenästhetik, Frankfurt 1971, S. 15
6 A. a. O., S. 16
7 Vgl. a. a. O., S. 17
8 A. a. O., S. 16 f.
9 A. a. O., S. 68
10 Vgl. A. I. Pulos in einem Prospekt der Abteilung Industrial Design der School of Art, Syracuse University, N. Y., in: Karl Otto (Hrsg.), Industrielle Formgebung in den USA, Berlin 1963 (Privatdruck), S. 82
11 Hans Förtsch, Formgebung, Warenästhetik und Konsum, Vortrag in der Akademie der Künste Berlin anläßlich der Eröffnung des Internationalen Design Zentrums (IDZ) am 19. 4. 1970, Typoskriptkopie S. 2
12 Thomas Hirzel, Industrie-Designer – Verräter an der Sache?, in: form, Nr. 51/1970, S. 46

4 Funktionalismus und Alibi-Kritik

Die das Design bestimmenden ökonomischen Verhältnisse und die verinnerlichten Rechtfertigungstheorien der gegenwärtigen Praxis sind so stark, daß die radikale Kritik bisher folgenlos geblieben ist.

Hingegen kann man Ablenkungsmanöver in Form von Alibi-Kritik beobachten, in der sich neue Verschleierungstaktiken herausgebildet haben. So ist heute vor allem der Begriff des Funktionalismus eingenebelt und von oberflächlicher Kritik verunklärt. Er wird kaum noch wirklich reflektiert, obwohl hier über ein Kernproblem der Formgebung entschieden wird. In der designkritischen Publizistik jüngerer Vergangenheit[1] konnte man diese Entwicklung verfolgen.

In unserer Studie wurde einer der Ursprünge funktionaler Gestaltungsweise schon berührt, die Ingenieur-Ästhetik des beginnenden technischen Zeitalters, in der die Identität von Konstruktion, Funktion und Form des technischen Gegenstandes als die gestalterische Vernunft der neuen Epoche sichtbar wurde, wenn auch von den historistischen Tendenzen noch weitgehend verdeckt. Doch war die Logik dieser Gestaltungsweise einigen Zeitgenossen durchaus schon einsichtig. So stellt *Oscar Wilde* 1882 fest: »Wir können uns eine gute Maschine nur graziös vorstellen, denn der Linienzug der Kraft und der Schönheit ist der gleiche[2].«

Über die berühmte These *Louis Sullivans* »form follows function« (die unverkürzt in einem universalen Kontext zu lesen ist)[3], die Utopie der Ornamentlosigkeit bei *Adolf Loos* bis hin zu *Tatlins* Vorstellungen einer technischen Ästhetik und der Sachlichkeit des nach-konstruktivistischen Bauhauses, ja bis in die Ulmer Hochschule für Gestaltung der 60er Jahre hinein begegnen wir Neuansätzen, Korrekturen, Varianten einer Grundidee technischer Produktgestaltung, die der Konsumgüterproduktion heute im Wege steht.

Sehr vereinfacht dargestellt ist es die Grundidee der notwendigen Identität von Zweckmäßigkeit und Schönheit d. h. Sinnfälligkeit der technischen Form, der Angemessenheit der Form an den Zweck. Die nichts Überflüssig-Dekoratives duldende technische Rationalität der funktionalen Objekte ist identisch mit ihrem Stil, ihrer Sprache, die folgerecht von äußerster Sparsamkeit und Zurückhaltung, also arm an überflüssigen Zeichen ist, aber dennoch die Funktion voll transparent machen will. Dahinter steht auch die Idee des Zusammenfallens von materiellem Gebrauchswert mit einer angemessen sinnlichen Erscheinung des Gebrauchswerts als unverstelltem Ausdruck der technischen Form und ihres Nutzens für den Menschen.

Der Kritik ist es zunächst schwergefallen, Funktionalismus vom Konstruktivismus zu trennen bzw. beide historischen Phänomene auseinanderzuhalten, was zu Mißverständnissen führen mußte.

Zwar hat sich die funktionale Formgebung im *Bauhaus* praktisch erst von den konstruktivistisch-formalistischen Gestaltungstendenzen befreien und fortentwickeln müssen, jedoch ist es abwegig, den Funktionalismus in seinem Gehalt mit technoider

Kälte und formal mit Kantigkeit und Starre gleichzusetzen. Ernstzunehmende Kritik hat sich an Deformationen und Folgen eines sozial sinnentleerten Funktionalismus entwickelt, vor allem an der starren Form moderner Architektur und Städteplanung und an den vielfach mit ihrem Herrschaftsanspruch in unser Leben eingreifenden technischen Umweltsystemen. Diese Kritik galt also nicht der funktionalen Produktgestaltung, sondern einem Planungsfunktionalismus, der über den Menschen rücksichtslos hinweggreift und seinen Freiheitsraum beschneidet.

Auf diese architektursoziologische und sozialpsychologische Kritik[4], die sich gegen die Einengung von Phantasie, Freiheit und emotionaler Beziehung zur Umwelt richtet, greift die heutige Theorie des Design nun gern zurück, jedoch aus zumeist ganz anderen Motiven.

Sagt *Adorno*: »Die Zukunft von Sachlichkeit ist nur dann eine der Freiheit, wenn sie des barbarischen Zugriffs sich entledigt: nicht länger den Menschen, deren Bedürfnis sie zu ihrem Maßstab erklärt, durch spitze Kanten, karg kalkulierte Zimmer, Treppen und ähnliches sadistische Stöße versetzt«[5], so heißt die Konsequenz bei *Temur Samy*, Mitbegründer des Riesenbasars und Einkaufszentrums 'Citta 2000' in München-Schwabing:

»Der rechte Winkel ist für uns unbedeutend. Wir wollten alles anschmiegsam machen, entgegenkommend, nicht kantig-eckig-abweisend[6].«

Ist schon *Adornos* Funktionalismusbegriff zu sehr noch dem Konstruktivismus verhaftet und daher zweideutig, so ist die Antwort auf solche Kritik eindeutig: der neue barbarische Zugriff auf den Konsumenten macht sich hinter dem neuen Lustversprechen bemerkbar.

An die Ideologiekritik am Planungsfunktionalismus der Nachkriegszeit schließt sich eine Designkritik an, die böse Folgen zeigt, weil sie den historischen Funktionalismus überhaupt nicht reflektiert. *Nehls*, nach dessen Meinung die rationale Auffassung der Gestaltung eine irrationale (!) werden muß[7], behauptet in einem Interview:

»Mitscherlich verlangt im soziologischen Sinne mehr Affektbildung. Er sagt klipp und klar, daß diese Affektbildung nur durch emotional gestaltete Räume bzw. Design erzeugt werden kann[8].«

Abgesehen davon, daß *Mitscherlichs* Folgerungen nicht auf diese allzu schlichte Formel gebracht werden können, sagt *Nehls* noch etwas sehr Bezeichnendes:

»Alle Funktionalisten haben die Ideologie immer als etwas Rückständiges, Hinterwäldlerisches hingestellt. Das ist eine völlig falsche Auffassung der Ideologie. Was wir brauchen ist nichts anderes als eine neue Ideologie für eine neue Umweltgestaltung[9].«

Diese Ideologie kennen wir zur Genüge. Ihr Ausdruck ist die soft-line des differenzierten Warenkörpers, die Anschmiegsamkeit der Konsumobjekte. Allerdings wird sie selten so naiv verkündet wie hier.

Inhaltlich bedeutet sie in der Tat das Gegenteil des Funktionalismus, und – wie viele Ideologien – enthält sie auch ein Korn Wahrheit. Denn man muß bedenken, daß die

Mittel funktionaler Produktgestaltung zwar ausgeformt zur Verfügung stehen, ein sozialer, 'humanistischer' Funktionalismus unter dem gegenwärtigen gesellschaftlichen System aber nicht praktiziert werden kann. Funktionale Produktgestaltung bleibt ein Vorschlag an die Gebraucher und ist unter diesem Aspekt immer eine Option auf die gesellschaftliche Zukunft gewesen, in der die gestalteten Gegenstände einst ihren angemessen untergeordneten Platz finden sollten. Die Wirkung dieser Gestaltungsweise kann sich nur unter einem Gebraucher-Bewußtsein entfalten, das noch nicht existiert. Insofern ist Utopisches auch im Funktionalismus wirksam, als Projektion einer nur scheinbar angesichts der streng rationalen Formen paradoxen gestalterischen Phantasie und soziologischen Imagination, wie sie sich schon bei *Loos,* bei *Tatlin* und bei *Hannes Meyer* konkret manifestiert hat.

Vermutlich gehört auch das zum kulturellen Wahrnehmungsverlust, daß die ursprünglich intendierte gesellschaftliche Dimension des Funktionalismus verlorengegangen ist, daß man ihn immer weniger versteht. Die Idee guter Gestaltung war einst mit der des Funktionalismus untrennbar verknüpft. Noch im 'Ulmer Stil' der 60er Jahre etwa vermochte sich diese Einheit auszudrücken. Inzwischen aber ist 'gute' Form ein weites Feld geworden, eine Entwicklung, die *Eckstein* früh vorausgesehen hat[10].

Die streng funktionale Gestaltungsweise hat sich in der Breite nicht durchzusetzen vermocht, und auch die 'funktionalistische' Produktform in ihrer Reinheit ist nicht unmittelbar als Gebrauchswert zu verstehen, sondern in erster Linie als Ware, noch dazu als eine von besonders elitärer Bedeutung.

Das ist ihr notwendiges Schicksal in der Konsumgesellschaft, ihr Abfallen vom vorgestellten und tradierten Gehalt industrieller Formgebung schlechthin; denn Funktionalismus und Design im strengen und konkretesten Sinne könnte man traditionell für identisch erklären.

Die rein funktionale Gestaltungsweise ist als historisches Prinzip eine Methode zur Optimierung von Gebrauchswerten, ohne Rücksicht auf die heute verlangte Vermittlung irgendwelcher Zusatznutzen. Gerade dieses Prinzip scheint, obwohl oberflächliche Kritik es schon verdammt, heute noch als einzig denkbare Alternative zur hemmungslosen Warengestaltung und den Ausuferungen des Design einen schmalen Weg noch verantwortbarer Praxis abzustecken.

Dabei muß vorläufig in Kauf genommen werden, daß dieses Prinzip nicht verstanden und die Objekte mit falschen Bedeutungen vom Verbraucher aufgeladen werden können, weil die rein funktionale Form die gewohnten Zusatzbedeutungen am Warenkörper vermissen läßt.

Diese Gestaltungsweise hat sich bisher immerhin am konsequentesten am Gebraucher-Standpunkt auszurichten und gegen die Prozeduren der Warengestaltung wie Styling, modische Differenzierung und Dekor zu wehren versucht. Vermutlich deshalb ist sie bis auf wenige Ausnahmen in das Investitionsgüter-Design abgedrängt, im Konsumbereich hat sie sich aufgrund ihrer Verweigerungstendenzen als wenig brauchbar für das herrschende Interesse erwiesen.

Die 'Funktionalismus-Kritik', die sich zynisch noch als besonders progressiv versteht, deckt solches Abschieben und rechtfertigt die Ablösung rationaler ästhetischer Enthaltsamkeit durch unbegrenzte Möglichkeiten der ästhetischen Manipulation. Sie ist selbst ideologische Kritik und bleibt Alibi-Kritik insofern, als sie den Warengestaltern und ihren Theorie-Lieferanten den Gefallen erweist, alle Abweichungen von der gestalterischen Vernunft als notwendige Anpassung an 'echte' Bedürfnisse der Verbraucher deklarieren zu können, weil der karge Funktionalismus angeblich die individuellen Bedürfnisse in sträflicher Weise nicht berücksichtigt habe.

Solche oberflächliche Funktionalismus-Kritik macht auch vergessen, daß die funktionale Gestaltungsweise ein uraltes, kulturanthropologisches Phänomen ist[11]. Sofern in der Geschichte auch der handwerklichen Formgebung das Werkzeugartige, Zweckdienliche als Prinzip die ornamentale und teilweise kultisch bedingte Tendenz des repräsentativ Schmückenden überwiegt, kann man von funktionaler Gestaltung sprechen. Die Zweckform hat es zu allen Epochen der Kulturgeschichte gegeben; *Lindinger* hat das anschaulich dargestellt[12]. Sie wird nur mit Beginn des Maschinen-Zeitalters auf eine besondere Weise aktuell. 'Bauhausform' und 'Ulmer Stil' sind nur bestimmte historische Ausformungen dieser Gestaltungsweise.

Die eigentliche Kritik des Funktionalismus aber hatte eine ganz andere Tendenz. *Horn* schließt seine ideologiekritische Betrachtung praktisch mit der Differenzierung des Begriffs:

»Jener Satz Sullivans, daß die Form der Funktion zu folgen habe, wäre nicht blindlings ökonomistisch, aber auch nicht unmittelbar anthropologisch-biologistisch zu verstehen, sondern als eine immer neu zwischen Individuum und Gesellschaft vermittelnde Aufgabe, menschlichen Bedürfnissen Raum zu schaffen, der ihnen erlaubt, sich zu entfalten, und sie nicht erstickt. Formen müssen Funktionen reflektierter Bedürfnisse bleiben. Dieses Verhältnis darf sich nicht ins Gegenteil verkehren[13].«

Ein solcher Reflexionsprozeß, welcher auch die Ideologisierung des Design nach der einen oder anderen Seite auszuschließen versucht, begann gerade dort, wo man die neue Hochburg des Funktionalismus vermuten durfte, an der ehemaligen Hochschule für Gestaltung Ulm, und in der Fortsetzung am Institut für Umweltplanung *(IUP)*, ihrer Nachfolge-Institution, die heute ebenfalls geschlossen ist.

Moles notiert 1968, als vom Funktionalismus bereits durch falsche Kritik abgelenkt wird:

»Die Überflußgesellschaft als Wirtschaftsphilosophie wird durch die Vorstellung bestimmt, daß die industrielle Produktionsmaschinerie permanent laufen muß, das heißt, daß der Konsument zu permanentem Konsum stimuliert wird. Konsumsphäre und Produktionssphäre sind zu einem Kreislauf geschlossen, der ein immer intensiveres Tempo annehmen muß. Der Funktionalismus widersetzt sich notwendig der Philosophie der Überflußgesellschaft, die rücksichtslos produzieren und verkaufen will. Schließlich geht der Funktionalismus darauf aus, die Zahl der Gegenstände zu reduzieren und eine optimale Anpassung an die Bedürfnisse zu erreichen[14].«

Moles stellt schließlich die Hypothese auf, daß bei allem Konsumterror der gegenwärtigen Gesellschaft einmal die Sättigungsgrenze der menschlichen Motivation zum Konsum überschritten sein könnte, so daß »der Konsument sich zu einer Konsumabstinenz oder Konsumrevolte bereitfindet«[15]. Endlich sei ein Funktionalismus der Überflußgesellschaft zu definieren.

Ein Funktionalismus von nicht nur asketischer Strenge, der auch das berechtigte Bedürfnis des Menschen nach freiem Genuß, nach aktiver Selbstverwirklichung in einer dem Individuum adäquaten dinglichen Umwelt befriedigen könnte, ist Ergebnis einer Untersuchung am IUP Ulm, die auf der Grundlage einer zusammenfassenden Kritik zum Begriff des 'dialektischen Funktionalismus' kommt:
»Die 'emotional' gestaltete Fabrikhalle erscheint dieser dialektischen Betrachtungsweise ... genauso unerträglich, wie z. B. funktionalistische Wohn- oder Freizeiträume ...

Die objektiven Widersprüche zwischen Funktionalismus und 'Emotionalismus' können nicht erfaßt werden, wenn wir abwechselnd für eine der beiden Seiten Partei ergreifen. Unser Verständnis dieser zentralen Gestaltungsproblematik läßt sich nur dann erweitern, wenn wir vorhandene Widersprüche bewußt machen, sie notfalls ertragen; die Synthese dieser Gestaltungsdialektik kann deshalb nicht vorgegeben werden: sie bestimmt sich am Entwurf[16].«

Angedeutet scheint im Sinne *Horns* ein reflektierter Funktionalismus-Begriff, dem allerdings die herrschende Theorie und Praxis des Design entgegenstehen. Denn eigentlich ist diese Dialektik der Gestaltung eine doppelte: die der technischen und der psychischen Funktion als auch die des Gebrauchswerts und der Ware, die hier ausgeklammert erscheint. Was nämlich aus der Überwindung des 'alten' Funktionalismus praktisch hervorgeht, ist keineswegs eine neue Synthese von technisch-rationaler Abstraktion und humaner Emotion, sondern es sind die Verbraucherträume als Leitbilder und 'Utopie'.
Colani sagt nun:
»Der Mensch ist rund, sein Urzustand ist der intrauterine. Im Uterus der Mutter liegt der Mensch in warmer, gerundeter Form. Diese Position sollten wir in seinem Wohnen, Wohneinheiten, seinen zukünftigen Lebesräumen nicht vernachlässigen[17].«

Die absurde Utopie des psychologisierenden Theorems, die Verheißung der Rückkehr in die Geborgenheit des Mutterleibs ist nun das Versprechen des Design.
»Der Mensch besteht aus Emotionen, und wir versuchen, in irgendeiner Form seinen spielerischen Bedürfnissen nach Ornamentik, nach Weichheit, nach Spiel, nach Farbe – dem wollen wir entsprechen – ihn in den Mittelpunkt stellen und seine Bedürfnisse, das ist alles, mehr haben wir gar nicht vor[18].«

Zufällig oder nicht zufällig, genau dies alles fällt mit der Warenästhetik so kongruent zusammen, daß endlich Theorie und Praxis des Design übereingekommen sind: das Design hat seine Utopie erfüllt. Dem dialektischen Funktionalismus als Idee steht in der Praxis der Funktionalismus der Ware gegenüber.

Um in *Colanis* Bild zu bleiben, bergende Urhöhle, Mutterleib ist nun das Warenhaus; es muß nur noch mit den richtigen Dingen gefüllt werden. Und schon spricht ein Warenhausdirektor im Fernsehen von »Gemüt« und »Poesie« im Hinblick auf neues Design[19].

Technisch sind diese Vorstellungen längst realisierbar, sie sind eng mit der Technologie der Kunststoffe und der Expansion der Kunststoffindustrie verknüpft. Mit dem Begriff der Wohnlandschaft wird der Konsument bereits vertraut gemacht, auch mit den Träumen, die sie verschafft. Der Zugriff aufs Private wird immer enger, das scheinbar traute Glück in der Entfremdung immer verheißungsvoller, die damit verbundene Erwartungshaltung zu Zwang und Norm wie eh und je im Konsum: »Die Wohnung wird nicht zuerst unter dem Gesichtspunkt der natürlichen Bedürfnisse gesehen, denen sie zu dienen hat, sondern der Struktur unserer Gesellschaft entsprechend unter Ausbeutungs- oder unter Prestigegesichtspunkten; sie demonstriert Herrschaft und Status[20].«

Zudem bleibt die gewinnträchtige Ideologie vom *Schöner Wohnen* auch in ihren technologisch-utopischen Varianten der fiktiven Wohnlandschaften des future-design für den Markt von morgen erhalten.

Solche Entwürfe (vgl. einige Abbildungen hier) eilen als technologisch-ästhetische 'Utopien' der Produktions- und Marktwirklichkeit voraus. Sie sind nicht nur Ausdruck der technischen Phantasie der Entwerfer, sondern auch Folge der Expansionstendenzen einzelner Industriezweige, z. B. der Kunststoff-Industrie, die sich der Phantasie der Designer wohl zu bedienen weiß. Dabei werden naturgemäß absatzwirtschaftliche Fragen aufgeworfen und nicht etwa soziale Probleme vorweg gelöst. Die Veröffentlichung solcher Zukunftsmodelle auf Messen oder über die Firmen-Werbung verweist auf die Konsumzukunft und hat Test-Charakter. Letztlich geht es neben dem Aufbau oder der Erhaltung eines 'modernen' Firmen-Image um die Erkundung der Aufnahmefähigkeit und Konsumbereitschaft gegenüber den Marktinnovationen von morgen oder um die Anregung neuer Konsumerwartungen.

Der amerikanische Designer *Raymond Loewy* hat das Problem schon in seiner berühmten MAYA-Formel (most advanced – yet acceptable)[21] angedeutet. Um erfolgreich d. h. gut verkäuflich zu sein, muß danach jede Produktinnovation ein jeweils fein ausgewogenes Verhältnis von Vertrautem und Neuem in der Produktinformation ausdrücken, um den Erwartungen des Konsumenten zu entsprechen.

Dieses Verhältnis zu treffen, bleibt heute keineswegs nur dem 'Gespür' des Designers überlassen, eher wird es durch eine die Innovationen gezielt einführende, von Markt- und Motivforschung sowie Werbepsychologie unterstützte Marktpolitik garantiert. So können auch die teilweise technisch-phantastischen Entwürfe 'moderne' Leitbilder des Konsums aufbauen helfen. Über besondere Zielgruppenwerbung vermittelte Produktleitbilder mögen sich schließlich über die Anpassungs- und Nachahmungszwänge der Warenkonformität auch in der Masse der Verbraucher durchsetzen, also auch zur allgemeinen Konsumnorm werden. Im future-design von heute wird gewöhnlich ein privater Komfort für morgen als Traumbild für alle verheißen, das längst nicht mehr die authentischen individuellen oder gesellschaftlichen Bedürfnisse umgreift, sondern nur noch der Öffnung des Marktes der Zukunft dient.

Es ist zu bezweifeln, daß diese Tendenz dem von *Moles* anvisierten Funktionalismus der Überflußgesellschaft sinngemäß entspricht. Was die funktionale Gestaltungsweise historisch meinte, war die Angemessenheit der gestalterischen Mittel an den Zweck von Dingen, die den humanen Lebensbedürfnissen untergeordnet und dienstbar sein, aber nicht das Leben beherrschen sollten. Das scheint nun vergessen. Gesellschaftliche und individuelle Bedürfnisse werden nicht befriedigt, wohl aber wird die Bedürftigkeit des Menschen ausgenutzt, indem ihm die Objektwelt künstlich und kunstvoll so strukturiert wird, als sei seine Entfremdung aufgehoben.

1   Vgl. z. B. Hartmut Seeger, Funktionalismus im Rückspiegel des Design, in: form, Nr. 44/1968, sowie Werner Nehls, Die heiligen Kühe des Funktionalismus müssen geopfert werden, in: form, Nr. 43/1968,
    oder Gerda Müller-Krauspe, Design-Ideologien, (1–3), in: form, Nr. 46; 47; 48/1969
2   Zitiert nach Katalog ›Die verborgene Vernunft‹, Die Neue Sammlung (Hrsg.), München 1971, S. 66
3   Vgl. a. a. O., S. 73
4   Vgl. z. B. Heide Berndt / Alfred Lorenzer / Klaus Horn, Architektur als Ideologie, Frankfurt 1969
5   Theodor W. Adorno, Ohne Leitbild, Parva Aesthetica, Frankfurt 1967, S. 110 f.
6   Zitiert nach Design und Konsum / (3) Konsum als Erlebnis, Westdeutsches Fernsehen (wdr), Köln 1971, Sendeskript S. 24 f.
7   Vgl. ›Ein Gespräch mit Werner Nehls‹, in: form, Nr. 43/1968, S. 4
8   A. a. O., S. 5
9   A. a. O., S. 6
10 Vgl. Hans Eckstein, Die gute Form. Begriff, Wesen, Gefährdungen und Chancen in unserer Zeit, in: Glastechnische Berichte, Nr. 12/1961, S. 567 ff.
11 Vgl. z. B. Herbert Lindinger, Design: seit 1850 oder seit eh und je, ein Stil oder eine humane Grundaktivität, in: form, Nr. 57/1972, S. 74
    Vgl. auch Wend Fischer, Die verborgene Vernunft, Funktionale Gestaltung im 19. Jahrhundert, in: Katalog ›Die verborgene Vernunft‹, a. a. O., S. 8 f.
12 Vgl. Herbert Lindinger, Designgeschichte 1, Das 19. Jahrhundert. Materialien, in: form, Nr. 26/1964
    ders., Designgeschichte 2, Produktgestaltung vor der französischen Revolution, in: form, Nr. 27/1964
    ders., Designgeschichte 3, Betrachtungen zur Antike, in: form, Nr. 28/1964
    ders., Designgeschichte 4, Produktformen von 1850–1965, in: form, Nr. 30/1965
13 Klaus Horn, Zweckrationalität in der modernen Architektur, Zur Ideologiekritik des Funktionalismus, in: Berndt/Lorenzer/Horn, a. a. O., S. 142
14 Abraham A. Moles, Die Krise des Funktionalismus, in: form, Nr. 41/1968, S. 36
15 A. a. O.
16 Jochen Gros, Dialektik der Gestaltung, Diskussionspapier 3, hrsg. vom Institut für Umweltplanung (IUP) Ulm (Universität Stuttgart), Ulm 1971, S. 62
17 Zitiert nach Design und Konsum / (5) Alternativen für die Zukunft, Westdeutsches Fernsehen (wdr), Köln 1971, Sendeskript S. 7
18 A. a. O., S. 6
19 Peter Kaufmann, Direktor des Schweizer Warenhauskonzerns ›Globus‹, in: Design und Konsum / (4) Hat der Designer versagt?, Westdeutsches Fernsehen (wdr), Köln 1971, Sendeskript S. 5.
20 Alexander Mitscherlich, Die Unwirtlichkeit unserer Städte. Anstiftung zum Unfrieden, Frankfurt 1965, S. 137
21 Vgl. Raymond Loewy, häßlichkeit verkauft sich schlecht, Düsseldorf 1958, S. 191 ff.

Abb. 34   Heinz M. Engler, Geschirr-Serie System 1100, 1962 (Porzellanfabrik Weiden)
Form als Funktion des Gebrauchs

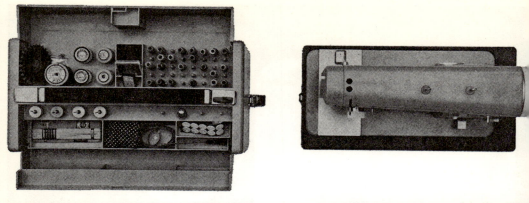

Abb. 35   H. Gugelot / H. Lindinger / H. Müller-Kühn, Pfaff-Nähmaschine 80, 1960 (Koffer: Gugelot / Lindinger, 1962). Gestalterische Rationalität als Ausdruck bewußter Bindung des Entwurfs an den Gebrauchszweck

Abb. 36 Elektrorasierer der Braun–AG (rechts das ältere Modell, links das neue Modell Sixtant 6006). Beide ausgezeichnet als 'gute' Form. Re-Design mit Gebrauchsnutzensteigerung oder nur Differenzierung eines Produkts? Die Jury des Bundespreises 'Gute Form' 1970 läßt diese Frage in ihrer Begründung für die Preis-verleihung zum Sixtant 6006 schon unberührt.

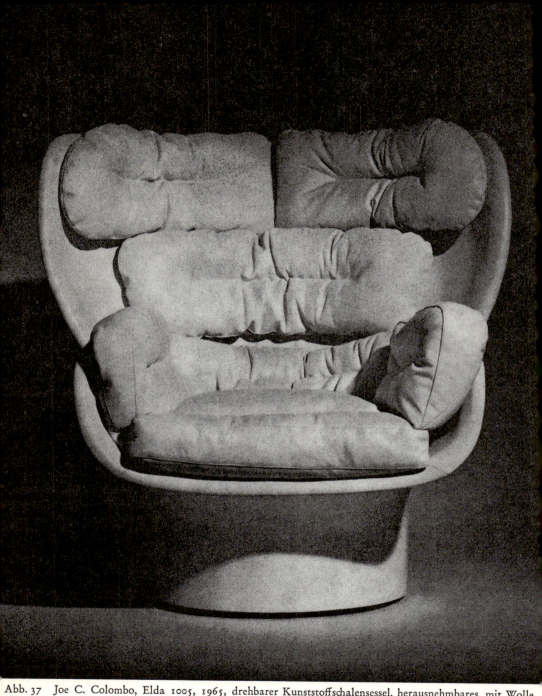

Abb. 37 Joe C. Colombo, Elda 1005, 1965, drehbarer Kunststoffschalensessel, herausnehmbares, mit Wolle gefülltes Lederpolster. Beispiel für Perfektion und Glätte eines besonderen, klassenspezifischen Konsumgutes, in dieser Wiedergabe geradezu dessen Symbol.

Abb. 38 Luigi Colani, Modell einer Kugelküche für Poggenpohl (Intern. Möbelmesse Köln 1970).

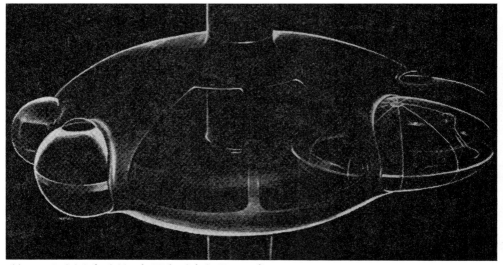

Abb. 39 Luigi Colani, Totale Wohneinheit (Entwurf), 1969.
Future-design oder soziologische Imagination des Entwerfens?

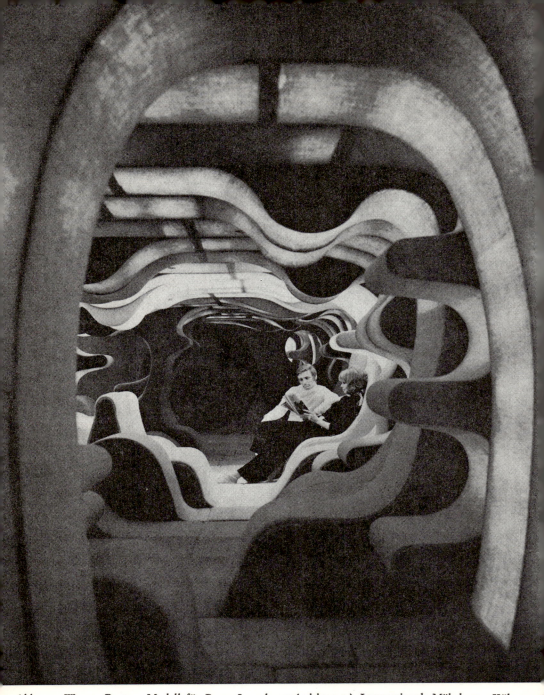

Abb. 40   Werner Panton, Modell für Bayer-Leverkusen (›visiona 2‹), Internationale Möbelmesse Köln 1970
Farbige Kunststoff-Wohnhöhle von vollendeter Künstlichkeit. Totaldesign der Wohnzukunft oder Verbraucher-Illusion der geschützten Privatheit?

Abb. 41   Gaetano Pesce, Sessel Mama (9. italienischer Möbelsalon Mailand 1969) – und sein Bedeutungshorizont.

Abb. 42   Hanomag-Radlader B 16 (Rheinstahl Hannover)

Abb. 43   BMW-Turbo (Versuchsmodell)

Scheinbar resultieren diese Formen konsequent aus den verschiedenen technischen Grundfunktionen beide Maschinen. Dennoch haben bereits gegensätzliche Vorentscheidungen über Entwurfsprinzipien von einiger sozialer Tragweite stattgefunden. Die Vorentscheidung für optimalen Gebrauchsnutzen am Investitionsgu oder für optimalen Zusatznutzen am Statussymbol von morgen, also auch über gesellschaftlichen Nutzen und Notwendigkeit schlechthin, lag nicht bei den Designern.

V Design und Wissenschaft

1 Zum Ideologiecharakter der Methodologien

Auf eine wissenschaftlich-theoretische Fundierung der gestalterischen Grundlagen und der Designprozesse versuchte sich schon *Hannes Meyer* am *Bauhaus* zu beziehen, die *Ulmer Hochschule für Gestaltung* gründete ihren Ruf auf den Versuch einer Integration der Wissenschaften in die Gestaltung. Die heute verfügbaren Methoden und Verfahren der Produktplanung und -entwicklung verdankt der Designer aber eher dem Zwang der Wirtschaft zur Rationalisierung ihrer Prozesse für den Wettbewerb auf dem Markt; das dafür vorhandene Instrumentarium sind u. a. die wissenschaftlichen Methodologien. Um die planerischen und gestalterischen Prozesse in den Griff zu bekommen, zu rationalisieren, zu strukturieren, kontrollierbar und effektiver zu machen und von Fehlerquellen zu bereinigen, steht ein umfangreicher Apparat theoretisch-systematischer Hilfen für die Praxis zur Verfügung.

Bürdek hat eine Zusammenfassung dieser bis heute ausgeformten Mittel unter dem Schwerpunkt Methodologie versucht[1], ein Arbeitsbericht des *IUP Ulm* befaßt sich speziell und kritisch mit Planungstheorie[2].

Die Aufarbeitung wissenschaftlicher Grundlagen für das Design begann bereits an der ehemaligen *HfG Ulm*, als an anderen Schulen in der BRD noch vorwissenschaftliche Entwurfsmethoden und emotionale Gestaltungsverfahren vermittelt wurden. Motive der 'Verwissenschaftlichung' waren die Einsicht, daß angemessene Lösungen von Designproblemen der Gegenwart wissenschaftliche Vorarbeiten voraussetzen, und die Kritik an der typischen Haltung des Designers als bloßem 'Wissenschaftskonsumenten', der die wissenschaftlichen Erkenntnisse mehr oder weniger zufällig verbrauchte[3].

Umfang und Problemdichte der Gestaltungsprozesse haben inzwischen derart zugenommen, daß der reine Praktiker sich kaum noch zurechtfinden kann, und die Verzweigung von Forschung, Organisation und Gestaltung in größeren Unternehmen der Industrie hat zu einer Form der organisierten Teamarbeit von Spezialisten geführt, die den 'Einhand'-Designer, der alles noch selbst vorbereitete, ausführte und überschaute, Geschichte werden läßt.

Das Instrumentarium zur Organisation der innerbetrieblichen Designprozesse und die verschiedenen Problemlösungsverfahren können hier nicht dargestellt werden, aber ein Aspekt der Verwissenschaftlichung des Design berührt unser Thema. Methodologie als anwendbare, aus wissenschaftlichem Denken entwickelte Lehre von den Verfahren der Planung und Problemlösung beim Entwurf von Objekten und Systemen unserer Umwelt wirft auch die Frage nach ihrer Objektivität im gesellschaftsbezogenen, nicht nur im logisch-organisatorischen Sinne auf. Design als Prozeß der Problemlösung nicht nur innerhalb der Unternehmensstrategie, sondern auch im Blick auf die Mensch-Umwelt-Beziehung zu beschreiben, systematisch zu gliedern, dabei Abläufe der Verfahren festzulegen, Daten zu koordinieren, mathematische Lösungsmodelle zu entwickeln, alle Vorgänge verstehbar, kontrollierbar und voraussehbar zu machen garantiert noch nicht eine den gesellschaftlichen Bedürfnissen angemessene Lösung.

So ist z. B. bei dieser Form der Rationalität die Gefahr der Durchsetzung rein ökonomisch oder technokratisch bestimmter Konzepte nicht ausgeschlossen:

»Weil sich Rationalität dieser Art auf die richtige Wahl zwischen Strategien, die angemessene Verwendung von Technologien und die zweckmäßige Einrichtung von Systemen (bei *gesetzten* Zielen in *gegebenen* Situationen) erstreckt, entzieht sie den gesamtgesellschaftlichen Interessenzusammenhang, in dem Strategien gewählt, Technologien verwendet und Systeme eingerichtet werden, der Reflexion und einer vernünftigen Rekonstruktion. Jene Rationalität erstreckt sich überdies nur auf Relationen möglicher technischer Verfügung und verlangt deshalb einen Typ des Handelns, der Herrschaft, sei es über Natur oder Gesellschaft, impliziert.

Zweckrationales Handeln ist seiner Struktur nach die Ausübung von Kontrolle. Deshalb ist die 'Rationalisierung' von Lebensverhältnissen nach Maßgabe dieser Rationalität gleichbedeutend mit der Institutionalisierung einer Herrschaft, die als politische unkenntlich wird: die technische Vernunft eines gesellschaftlichen Systems zweckrationalen Handelns gibt ihren politischen Inhalt nicht preis[4].«

Mit der vollen Rationalisierung der Designprozesse im naturwissenschaftlichen Sinne und dem Einsatz aller zweckrationalen Mittel allein über den status quo des eingeschränkt gesellschaftlich Möglichen hinauszugelangen, dürfte also kaum gelingen. Tatsächlich enthalten die Checklisten des gegenwärtigen Design auch keine anderen als die von der Industrie und der Konsumgesellschaft vorgegebenen Fragen und Daten.

Die naive Hoffnung auf wissenschaftliche Lösungsmöglichkeiten gesellschaftlich-gestalterischer Probleme im Zuge der Aufarbeitung planungstheoretischer Grundlagen war trügerisch. Sie muß einer nüchternen, vielleicht eher skeptischen Betrachtungsweise weichen, nicht nur, weil die wissenschaftlichen Methoden direkt zur Effektivierung des herrschenden Design benutzt werden können, sondern auch, weil in der wissenschaftlichen Planungstheorie selbst schon 'Unwahrheit', Ideologie, stecken kann. Gesellschaftliche Leitbilder und Normen, deren historische Objektivität anzweifelbar ist, können für das Wissenschaftsverständnis vorbestimmend sein, so daß die vorbereiteten Lösungen zwar wissenschaftlich-methodisch 'richtig' sind, aber mit gesellschaftlich negativen Folgen.

Im Arbeitsbericht 1 des *IUP Ulm* wird gerade unter diesem Gesichtspunkt eine ideologiekritische Analyse der *Alexander*schen Theorie versucht[5].

Dennoch scheint im Begriff der rationalen Planung heute ein Stück Utopie verankert. So schreibt *Kopperschmidt* dort im Vorwort:

»Wirklichkeit nicht als statisches Objekt der Erkenntnis noch als passives Objekt menschlichen Machens, sondern Wirklichkeit als ein Regelkreis, in dem Subjekt und Objekt durch den Planungsprozeß aneinander gekoppelt sind. Dieser Regelkreis ist fern von der Irrationalität schlechter hoffnungsfroher Utopie, der Irrationalität resignierter hoffnungsmüder Anpassung. Dieser Regelkreis beschreibt in nüchterner Strenge eine operationable Utopie, oder anders gesagt: die Struktur des menschlichen Freiheitsraumes, wenn man Planung nicht zur Antithese von Freiheit entstellt, sondern als radikale Form ihrer Beanspruchung versteht: Planung ist nur möglich, wo es Möglichkeiten und Alternativen gibt[6].«

Diese Alternativen sind durchaus planungstheoretisch vorstellbar und rationalisierbar, aber ob sie heute realisierbar sind, ist äußerst fraglich. Eine geplante Revolution ist noch keine Revolution, und daß in Wirklichkeit ein ganz anderer Regelkreis funktioniert, soll im folgenden noch erläutert werden. Gleichwohl muß die konkrete Utopie des Design eine 'operationale' sein, an rationale Planungsprozesse gekettet, doch wird die Zweckrationalität der Methoden einer ständigen soziologischen Kontrolle bedürfen.

Bonsiepe fordert schon 1968 eine Umweltwissenschaft, der er eindeutig alle anderen Zweige quasi als Hilfswissenschaften bzw. als ausführende Organe unterordnet: Umweltgestaltung, Wissenschaft der Gestaltung, Designplanung, Design-Management[7]. Umweltwissenschaft aber ist nur vorstellbar als ein völlig neuer, komplexer Zweig der Humanwissenschaften; ihr Umfang und Inhalt wird heute erst in den Umrissen deutlich.

1 Vgl. Bernhard E. Bürdek, Design-Theorie, Methodische und systematische Verfahren im Industrial Design, Stuttgart 1971 (Selbstverl. d. Verf.)
ders., Design-Theorien, Design-Methoden, 10 methodische und systematische Verfahren für den Design-Prozeß, in: form, Nr. 56/1971, S. 9 ff.
2 Vgl. Eric Biéler/Fredy Grazioli/Pierre Grosjean/Michel Ruffieux, Planungstheorie. Ein Beitrag zur hierarchischen Strukturierung komplexer Probleme, iup 1, Arbeitsberichte des Instituts für Umweltplanung an der Universität Stuttgart, Ulm 1970
3 Vgl. Gui Bonsiepe, Über die Lage der HfG, in: ulm, Zeitschr. der Hochschule für Gestaltung Ulm, Nr. 21/1968, S. 12
4 Jürgen Habermas, Technik und Wissenschaft als 'Ideologie', Frankfurt 1970, S. 49
5 Vgl. Biéler und andere, a. a. O., S. 28 ff. (Bibliographie zu Christopher Alexander s. S. 93 ff.)
6 Josef Kopperschmidt, a. a. O., S. 3
7 Vgl. Bonsiepe, Über die Lage der HfG, a. a. O., S. 12 f.

2 Semiotik und Design

Die Semiotik oder allgemeine Theorie der sprachlichen Zeichen kann auf die Bestimmung der Struktur von Designobjekten bislang nur eingeschränkt angewendet werden. In den geläufigen Darstellungen des syntaktischen Aspekts, der die Beziehungen der verschiedenen Zeichen bzw. der Zeichensysteme untereinander am Objekt beinhaltet[1], wird nur jener Bereich der Semiotik angesprochen, aus dem sich formalästhetische Gestaltungsprinzipien und Wahrnehmungskriterien für eine Informationsästhetik ableiten lassen.

Bedeutung und Wirkung der Objekte in der gesellschaftlichen Umwelt sind damit nicht definiert. Der gesellschaftliche Bezug der Objekte wird erst in Ausführungen oder Interpretationen zum semantischen Bereich, der die Beziehungen zwischen den Zeichen und ihren Bedeutungen umfaßt, aktuell.

So fordert *Dorfles* als Ziel der Gestaltung die »Semantisierung der einzelnen ökologischen Elemente«[2], der lebensbestimmenden Bestandteile und Systeme der Umwelt in einer Weise, die Umweltstrukturen transparent und entzifferbar macht. Das Design soll Objekte und Systeme in ihrer Bedeutung für die Benutzer 'verständlich' machen, nachdem die künstliche Umwelt einen geradezu undurchdringlichen Charakter angenommen hat. Diese Forderung, abgeleitet aus der semiotischen Theorie und Alltagserfahrung, deckt sich auch mit einer Erkenntnis der neueren Sozialpsychologie:
»Die Umgebung begreifen kann eine Möglichkeit sein, sich selbst zu begreifen, d. h. wenigstens seinen Standpunkt innerhalb eines Bezugssystems . . .
Orientierung geschieht über unsere Wahrnehmung. Der Nutzungsdimension allein kann keine Orientierungsfunktion zugeordnet werden[3].«

Unter den gegenwärtigen Verhältnissen hat also die Theorie der »Semantisierung« durchaus einen sozialutopischen Bezug. Aber der semantische Aspekt wird in der Praxis ganz anders interpretiert. So behauptet *Seeger,* die karge funktionalistische Form verweigere geradezu Bedeutungen. Er spricht von der »semantischen Nutzenerwartung«[4] des Verbrauchers und meint damit nichts anderes als die produktsprachlich zu vermittelnden Bedeutungen des Zusatznutzens an den Produkten, die er zur neuen 'Bedeutungskodierung' vorschlägt: mit anderen Worten, der Verbraucher hat Anspruch auf symbolisierte Warenformen, auf eben gerade jene Bedeutungen an den Objekten, die zur entfremdeten Umwelt und zur Fetischisierung der Objekte beigetragen haben.

Seeger kritisiert – vom Warenstandpunkt aus folgerichtig – an den rein funktionalen Objekten deren »negative Semantizität«, ihre Armut an Bedeutungen (die sie in gewisser Weise aber gerade verständlich machen könnte). Er kritisiert damit indirekt auch den Versuch einer semiotischen Wiederbelebung der sozialen Theorie des Design, wie sie *Dorfles* versucht. Denn das Verständlichmachen von Bedeutungen zum Gebrauch der Objekte und Systeme setzt nicht eine Anreicherung mit Zusatzbedeutungen oder Bedeutungs-Versprechen voraus, wie es der vielbedeutende Warenkörper verlangt, sondern ein bewußtes Erkennen von angemessenen Funktionen und ihren anschließenden freien Gebrauch.

Aber *Seegers* Vorstellung ist zweifellos realistisch. Er kalkuliert die Erwartungshaltung des Verbrauchers gegenüber dem Warenangebot ein, die sich auf bestimmte Bedeutungen schon ausgerichtet hat und längst zu einer immer wieder bestätigten, aber unbewußten Norm geworden ist.

Diese Übereinkunft auf das unbewußte Verlangen nach zusätzlichen Bedeutungen an den Objekten steht der Theorie von der Verstehbarkeit und Transparenz der Objekt-Mensch-Beziehungen entgegen; denn als Waren müssen die Objekte die Offenheit dieser Beziehungen naturgemäß verweigern. Gestalterische Realisationen, die in anderer Weise verständlich erscheinen – mehr oder weniger handelt es sich dabei um 'funktionalistische' Objekte –, bleiben denn auch bloß ein folgenloses Wahrnehmungsangebot. Sie werden eher zufällig verbraucht oder meist mißverstanden, zumal wenn sie als Konsumgüter von der Werbung mit der Aura der Exklusivität, also wiederum mit einer verfälschenden Zusatzbedeutung ausgestattet werden.

Es ist das natürliche Bestreben der Warenproduzenten, jenen Zeichenvorrat zur produktsprachlichen Verständigung beim Konsumenten aufzubauen, der nur noch das Verständnis der Ware bzw. ihrer Bedeutung erlaubt. Die Theorie von der »Semantisierung der ökologischen Elemente« im sozialen Sinne übersieht die hergestellte Sprachlosigkeit der Massen, ihre unverschuldete Unfähigkeit, ohne weiteres andere Bedeutungen aufnehmen zu können als jene, die sie zu erwarten gelernt haben.

Lorenzer bemerkt: »Gesellschaftliche Zwänge setzen sich heute im Individuum weitgehend lautlos durch. Die Unterdrückung der Bedürfnisse geschieht in einer verwirrenden Verstümmelung der Welterfahrung, der Einsicht und der Sprache, deren Bedeutungen auf eine zumeist undurchschaubare Weise verfälscht werden. Die Verfälschung der Bedeutungen ist zugleich eine Verfälschung der Normen der Kommunikation[5].«

So ist zu vermuten, daß heute selbst ein Design, das die Objekt-Mensch-Beziehungen im Sinne der Bedeutung des Gebrauchswerts offenlegt und vorschlägt, zunächst nichts bewirken kann, weil es auf verfälschte Normen trifft, die es erst abzulösen gilt. Die Theorie der Semantisierung, wie sie *Dorfles* vertritt, muß zudem abstrakt bleiben, solange sie die eigentlichen Kommunikationsfunktionen und die sozialen Wirkungszusammenhänge der Produktform nicht untersucht und erfaßt. Die semiotische Analyse hat an dieser Stelle bisher versagt. Auch ein neuerer Ansatz von *Bense* zur differenzierten semiotischen Bestimmung der Designobjekte bleibt ein Versuch, der den Bereich der Pragmatik zwar benennt und systematisch überzuordnen bemüht ist, jedoch über die durch Design zu bewirkenden sozialen Benutzerbeziehungen nichts aussagt[6].

Solange aber der pragmatische Aspekt, also jener Bereich der Semiotik, der die Beziehungen zwischen den Zeichen und ihren Benutzern meint und erforscht, kaum oder nicht berücksichtigt wird, erweist sich die semiotische Analyse gegenüber der sozialen Realität und der gesellschaftlichen Funktion des Design als unbrauchbar. Eine wissenschaftliche Pragmatik müßte, wie *Klaus* definiert, soziologische, verhaltenspsychologische, sprachpsychologische und historisch-materialistische Analysen methodisch vorantreiben[7].

Förtsch kennzeichnet drastisch den Mangel an Berücksichtigung des pragmatischen Aspekts in der gegenwärtigen semiotischen Betrachtungsweise:

»Es wäre durchaus denkbar, daß ein Fallbeil oder eine Atombombe wegen ihrer syntaktischen Richtigkeit und ihrer semantischen Stimmigkeit einen Preis für eine gute Form bekommen könnten[8].«

Wissenschaftliche Pragmatik hätte die Wirkungsweise der wahrgenommenen und benutzten Designobjekte in der gesellschaftlichen Umwelt bzw. die Beziehungen der Gebraucher zu den Objekten und Systemen der materiellen Umwelt und ihren Bedeutungen zu untersuchen und gegebenenfalls als erkennende Theorie den Versuch einer Korrektur vorzuschlagen.

Verstehbarkeit von Bedeutungsgehalten ('Semantizität') ist ja lediglich ein Zustand, eine Eigenschaft von Objekten. Kommunikation hingegen ist ein Vorgang, der diese Eigenschaft voraussetzt und erweitert, ein Umgang mit Bedeutungen.

Da die soziale Utopie des Design auf den Abbau verfälschter Normen der Kommunikation drängen und wenigstens Chancen der herrschaftsfreien Kommunikation im Entwurf bereitstellen muß, sind Möglichkeiten zu suchen, wie die Norm der Warenkonformität, die Bedeutungen verfälscht, unterlaufen werden könnte.

1 Vgl. Rolf Garnich, Konstruktion, Design und Ästhetik / Allgemeine mathematische Methode zur objektiven Beschreibung ästhetischer Zustände im analytischen Prozeß und zur generativen Gestaltung im synthetischen Prozeß von Design-Objekten, Esslingen 1968 (Selbstverl. d. Verf.)

2 Gillo Dorfles, in: design? Umwelt wird in Frage gestellt, IDZ 1, hrsg. vom Themakreis im Internationalen Design Zentrum, Berlin 1970, S. 38 f.

3 Protokoll des Seminars ›Bedürfnisse von Stadtbewohnern‹ an der TU Hannover, 1971 (Leitung: Heide Berndt), Typoskriptkopie, S. 4

4 Vgl. Hartmut Seeger, Syntaktik und Semantik, Zur Praxis und Pädagogik des Design, in: form, Nr. 46/1969, S. 34 ff.

5 Alfred Lorenzer, in: design? Umwelt wird in Frage gestellt, a. a. O., S. 83

6 Vgl. Max Bense, Zeichen und Design, Semiotische Ästhetik, Baden-Baden 1971, S. 77–83

7 Vgl. Georg Klaus, Wörterbuch der Kybernetik, Bd. 2, Frankfurt/Hamburg 1969, S. 480 ff.

8 Hans Förtsch, Formgebung, Warenästhetik und Konsum, Diskussionsbeitrag anläßlich der Eröffnung des IDZ in der Akademie der Künste Berlin, 19. 4. 1970, Typoskriptkopie, S. 4

VI Design und Massenkommunikation
– Ein Regelkreis-Modell

Kommunikation über das Medium Produkt- und Umweltform ist heute Massenkommunikation, das steht außer Zweifel. Es sei noch dahingestellt, ob unter dieser Voraussetzung die Utopie der herrschaftsfreien Kommunikation und sozialen Interaktion eine die gestalterischen Realisationsmöglichkeiten insgesamt übersteigende Vorstellung ist, die das, was heute noch unter Design verstanden werden kann, weitgehend sprengt und eine neue Definition des Designbegriffs, mindestens aber der Ziele und Strategien verlangt.

Der utopische Entwurf von Umweltformen war historisch jeweils ein Entwurf von Welt, Umweltgestaltung eine Art von Weltumgestaltung; das war die durchgehende Utopie des Design, die sich in exemplarischen 'Zeichen' während seiner Geschichte zum Ausdruck brachte, aber niemals sozial verbindliche Wirklichkeit wurde. Wie weit nun die Prozesse der Massenkommunikation in der Regelhaftigkeit ihrer Abläufe und Bestimmungen die Realisation solcher Utopie bloß endgültig verhindern oder ob innerhalb des Systems selbst strategische Ansätze zur Veränderung angedeutet sind, soll ein analytisches Modell klären helfen.

Bei der Übertragung dieser Kommunikationsprozesse auf ein Modell der Regelungstheorie, eines Teilgebietes der Kybernetik, lassen sich die Gesetzmäßigkeiten gesellschaftlicher Wirkung und Rückwirkung der Informationsflüsse übersichtlich auf ihr Prinzip vereinfacht darstellen, wobei auch nochmals der ökonomische und kulturellnormative Funktionszusammenhang der Bestimmungen des Design deutlich wird. So stellt das folgende Modell auch ein vereinfachendes Resümé der bisher hier entwickelten Problematik dar.

Um Mißverständnissen vorzubeugen, sind jedoch einige Vorbemerkungen unerläßlich. Das Modell operiert zwar in der pragmatischen Dimension, bedarf aber noch der exakteren wissenschaftlichen Beweisführung ebenso wie einer entsprechenden Differenzierung.

Es dient erstens der Veranschaulichung von Prozessen, die in Wirklichkeit sehr viel komplexer verlaufen; wie bei allen Modellen dieser Art im Bereich der Informationstheorie und Informationspsychologie bestehen gewisse Bedenken hinsichtlich der Übertragung mechanistischer Vorstellungen auf den Bereich humaner Kommunikationsprozesse[1].

Das Modell ist also zu verstehen als ein Funktionsschema zur notwendig abgekürzten Visualisierung von Wirkungszusammenhängen, die sich anders kaum übersichtlich darstellen lassen.

Zweitens kann es in seiner grafischen Ausformung nicht die nötigen Begründungen bzw. Hinweise auf die differenzierten Wahrnehmungs-, Selektions- und Verhaltensaspekte, die in Wirklichkeit den Kommunikationsabläufen abzugewinnen sind, enthalten.

Drittens handelt es sich um ein eher pädagogisches Modell, das auf vorhandenen wissenschaftlichen Modellen summarisch aufbaut, in denen Teilprozesse, einzelne Feldfaktoren oder auch Gesamtsysteme unter spezieller Problemstellung schon behandelt und dargestellt worden sind[2]. Insoweit ist es also ein vergröberndes hypothetisches Diskussionsmodell.

Aber auch alle wissenschaftlich differenzierten Modelle, die mit sozialen Zusammenhängen operieren, leiden an einem grundsätzlichen Mangel. *Zoll/Hennig* weisen darauf hin:

»Auch wenn man wie Maletzke in seinem 'Schema des Feldes der Massenkommunikation' »soziale Beziehungen« berücksichtigt, so kann man nur mitteilen, daß es diese gibt, die Beziehungen selbst aber nicht verdeutlichen[3].«

In unserem Fall wird schließlich die Berechtigung zur einfachen, allerdings wohl empirisch nachvollziehbaren Modellierung aus der hohen Funktionswahrscheinlichkeit des im Modell zum Ausdruck gebrachten Prinzips abgeleitet.

Folgende Voraussetzungen sind zu berücksichtigen:

1 Designobjekte übermitteln produktsprachlich codifizierte Informationen.

2 Produktgestaltung und Werbung für die Produkte bilden einen Medienverbund für koordinierte Informationsmaßnahmen. Beide sind allgegenwärtig und öffentlich, jedoch dem direkten Zugriff und der Einwirkung des Konsumenten entzogen. Damit entsprechen sie den Funktionen von Massenmedien.

3 Massenkommunikation ist immer indirekt und verläuft eingleisig[4]. Sie unterscheidet

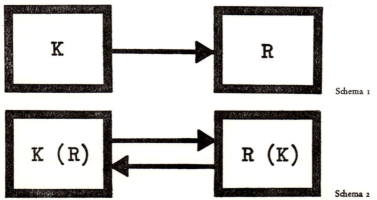

Schema 1

Schema 2

sich von zwischenmenschlicher Kommunikation dadurch, daß der Informationsfluß in einer Richtung verläuft, nämlich vom Kommunikator (K) zum Rezipienten (R) hin, der als Konsument der Information sich weitgehend passiv verhalten muß (Schema 1).

Nur in der direkten zwischenmenschlichen Kommunikation ist eine direkte Antwort auf eine Aussage möglich (Schema 2).

4   Die Möglichkeit zu gelegentlicher spontaner Antwort im Prozeß der Massenkommunikation, auf die *Maletzke* hinweist[5], bleibt unberücksichtigt, da sie qualitativ und quantitativ hier nicht ins Gewicht fallen dürfte.

5   Die Psychologie der Massenkommunikation hat die Eigenart der Massenmedien, die Gesetze der Abhängigkeit der Kommunikationspartner untereinander und von den Medien sowie die Rolle der Wertvorstellungen im verbindlichen sozialen Rahmen untersucht. Die Ergebnisse können hier nicht referiert, müßten aber zum Verständnis von Einzelfunktionen bzw. Teilfeldern des im folgenden entwickelten Schemas herangezogen werden[6].

6   Obwohl der Informationsfluß innerhalb der Massenkommunikation einseitig verläuft, ist das Bild einer Informations-Kette zu verwerfen. Im Modell der Informations-Kette (Schema 3) würde jedes neue Produkt bzw. jede neue Produktaussage den Anfang und jeweils der Verbrauch oder Empfang der produktsprachlichen Mitteilung das Ende der Kette bzw. des Prozesses bedeuten.

Schema 3

Aus dem Bild geht lediglich hervor, daß der Produzent sich nicht direkt an den Konsumenten wendet, sondern sich über eine Institution zur Bündelung informativer Maßnahmen verständlich macht. Nicht berücksichtigt wird in diesem Schema, daß der Absatz und Konsum eines Produkts Rückwirkungen auf die Produktplanung und von dort wiederum auf Design und Werbung haben muß; denn erst eine Rückkoppelung bestätigender oder korrigierender Informationen kann entsprechende Korrekturmaßnahmen bei der Produktplanung nach sich ziehen, deren Ziel ja die Erhaltung oder Steigerung des Absatzes ist. Denkbar ist dieser Ablauf nur in Kreisform, wie sich überhaupt im Humanbereich die Vorstellung von der Kreisförmigkeit der Kommunikationsabläufe durchgesetzt hat[7].

Das Schema des Informationsflusses in Kreisform (Schema 4) zeigt noch einmal, daß Produzenten und Konsumenten nicht in direktem Informationsaustausch stehen. Den Konsumenten erreichen nur produktsprachliche Aussagen, flankiert von den audiovisuell vermittelten Zusatzaussagen der Werbung oder vorweggenommenen Surrogat-Informationen[8]. Nur im Feedback der Konsumentscheidungen bzw. durch die Anzahl

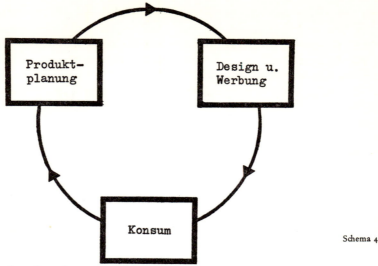

Schema 4

der gekauften und verbrauchten Produkte tritt der Konsument mit dem Produzenten in 'Kommunikation'.

Die Aktivität des Konsumenten ist hierbei auf die Selektion aus dem Informations- und Warenangebot und auf den anschließenden Konsum beschränkt. Das Feedback an den Produzenten erfolgt quasi automatisch als Erfolgsmeldung; er braucht nur produzierte und abgesetzte Stückzahl zu vergleichen, um weitere differenzierende und korrigierende Informationsmaßnahmen treffen zu können. Unter dem herrschenden ökonomischen Zwang wird er solche Maßnahmen zur Optimierung seiner Produktinformationen treffen – über Design und Werbung –, welche eine 'richtige', d. h. gewünschte Rückantwort garantieren, welche also den Absatz steigern, mindestens aber erhalten.

Hier drängt sich nun geradezu das Modell des Regelkreises auf: Ein Regelkreis ist »ein Rückkoppelungskreis, der dazu dient, eine veränderliche Größe von Störungseinflüssen unabhängig zu machen, so daß sie stets einen vorgebenen Wert hat«[9]. Der Regelkreis (auch Regelsystem, Servo-Mechanismus, feedback control system) »stellt ein geschlossenes Rückkoppelungssystem dar, das gegenüber äußeren oder inneren Einwirkungen relativ stabil bleibt«[10].

Als veränderliche Größe, die von Störeinflüssen unabhängig gemacht werden soll, hat hier das Konsumverhalten bzw. die allgemeine Konsumbereitschaft zu gelten, die sich meßbar in den Absatzziffern der Produkte ausdrückt. Diese wiederum sind sowohl von der Kaufkraft als auch von den Einstellungen und Konsum-Normen der Zielgruppen abhängig.

In der Schema-Zeichnung 5 werden die Rückkoppelungsmechanismen des Regelkreises von Produktion und Konsum sowie die Funktion von Design und Werbung verdeutlicht: Der Konsument wird auf verschiedene Weise direkt und indirekt ange-

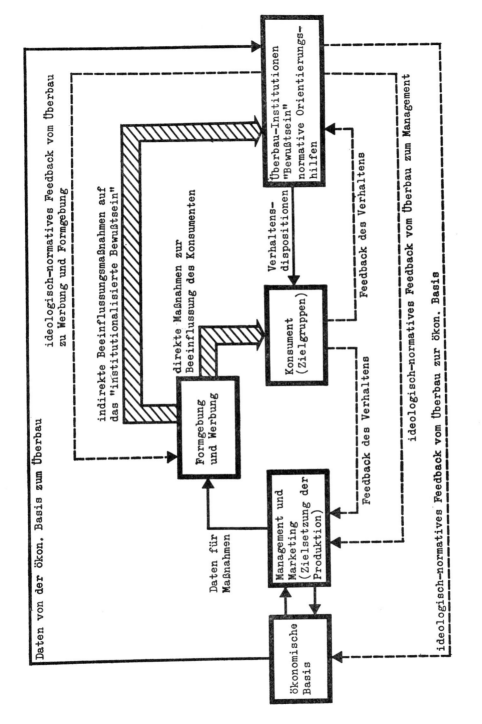

Angewandtes Regelkreismodell (Schema 5)

sprochen oder 'manipuliert'. Freilich ist das Funktionsschema nur eine grobe Vereinfachung auf das Grundmuster der kommunikativen Prozesse, die von ökonomischen
Bestimmungen geleitet werden. *Maletzke* bezeichnet das Beziehungsfeld der Massenkommunikation allgemein als ein »kompliziertes dynamisches System von Dependen-
zen und Interdependenzen aller Faktoren«[11], die sich schematisch nicht voll darstellen
lassen. Aber das Modell macht anschaulich, in welcher engen Beziehung die ökonomischen Interessen der Produktion und ihre Ideologien stehen, wie sie sich quasi 'gegen-
seitig' regeln oder bestätigen in einem stabilen System der Informationsflüsse und
-rückflüsse, das auf Selbstregulierung bei Abweichungen oder auftretenden Störungen
angelegt ist. Der Rückfluß bestätigender Normen aus dem gesellschaftlichen Überbau
in die Produktions- und Konsumwirklichkeit ist dabei von besonderer Bedeutung; das
im Prozeß der Massenkommunikation hergestellte oder erhaltene verkürzte Bewußtsein wird zum besonderen Stabilitätsfaktor. Massenmedien im weitesten Sinne sind ja
Werbeträger, Instrumente der Meinungs- und Willensbildung und Sozialisationsfaktor[12]; denn »es steht außer Frage, daß die Moral- und Wertvorstellungen des Menschen,
daß seine Verhaltensdisposition, seine Bezugssysteme heute durch die Medien geformt
werden«[13].

Man muß dabei vergegenwärtigen, wer heute überhaupt öffentlich etwas zum
Design sagt. Es sind nie die Verbraucher, deren 'Antwort' sich ja gegenwärtig auf das
Feedback des Verbrauchs zu beschränken hat, sondern immer die Produzenten. Sie
sorgen für einen unablässigen Informationsfluß über Produktsprache und Werbeträger
auf dem Kanal der direkten Werbung ebenso wie für die entsprechenden Informationsmaßnahmen auf indirektem Wege über die 'Bewußtseinsindustrie', die Überbau-Institutionen und kulturellen Organe in ihrer ganzen Vielgliedrigkeit, die breite Einflußnahme und das Einüben gewünschter Werthaltungen garantiert.

Man darf vermuten, daß die direkten und indirekten Informationsmaßnahmen zu
einer Tendenz zusammenlaufen: Bei Ausschluß des Konsumenten als aktiv kommuni-
zierendem Partner, dessen Bedürfnis jeweils nur Mittel zum Zweck der Produktion
sein und daher nicht langfristig und voll befriedigt werden darf, muß das öffentliche
Interesse am Design mit dem privaten Interesse der Produzenten am möglichst hohen
Absatz spezifisch dafür gestalteter Produkte übereinstimmen. Denn 'öffentlich' wird
allemal nur dieses Privat-Interesse. Konsumlust und spezifisches Konsumverhalten,
wohlgeplant normativ immer wieder abgestützt und von geltender Ideologie umfangen,
erweisen sich als von diesem Interesse determiniert und auf dieses Interesse bezogen.
Auch die Unterhöhlung und die Verfälschung authentischer Gebraucherbedürfnisse
lassen sich so am Regelkreismodell erklären.

An dieser Stelle muß aber die verbreitete Meinung von der übermächtigen Mani-
pulationskraft direkter Werbemaßnahmen und der grenzenlosen Beeinflußbarkeit des
Konsumenten etwas korrigiert werden. Denn »die Vorstellung von der unendlichen
Manipulierbarkeit der Subjekte im Sinne ihrer Funktion als Konsumenten ist sicher
falsch; es gibt eine Reihe intervenierender Variablen, die beachtet werden müssen«[14].

Die Selektion aus dem Informationsangebot (Design und Werbung) erfolgt nach bestimmten vorhandenen Reaktionsdispositionen des Verbrauchers[15], Kauf und Verbrauch bestimmter Produkte sind also nicht von direkter Werbung zu erzwingen, wenn diese nicht bestimmte Normen und Übereinkünfte berücksichtigt. Zwar richtet sich der Produzent als Sender im Prozeß der Massenkommunikation mit seinen direkten Maßnahmen über Produktsprache und Werbemedien schon darauf ein:
»Der Kommunikator nimmt nicht nur die wahrgenommenen Reaktionen des Partners auf die letzte eigene Aussage sowie sein gesamtes Bild vom Partner in seine nächste Aussage hinein, sondern er nimmt auch schon prospektiv die vermutlichen Reaktionen des Rezipienten auf seine Aussage vorweg, und diese vorweggenommenen Antworten beeinflussen bereits die jetzige Aussage entscheidend mit[16].«
Banal spiegelt sich dieser Vorgang etwa in der Behauptung von Produzenten, man produziere, was der Verbraucher wünsche; denn das Marketing muß zur Minderung des Absatzrisikos möglichst viele Reaktionen des Verbrauchers vorauskalkulieren und diese Daten berücksichtigen.

Aber verläßlich ist dieses Prinzip des Vorwegnehmens von Reaktionen erst, wenn man die Reaktionsdispositionen kennt, wenn sie wirklich berechenbar und voraussehbar werden. Eine gemeinsame, verbindliche Ideologie von Produzenten und Konsumenten schafft hier einen brauchbaren Aktionsrahmen, im Regelkreis wird nun der ›Bewußtseins-Kommunikator‹ bedeutsam. Mit großer Wahrscheinlichkeit liegt eben dort, wo Normen und Einstellungen produziert und bestätigt werden, der Schlüssel zum Problem der Manipulierbarkeit, weniger bei der direkten Absatzwerbung.

Horn bemerkt, daß höchstens auf Gebieten, wo keine fest strukturierten Interessen vorliegen, direkte Beeinflussung möglich sei, und alles, was nicht in den jeweiligen Motivationszusammenhang passe, von der selektiven Wahrnehmung und vom Gedächtnis aussortiert werde[17]; direkte Werbung könne daher eine bestehende Einstellung nur tendenziell verstärken. Auch *Klapper* führt aus, daß Massenkommunikation eher ein Mittel der Bestätigung als der Veränderung sei[18].

Wie die relative Ineffektivität direkter Werbung und direkter Konfrontation mit den gestalteten Produkten wieder aufgefangen werden kann, läßt sich an der Funktion der Überbau-Institutionen als ›Bewußtseins-Kommunikator‹ im Regelkreismodell ablesen. Dort werden genau jene Normen und Einstellungen als Motivationshilfen bestätigt, die der Erhaltung des Kreislaufs von Produktion und Konsum dienlich sind, dort wird die gesellschaftliche Übereinkunft auf den Sinn des Konsumierens schlechthin und auf besondere Werthaltungen gegenüber besonderen Gütern gefestigt.

Wenn dem Faktor Bewußtsein und allen Maßnahmen zur Abstützung allgemeiner oder gruppenspezifischer Normen und Verhaltensdispositionen einschließlich der Erhaltung und Überlieferung der geltenden Ideologie des Design tatsächlich eine solche Bedeutung zukommt, so wird gerade hier der strategische Ansatz für eine Veränderung zu suchen sein, mindestens solange direkte Eingriffe in den Produktionsprozeß unter den gegenwärtigen Macht- und Interessenverhältnissen unmöglich sind.

Wenn überdies alle kritischen Folgerungen der vorliegenden Studie zur tatsächlichen Wirkungsweise der Designobjekte im sozialen Bezugsfeld der Konsumentengruppen zutreffen, so bleibt als nüchterne Erkenntnis, daß soziale Utopie nicht mehr – wie in der Hoffnung des Bauhauses und seiner Tradition – an der Gestalt der Dinge festgemacht werden kann. Ihre Realisation fordert andere, politisch-fundamentale und auf gesellschaftliche Umwelt als Interaktionsrahmen bezogene Strategien; denn die Idee der Verbesserung von Produkt- und materieller Umweltform hat sich als nicht tragfähig und zur Emanzipation von gesellschaftlichen Zwängen und verfälschten Bedürfnissen als ungeeignet erwiesen. Aus diesem Wissen hat sich heute gerade bei kritischen Designern ein Bewußtsein der eigenen Ohnmacht ausgeprägt.

1   Vgl. Colin Cherry, Kommunikationsforschung – eine neue Wissenschaft, New York/Frankfurt 1967, S. 86 ff.
2   Vgl. das bio-physikalische Reiz/Reaktionsschema von Klaus, die Feedback-Modelle von Dröge und die Feldschemata zur Massenkommunikation von Maletzke, abgebildet z. B. bei: W. A. Koch, Varia Semiotica, Hildesheim/New York 1971
3   Ralf Zoll/Eike Hennig, Massenmedien und Meinungsbildung, Angebot, Reichweite, Nutzung und Inhalt der Medien in der BRD, München 1970, S. 19 f.
4   Vgl. Gerhard Maletzke, Psychologie der Massenkommunikation, Hamburg 1963, S. 23 f.
5   Vgl. a. a. O., S. 41
6   Vgl. z. B. zum ›Zwang des Mediums‹, zum ›Bild vom Rezipienten beim Kommunikator‹, zum ›Bild vom Kommunikator beim Rezipienten‹ und zum ›Zwang der Aussage bzw. des Programms‹, Maletzke, a. a. O., S. 98–186
7   Vgl. Maletzke, a. a. O., S. 19 f.,
    sowie P. Watzlawick/J. H. Beavin/D. D. Jackson, Menschliche Kommunikation, Formen, Störungen, Paradoxien, Bern/Stuttgart/Wien 1971, S. 47. f.,
    sowie Hermann Glaser (Hrsg.), Kybernetikon, München 1971 (Hier werden schon pragmatisch-pädagogische Modellvorstellungen entwickelt.)
8   Vgl. Theodor Ellinger, Die Informationsfunktion des Produkts, Köln/Opladen 1966, S. 260
9   Lexikon der Kybernetik, hrsg. von A. Müller, Quickborn 1964, S. 132
10 Georg Klaus (Hrsg.), Wörterbuch der Kybernetik, Bd. 2, Frankfurt/Hamburg 1969, S. 521
11 Maletzke, a. a. O., S. 37
12 Vgl. Zoll/Hennig, a. a. O., S. 12
13 A. a. O., S. 31
14 Klaus Horn, Zur individuellen Bedeutung und gesellschaftlichen Funktion von Werbeinhalten, in: Ralf Zoll (Hrsg.), Manipulation der Meinungsbildung, Opladen 1971, S. 205
15 Vgl. Horn, a. a. O.
16 Maletzke, a. a. O., S. 107
17 Vgl. Horn, a. a. O., S. 205
18 Vgl. Joseph T. Klapper, Die gesellschaftlichen Auswirkungen der Massenkommunikation, in: Wilbur Schramm (Hrsg.), Grundfragen der Kommunikationsforschung, München 1970, S. 89 f.

VII Politisierung und Resozialisierung des Design

1 Hoffnungslosigkeit und Hoffnung der sozialen Utopie – Konturen einer Strategie

Offenkundig erscheint heute die Verwirklichung sozialer Utopie im Design unter den gegenwärtigen Produktionsverhältnissen aussichtslos. Damit aber gerät auch jede Hoffnung auf Veränderung oder Beeinflussung gegenwärtiger gesellschaftlicher Verhältnisse durch form- oder umweltgestalterische Maßnahmen unter den Verdacht purer Irrationalität.

Nichtsdestoweniger aber ist die radikale Politisierung der Theorie des Design gegenwärtig unausweichlich, sie war schon historisch vorgezeichnet.

Faßt man zusammen, was an aufgestauter, ohnmächtiger Kritik und Erkenntnis heute der herrschenden Praxis gegenübersteht, so bleibt gar nichts oder nur sehr wenig übrig von der einst so hoffnungsfrohen Utopie. In der Tat kann nicht abgeleugnet werden, daß die Verbesserung der Lebensbedingungen über eine gezielte, noch so verantwortungsvolle Ästhetisierung des Güterangebots in der formierten Konsumgesellschaft historisch nicht mehr möglich, also der Versuch dazu lediglich ideologisch ist. »Ohne irgend etwas anderes zu verheißen als das Glück der Warenbesitzer, ohne Anknüpfungspunkte für Dysfunktionales, Spontanes, über das Gegebene Hinausgehendes, frißt sich das Industrial Design durch die Wohnungen hindurch, überzieht noch den letzten Winkel einer anderen Lebensweise mit seiner platten Rhetorik und erfaßt nach und nach immer weitere Kreise der Gesellschaft. Weil es dabei gegen den Kitsch vorgeht, gegen Spitzendecken und repressiven Muff, erntet es den Beifall derer, die, weil sie grundsätzliche Veränderungen nicht für nötig halten, 'Verschönerungen' eilfertig bejubeln. Aber in Wahrheit erhält die Repression nur ein anderes Gewand, werden die Elemente des falschen Bewußtseins weiter verstärkt, wird ein ihnen angemessenes Sozialklima weiter geschaffen.

Der Anspruch, zur Errichtung einer menschlicheren Umwelt beizutragen, ist innerhalb des kapitalistischen Industrial Design nicht zu verwirklichen[1].«

Um Mißverständnissen vorzubeugen: Auch die staatskapitalistisch dirigierte Produktgestaltung in den sogenannten sozialistischen Ländern fällt darunter; man braucht sich die mit einiger Verzögerung jeweils dem westlichen Produktstandard angeglichenen oder nachempfundenen Konsumobjekte nur vergleichend anzusehen[2].

Man könnte hinzufügen, daß auch das Investitionsgüterdesign keine wesentlich andere Rolle spielt. Die 'Humanisierung' und 'Verschönerung' des Arbeitsplatzes, die ergonomische und die organisatorische Optimierung der Systeme der Arbeitswelt dienen letztlich einem Zweck: dem der besseren Ausnutzung derer, die nur ihre Arbeitskraft als Ware anzubieten haben.

Daß das herrschende Design Herrschaft reproduziert, ist nicht zu leugnen. Diese Einsicht aber hat heute praktische Folgen: eine Welle der spürbaren Verweigerung besonders in den Schulen für Design und einen fatalen Rückzug in bloße Theorie und Kritik, neben folgenlosen Parolen wie 'Zerschlagt das kapitalistische Design!' an Stelle reflektierter Strategien. Man schlägt den Sack und meint den Esel, und man tauscht zu leicht die schöne Konsequenz in der Kritik mit der totalen Wirkungslosigkeit in der Praxis ein. Zudem ist die momentane Zerschlagung des Design eine Fiktion, ein bloßer Wunschtraum. Die 'gefesselte Produktivkraft' Design wenigstens schrittweise zu befreien, scheint der soziologischen Phantasie der Kritiker des Design nicht mehr möglich. Das ist das Ende der Utopie, nur sehen einige totale Verweigerer nicht die paradoxen Folgen; denn »das Verschwinden der Utopie bringt eine statische Sachlichkeit zustande, in der der Mensch selbst zur Sache wird«[3].

Dieser von *Mannheim* gekennzeichnete Zustand aber ist genau der unbewußte Wunschtraum aller Pragmatiker der Anpassung. Wenn er tatsächlich erreicht und hinfort kritiklos hingenommen wird, ist der Regelkreis des kapitalistischen Design verewigt.

Zum Verzicht auf die konkrete Utopie bemerkt *Enzensberger*:
»Auf solche Weise wird eines der wichtigsten Felder des politischen und gesellschaftlichen Bewußtseins kampflos geräumt und der konterrevolutionären Propaganda überlassen[4].«

Aber vervollständigen wir zunächst den Negativ-Katalog des Design. Nicht wegzudiskutieren ist die nahezu vollständige Abhängigkeit des Designers von der Industrie, die nicht nur eine Lohnabhängigkeit ist:
»Der auftrag impliziert bei der heutigen macht des auftraggebers das endgültige resultat[5].«

Ebenfalls nicht zu übersehen ist die Entfremdung des Designers vom Resultat seiner Arbeit und den Gebraucherzielen durch einen riesenhaften abstrakten Apparat und die Gesetze des Massenkonsums und seiner Anonymität. *Nelson* sagt:
»Ich kenne weder Herrn General Motor, noch Herrn Fiat, noch Herrn Telefunken ... Wir kennen sie nicht mehr, weil sie eine abstrakte Form angenommen haben ... Den Kunden ... gibt es nicht als Individuum; er ist eine Abstraktion, eine Statistik. Haben sie einmal eine Statistik geliebt[6]?«

Aber dennoch wird das Wenige, der winzige Rest an eingeschrumpfter sozialer Utopie, von einigen kritischen Realisten formuliert, die den Versuch des Eingreifens in die Mechanismen noch nicht aufgegeben haben.

Bonsiepe fragt, ob in einer Warengesellschaft eine nicht-affirmative Design-Praxis überhaupt möglich sei und stellt fest, daß man dennoch durch totale Verweigerung nur die Konsequenz in der Theorie mit der Wirkungslosigkeit in der Praxis eintauscht:

»Um sich aber nicht gelähmt einem Defaitismus zu überantworten, wären jene interstitiellen (in den System-Lücken liegenden, Anm. d. Verf.) Freiheiten zu nutzen, die
sich – allem zum Trotz und allem Anschein zum Trotz – noch auftun. Dabei kommt
dem industrial design eine therapeutische, korrigierende, präventive Funktion zu: dem
anarchischen Charakter der Artefaktenumwelt durch ordnende Bestrebungen Widerstand entgegenzusetzen. Design also unter anderem als ein Palliativ? Bis auf weiteres,
ja, wenn dadurch der Irrsinn eingedämmt wird[7].«

Auch *Buckminster Fuller* spricht vom »Präventiv-Design«[8], wobei aber die Gefahr
nicht ausgeschlossen ist, daß 'social engineering' und 'social design' nicht neue, konter-
revolutionäre Herrschaftsstrukturen errichten; eine Kritik *dieses* real-utopischen Kon-
zepts lautet daher:

»Nun wird klar, worauf Fullers Sinnspruch der design science, 'versuche nicht, den
Menschen zu ändern – verändere seine Umwelt', hinauslaufen muß: indem Gesellschaft
als Umwelt, Soziologie als Ökologie gefaßt wird, hofft der Planer, der gesellschaftlichen
Widersprüche und der darin angelegten politischen Umwälzungen durch 'Präventiv-
Design' rechtzeitig Herr zu werden[9].«

Dennoch, solange diese Umwälzungen, also Revolution, nicht stattgefunden haben,
bleiben nur die kleinen, realen Hoffnungen. *Tochtermann* sieht Aufgabe und Chance
des Design so:

»Trouble-Making, permanente Diskussion des know-why. Verhindern der Verselbständigung des know-how-Apparates, In-Frage-Stellen der Präferenzen der Technik-
Fetischisten[10].«

Schwendtner, der in dieser Hinsicht meint, wer mit dem Teufel frühstücke, müsse
einen langen Löffel haben, setzt den radikalen Verweigerern, die auf die Revolution
hoffen, entgegen:

»Aus fünfzigjähriger Erfahrung wissen wir, daß die Vergesellschaftung der Produktionsmittel keine Humanisierung der Gesellschaft garantiert. In Plänen, in Entwürfen
zu dieser Humanisierung liegt die berechtigte Aufgabe von Design-Projekten im weiten
Sinne des Wortes. Die Vergesellschaftung der Produktionsmittel ist eine notwendige
Vorbedingung zur Humanisierung der Umwelt. Aber keine hinreichende[11].«

Hier wird die Vermutung ausgesprochen, daß Design auch im Falle einer Revolution
notwendig, ja sogar notwendig wiederum als Korrektiv sein wird.

Schwendtner sieht die Aufgabe eines politisierten Design so:

»'Design muß heißen: Entwurf einer humanen Umwelt'. Entwurf einer humanen Umwelt muß heißen: Bekämpfung aller, die eine humane Umwelt verhindern, bei gleichzeitiger Erstellung und punktweiser Vorwegnahme konkreter Utopien für nachher[12].«

Eine politische Strategie wird hier mit der Strategie des Design verknüpft. Wir
müssen nun überprüfen, ob solche Hoffnung auch rational, d. h. projektiv-planerisch
auch unter den noch nicht veränderten gesellschaftlichen Verhältnissen operational ist.

Ein strategischer Ansatz dürfte gerade aus dem hypothetisch als wahrscheinlich vorausgesetzten Funktionieren des schon beschriebenen Regelkreis-Modells abzuleiten sein.

Betrachtet man das geschlossene Regelkreis-System (vgl. Schema 5), in welchem sich modellhaft automatisch der Prozeß der Stabilisierung und Reproduktion der herrschenden Verhältnisse unablässig vollzieht, dann erscheint zunächst jede Hoffnung auf Veränderung irrational.

Die sich mit der Regelungstheorie auseinandersetzende Kommunikationswissenschaft leitet jedoch gerade aus dem Funktionsprinzip des Regelkreises bzw. aus der immanenten Logik des Denkmodells eine solche Möglichkeit ab.

Cherry vermutet: »Wenn in einem stabilen Servomechanismus eine Rückkopplungsschleife unterbrochen wird, so daß am Eingang die Größe des Fehlers nicht mehr gemessen und automatisch korrigiert werden kann, gerät das ganze System leicht in heftige Schwingungen[13].«

Stahl hält das Kommunikationsmodell des Regelkreises im Sinne pädagogischer und politischer Kybernetik bei bestmöglicher Nutzung gruppendynamischer Erkenntnisse sogar für systemüberschreitende Weiterentwicklungen geeignet[14], und *Klaus* spricht von »kumulativer Rückkoppelung« für den Fall, in dem Rückwirkungen so geartet sind, daß die Stabilität des Regelsystems nachhaltig gestört bzw. nicht mehr ausgeglichen werden kann[15].

Eine bestimmte Art der Rückkoppelung könnte daher vielleicht zur qualitativen Veränderung oder zur Zerstörung des auf seine Erhaltung konzipierten kommunikativen Systems führen. Für die konkret-utopische soziale Theorie des Design deutet sich so eine neue Aktionsbasis an. Ihre Bezugspunkte wären dann nicht mehr jene zufälligen »interstitiellen Freiheiten« *(Bonsiepe)* allein, welche das System selbst noch unaufmerksam gewährt, sondern auch und vor allem der 'Bewußtseinskommunikator', wie ihn unser Modell definiert. Von ihm aus sollte und müßte es möglich sein, die »Verfälschung der Bedeutungen und die Verfälschung der Normen der Kommunikation« *(Lorenzer)* allmählich abzubauen und durch andere Beziehungen zu ersetzen, so daß freie Interaktion in der gestalteten, durch materielle Faktoren und ihre Wirkung jeweils 'ästhetisch' umgrenzten gesellschaftlichen Umwelt möglich wird.

Wie schon nachgewiesen, kann dieser Prozeß nicht durch oberflächlich verbesserte Umwelt- und Produktgestalt, durch 'gute' Form und ähnliche Konzepte eines scheinneutralen und passiv zu konsumierenden Angebots in Gang gesetzt werden. Voraussetzung ist vielmehr ein auf lange Frist zu planender und immer wieder zu reflektierender Prozeß der Aufklärung und Erziehung über jene Institutionen, die Bewußtsein bilden, durch Kritik und Agitation, durch politische Bewußtseinsaktivitäten in einem traditionell als unpolitisch verstandenen ästhetischen Bereich, mit dem Ziel einer allmählichen autonomen Neubestimmung von Bedürfnissen, die schließlich als 'negatives' Feedback vom herrschenden Produktivitätsinteresse nicht mehr unter Kontrolle gebracht und für sich dienstbar gemacht werden können.

Auch in der Praxis des Design hat man schon nach Auswegen gesucht. So sagt *Aicher:* »sicher gibt es kein design ohne produzent, aber gerade dieser sollte ausgetauscht werden. er könnte öffentlichkeit heißen[16].«

(Über den Zwang, den eine unveränderte, durch Gewaltverhältnisse gesteuerte, normenstabilisierte und durch Mangel an Spontaneität in der Bedürfnisäußerung der Menschen gekennzeichnete 'Öffentlichkeit' auf den Designer dabei immer noch ausübt, dürfte *Aicher* sich nach Ausführung seines Olympiade-Auftrags wohl keine Illusionen mehr machen, auch nicht über die gesellschaftliche Wirkungslosigkeit seiner nichtverbalen Kommunikations- und Interaktionsvorschläge über Formen und Farben[17].)

Dem Fernziel der Öffentlichkeit jeder Gestaltung, das sowohl die Öffentlichkeit als Auftraggeber als auch die jeweils individuelle Aneignung und den richtigen Gebrauch der gestalteten öffentlichen Güter impliziert, muß erst das Bewußtsein von der Notwendigkeit einer neuen Öffentlichkeit vorausgehen. Es herzustellen oder ihm eine Basis zu schaffen ist u. a. Aufgabe der Kritik des Design und seiner heruntergekommenen sozialen Theorie.

Aber auch die Verwirklichung dieses konkret-utopischen Nahziels bleibt gebunden an vorhandenes, einsetzbares Potential zur gesellschaftlichen Veränderung. Es scheint sich in Teilbereichen der Überbauinstitutionen auszuformen und zu Bewußtsein zu kommen, denkt man etwa an die neue didaktische Theorie der *'Visuellen Kommunikation'* für die allgemeinbildenden Schulen, die solche Vorstellungen zur Bewußtseinsveränderung konkret entwickelt hat und gegenwärtig in der Praxis die Grenzen des unter den gegebenen Verhältnissen noch Erreichbaren erkundet. (Die Bezeichnung des neuen Unterrichtsfeldes meint dabei genau das Gegenteil der total ideologisch verfremdeten Bedeutung des Begriffs 'Kommunikation' im unverfrorenen Jargon der Werbebranche).

Die Zielsetzungen dieser neuen didaktischen Theorie[18], soweit sie den Praxisbezug nicht aus den Augen verliert und in politische Strategien zur Veränderung der gesamten Schulstrukturen sich umzusetzen vermag, lassen real hoffen, daß die lohnabhängigen Massen nicht auf ewig per Ästhetik als Verbraucher dumm und verwendbar gehalten werden können. Die von *Moles* angedeutete Konsumkatastrophe, der Zusammenbruch des Regelkreises von irrsinniger Produktion und irrsinnigem Konsum, verursacht durch ein negatives Feedback, das nicht mehr im Sinne privater Produktionsinteressen ausgeglichen oder unter Kontrolle gebracht werden kann, wäre dann nicht mehr bloß fiktiv.

Natürlich muß man sich davor hüten, hier dem Reiz des Spekulativen hoffnungsfreudig zu verfallen. So spielen z. B. die Designschulen – dem Druck der erzwungenen Auffassung vom Design und dem Einfluß der Industrie ebenso wie allen den herrschenden gesellschaftlichen Zwängen entsprechenden bildungspolitischen Eingrenzungstendenzen ausgesetzt – zunächst eine äußerst bescheidene Rolle im Prozeß neuer Bewußtseinsbildung. Man kann nur hoffen, daß ihre meist angepaßte und daher kompromittierende Lehre dereinst mit einem Studenten-Nachwuchs konfrontiert wird, der sich Pragmatismus und Ideologie nicht mehr bieten läßt.

Natürlich ist der Aufbau eines neuen kritischen Bewußtseins der Gebraucher und der Bewohner von Umwelten eine neue Utopie, dazu vorerst leider noch kaum eine konkrete, praxisnahe. Ihre Überführung in gesellschaftlich verändernde Praxis kann sicher nur mühsam und in schrittweiser Kleinarbeit erfolgen, wobei besondere Formen der strategischen Solidarität und eine breite, neue Methodenbasis im gesamten pädagogischen Bereich, nicht nur auf dem verhältnismäßig kleinen Sektor der Designerausbildung zu finden und zu praktizieren sind. Umfang und Schwierigkeiten dieser Aufbauarbeit eines neuen Bewußtseins sprengen schließlich den gewohnten Rahmen jeder bisherigen sozialpädagogischen Aktivität.

Die bewußtseinsbildenden Aktivitäten können sich nun nicht mehr auf die traditionell abgegrenzten pädagogischen Felder beschränken, auch die Massenmedien und der differenzierte, bisher im gegenläufigen Sinne wohlfunktionierende Apparat der 'Bewußtseins-Industrie' müßten genutzt bzw. unterwandert werden, damit nicht alle Absichten von dort aus wieder neutralisiert werden können. Endlich wäre zu überlegen, ob man nicht, bei allem Ekel vor den abgefeimten Methoden der Werbung, aus dem hier bereitstehenden Arsenal der geknechteten kommunikationstaktischen Phantasie etwas für die breite Vermittlung von Voraussetzungen für 'anderes' Bewußtsein hinzulernen könnte.

Mindestens aber müssen alle zugänglichen Überbau-Institutionen und ihr Instrumentarium dazu benutzt werden, den gegenwärtigen und zukünftigen Gebraucher über Funktion und politische Bedeutung der ästhetisch vermittelten Kommunikationsprozesse in der gesellschaftlichen Umwelt, also auch über Design, rigoros aufzuklären. Dies kann sowohl innerhalb der Institutionen (z. B. Schulen, Erwachsenenbildung) geschehen als auch in punktuell konkreter gesellschaftlicher Praxis (z. B. im Zuge öffentlicher Planungsprojekte). Als unabdingbare Voraussetzungen für eine erfolgreiche pädagogische Arbeit aber dürften Übungsfelder zur Artikulation von Bedürfnissen, zur Verhaltensbewußtheit und zur Verhaltensänderung sein, also konkrete Übungsräume der gesellschaftlichen Lebenspraxis, wo sich an exemplarischen Situationen praktisch Bewußtsein bilden und Emanzipation einleiten läßt. Die gegenwärtig sich ausformende neue didaktische Theorie der 'Visuellen Kommunikation' für die allgemeinbildenden Schulen hat solche Ansätze schon formuliert; sie hat sich aber hinsichtlich des Industrial Design als großem Umwelt-Teilbereich noch nicht genügend differenziert und daher auch noch keine gemeinsame Strategie oder wenigstens Solidarität mit den Ansätzen einer neuen kritischen Designtheorie entwickeln können. Hier wäre einer noch bestehenden Blindheit der didaktischen Theorie schleunigst abzuhelfen, so daß nach Abschluß der theoretischen Differenzierung im Bereich neuer Pädagogik und im Bereich des Design eine gemeinsame Linie in der Praxis verfolgt werden kann. Erst in einer solchen Praxis könnte auch der Designer wieder echte Aufgaben wahrnehmen. Als Entwurfsspezialist in Planungsteams könnte er seine technisch-methodischen und gestalterischen Fähigkeiten nun in nicht mehr entfremdete Aufbauarbeit einbringen: bei der Entwicklung neuer Spiel- und Lernzeuge, der Konzeption neuer Aktionsräume und schließlich – als Fernziel – bei der Produktion einer gegenständlichen Umwelt, die befreiten Bedürfnissen entspräche, wenigstens im begrenzten Rahmen der Übungsräume.

Verhaltensänderungen im vorgestellten Sinne setzen umwälzende Lernprozesse voraus. Gelingen diese nur vereinzelt oder scheitern gar Initiativ-Versuche am bloß dilettantischen Experimentieren und fachlicher Inkompetenz, so wird die Theorie einer Überbau-Revision sich nicht verwirklichen lassen. Ohne methodisch fundierte solidarische Arbeit in der pädagogischen Praxis wird selbst diese Form der Realutopie, die unter Berücksichtigung gegenwärtig noch verbleibender Freiräume für verändernde Aktivitäten in der Gesellschaft durchaus machbar erscheint, abstrakt und wirkungslos.

Denn: »*Wirksame* Utopie kann ... schon deshalb nicht auf die Dauer das Werk eines einzelnen sein, weil der Vereinzelte aus sich heraus einen historisch-sozialen Seinsstatus nicht sprengen kann. Nur wenn das utopische Bewußtsein des einzelnen bereits vorhandene Tendenzen im sozialen Raume ergreift und ausspricht, wenn es in dieser Gestalt in das Bewußtsein ganzer Schichten zurückströmt und sich bei diesen in Handeln umsetzt, nur dann kann einer bestehenden Seinsordnung gegenüber eine gegenwirkende Seinswirklichkeit zustandekommen[19].«

Strategische Ansätze zur Resozialisierung der Theorie/Praxis des Design sind gegenwärtig nur denkbar sowohl gegen als nur gleichzeitig innerhalb des privat- oder staatskapitalistischen Produktionsprozesses, welcher die Gebraucher-Interessen immer nur gerade insoweit berücksichtigt, als der Produktivitätsschwindel nicht allzu ruchbar werden darf und wenigstens die fiktiven sekundären Bedürfnisse als reale Forderungen scheinbar befriedigt werden müssen.

Welche Aktionsmöglichkeiten zur Sozialisierung des Design im Sinne seines freien Gebrauchs, seiner 'Öffentlichkeit' und des Bewußtseins der Gebraucher überhaupt noch offenstehen, soll hier – nicht ohne den strengen Vorbehalt noch notwendiger Reflexion der differenzierten Prozesse und Einzelstrategien – kurz skizziert werden; denn dieser Katalog kann nur die verschiedenen Bereiche und die notwendige Breite verändernder Aktivität verdeutlichen.

Verbindende Strategien und solidarisierende Aktionen sind vorstellbar in folgenden Bereichen:

1. Zunächst muß darauf hingearbeitet werden, daß die Problematik der Produkt- und Umweltgestalt als Sozialisationsfaktor in der Curriculum-Revision der allgemeinbildenden Schulen zu einem zentralen Gegenstand gemacht und auch in bestimmten Bereichen der Lehrerbildung projektiv berücksichtigt wird. Damit würde die Institutionalisierung jener problematischen Gegenstände und Unterrichtsfelder erreicht, die zum Aufbau eines kritischen Gebraucherverständnisses vorauszusetzen sind. Nur Fächergruppierungen mit konkret umweltbezogenen und politisch reflektierten Bildungszielen können dies in Zukunft leisten. Theorie und Praxis der sog. 'Visuellen Kommunikation', politische Ästhetik, 'Umweltkunde', Medientheorie sowie ein breites Fundament sozial- und kommunikationswissenschaftlicher Grundlagenausbildung zukünftiger Lehrer in allen Schularten können dazu beitragen, daß Kritikfähigkeit gegenüber Umweltphänomenen tatsächlich vermittelt werden kann.

Dabei ist die Schule allgemein als ein verhältnismäßig freier Übungsraum für soziales Verhalten, das sich Zwänge bewußtmacht und sich gegen sie durchzusetzen vermag, also für Emanzipation im weitesten Sinne zu verstehen.

2. Auf die gegenwärtig in ihrer Tendenz schon wieder zur Anpassung neigende Reform der Studiengänge an den Design-Schulen muß verstärkt Einfluß genommen werden mit dem Ziel der Integration kritischer Lernziele in bezug auf Produkt- und Umweltgestaltung, und zwar auf der Grundlage eines verbindlichen politischen Bewußtseins der Design-Studenten, das eine später bloß bewußtlos angepaßte Berufspraxis nicht mehr gewährleistet und den traditionell ideologischen Studieninhalten gegenüber empfindlich macht.

Hier sind der ständigen Einflußnahme der Industrie und der Interessenverbände auf die Design-Ausbildung bewußt Modelle entgegenzusetzen, welche sich auf langfristige gesellschaftliche Interessen beziehen.

3. Das weite Feld der Publizistik darf nicht jenen Kräften überlassen werden, die das Design immer wieder mit den bestehenden gesellschaftlichen Verhältnissen propagandistisch in Einklang bringen und ideologisch abstützen.

Vielmehr sind auf dem Wege der taktischen Unterwanderung der Publikationsorgane und Medien aufklärerisch-agitatorische Aktivitäten zu entfalten, die nicht nur die sich im privatwirtschaftlichen und öffentlichen Planungs- und Gestaltungsbereich auswirkenden Gewaltverhältnisse denunzieren, sondern auch um Verständnis und Unterstützung von Korrekturversuchen, Gegen-Initiativen und neuen Umweltmodellen werben, wo solche Aktionen sich in relativer Unabhängigkeit im Ansatz überhaupt noch entwickeln.

4. Da der Umfang der Design-Aufgaben im öffentlichen Bereich, z. B. auf kommunaler Ebene, ständig wächst, sind Strategiemodelle direkter Einflußnahme auf die 'öffentlichen' Planungsmaßnahmen zu entwerfen und durchzuspielen.

Dieser Bereich umfaßt nicht nur sämtliche kommunalen schulischen und kulturellen Einrichtungen, sondern auch die Maßnahmen zur Eingliederung und Versorgung sozialer Randgruppen, den subventionierten Wohnungsbau, Sanierungsvorhaben, Stadtteilplanung, die öffentlichen Freizeit-Environments, Verkehrs-, Verwaltungs-, Gesundheits- und Dienstleistungseinrichtungen sowie die Systeme 'urbaner Kommunikation', soweit die öffentliche Hand dafür verantwortlich zeichnet.

In allen diesen Teilbereichen wird zunehmend 'Design' im Sinne von Gesamtplanung und Einzelentwurf gebraucht, und dabei geht es um Dinge, Räume, technische Produkte und Einrichtungen als typische Details eines systematischen Zusammenhangs von Benutzerbeziehungen, die sich zukünftig als 'frei' oder 'unfrei' erweisen können; denn aus der Summe dieser Details ergibt sich jeweils ein individueller Erfahrungs- und Erlebnisrahmen konkreter Einzelumwelten.

Hier ist die bestehende Chance zu nutzen, ein neues Berufsbild des Designers zu installieren, d. h. in der Öffentlichkeit diesen Bedarf bewußtzumachen und die Konsequenzen in der Ausbildung zu ziehen. Ziel wäre ein dem Tätigkeitsfeld angemessener neuer Typ des Designers, der nicht im Mechanismus von Produktion und Konsum zur Steigerung der Profitrate beitragen muß, sondern an nicht prinzipiell marktkonformen gesellschaftlichen Aufgaben arbeiten und damit ein neues Selbstverständnis einbringen kann[20]. Er müßte allerdings auch dazu befähigt werden, die Zwangsmechanismen öffentlicher Planung zu durchschauen und Taktiken des Unterlaufens dieser Zwänge zu entwickeln. Auch hier sind also Strategien vorzuzeichnen, die tatsächliche Öffentlichkeit seiner Tätigkeit gewährleisten oder darauf abzielen, ihm bei seiner Planungs- und Entwurfsarbeit durch eine hergestellte, politisch bewußte und solidarische Öffentlichkeit im Einzelfall den Rücken zu stärken.

5. Punktuell sind Versuche zur Korrektur gestalterischer Maßnahmen auch bei der Warenproduktion im privatwirtschaftlichen Sektor unter dem Gegendruck bewußtwerdender Gebraucherbedürfnisse vorstellbar. So kann der Kreislauf von ungehemmter Warenproduktion und reibungslosem Konsum womöglich dadurch empfindlich im Einzelfall gestört werden, wenn es gelingt, über radikale Produktkritik einzelne Verbrauchergruppen zu spontanen Entscheidungen gegen Konsumzumutungen und sinnlose Zusatznutzen-Versprechen und damit zu teilweisen Konsumstreiks zu veranlassen.

Hierbei ist es das strategisch bedeutsame Ziel, Methoden zur Überwindung der »Passivitätsbarriere«[21] des Konsumenten zu entwickeln, damit Bedürfnisse überhaupt artikuliert werden. Immerhin gibt es in den USA eine offensichtlich zwar noch unpolitische, aber gelegentlich schonungslose Verbraucher-Aufklärung über prinzipielle Mängel einzelner Produkte (z. B. der Automobilindustrie), wie sie in solcher Schärfe hierzulande noch nicht üblich ist.

Vorstellbar sind auch Maßnahmen gegen die Auswüchse marktwirtschaftlich sanktionierter Überflußproduktion und skrupelloser Werbung, die unentwegt mit den heute noch sehr zaghaften Ansätzen einer halbherzig-restaurativen Umweltpolitik kollidieren. Die sich unter der sozialliberalen Koalition abzeichnenden Trends einer verstärkten Verbraucher- und Umweltorientierung des gegenwärtigen wirtschaftlichen Systems sollten auf ihre Ausnutzbarkeit hin mindestens untersucht werden.

Zwar sind die hier skizzierten Möglichkeiten zur Nutzung und Erweiterung bestehender Freiräume und Chancen innerhalb unseres gesellschaftlichen Systems nur unzulängliche Strategieandeutungen einer inhaltlichen Auffüllung der Leerformel von der 'Humanisierung der Umwelt' oder der 'Verbesserung der Lebensqualität' in dieser Umwelt.

Das Bewußtmachen von unverfälschten Gebrauchsbedürfnissen und die schrittweise Rekonstruktion langfristiger, authentischer gesellschaftlicher Bedürfnisse bedeutet ja noch nicht die Ablösung gegenwärtiger Mangelverhältnisse, sondern nur eine ihrer Voraussetzungen.

Die angedeuteten vorstellbaren Strategien können allenfalls die ökonomischen und politischen Machtfaktoren, an denen gesellschaftliche Umwelt allemal primär sich konstituiert, hier und da zu unterlaufen versuchen. Umweltplaner und Designer, selbst im Verein mit Publizisten, Pädagogen und Ad-hoc-Interessengruppen, sind machtlose Instanzen.

Sie können nur Vorschläge machen, an punktuellen Beispielen Mangelsituationen bewußt werden lassen und im Einzelfall abgegrenzte Übungsräume für verändertes soziales Verhalten entwerfen, also zu einer politischen Veränderung nur *langfristig* beitragen; sie können diese Veränderung auf breiter Basis nicht ersetzen.

Dennoch wäre der hier skizzierte und gedanklich keineswegs neue Katalog von Einzelstrategien auf seinen Praxisbezug zu überprüfen und gegebenenfalls zu spezifizieren, zu erweitern oder zu verwerfen. Vorerst ist dies das allein verfügbare Instrumentarium zur Durchsetzung jener realutopischen Nahziele, die eine kritische Design-Theorie und -Praxis gegenwärtig überhaupt als gesellschaftliche Produktivkraft erst ausweisen würde.

1 Thomas Kuby, Zur gesellschaftlichen Funktion des Industrial Design, Abschlußarbeit an der HfG Ulm, zitiert nach: komm.-inform. 1, Darmstadt 1971 (Raubdruck), S. 28 f.
2 Vgl. z. B. Martin Kelm, Produktgestaltung im Sozialismus, Berlin 1971, Abbildungsteil
3 Karl Mannheim, Ideologie und Utopie, Frankfurt 1969, S. 225
4 Hans Magnus Enzensberger, Kommentar zu Dossier 3, Konkrete Utopie, in: Kursbuch 14/1968, S. 144
5 Otl Aicher, in: design? Umwelt wird in Frage gestellt (IDZ 1), hrsg. vom Themakreis im Internationalen Design Zentrum, Berlin 1970, S. 12
6 George Nelson, in: Produktion ohne Konsum, (Kommentare), in: ulm, Zeitschrift der Hochschule für Gestaltung Ulm, Nr. 7/1963, S. 27
7 Gui Bonsiepe, in: design? Umwelt wird in Frage gestellt (IDZ 1), a. a. O., S. 27
8 Vgl. R. Buckminster Fuller, Erziehungsindustrie / Prospekt universaler Planung und Instruktion, Berlin 1970, S. 71
9 Joachim Krausse, Abriß der liberal-technokratischen Linie. Ein Diskussionsbeitrag, in: Buckminster Fuller, Erziehungsindustrie, a. a. O., S. 104
10 Hajo Tochtermann, in: Format, Nr. 15/1968, S. 29
11 Rolf Schwendtner, in: design? Umwelt wird in Frage gestellt (IDZ 1), a. a. O., S. 118
12 A. a. O., S. 120
13 Colin Cherry, Kommunikationsforschung – eine neue Wissenschaft, New York/Hamburg 1967, S. 85
14 Vgl. Karl Heinz Stahl, Kybernetikon, Veranstaltung im Regelkreis, in: Hermann Glaser (Hrsg.), Kybernetikon, Neue Modelle der Information und Kommunikation, München 1971, S. 178 ff.
15 Vgl. Georg Klaus (Hrsg.), Wörterbuch der Kybernetik, Bd. 2, Frankfurt/Hamburg 1969, S. 537
16 Otl Aicher, a. a. O., S. 12
17 Vgl. Der Spiegel, Nr. 31/1972, S. 31 f.
18 Vgl. zur ›Visuellen Kommunikation‹:
    Heino R. Möller, Gegen den Kunstunterricht, Versuche zur Neuorientierung, Ravensburg 1970;
    Hermann K. Ehmer (Hrsg.), Visuelle Kommunikation, Beiträge zur Kritik der Bewußtseins-Industrie, Köln 1971;
    Hans Giffhorn (Hrsg.), Politische Erziehung im ästhetischen Bereich, Velber 1971;

ders., Kritik der Kunstpädagogik, Zur gesellschaftlichen Funktion eines Schulfachs, Köln 1972;
ders., Die Ideologie des Bildnerischen und politische Erziehung, in: Kunst + Unterricht, Nr. 14/1971
sowie Heino R. Möller, Zur Didaktik der Visuellen Kommunikation, ebenda
19 Mannheim, a. a. O., S. 181
20 Vgl. z. B. Ekkehard Merz / Thilo Rusinat / Manfred Zorn, Produktkritik. Entwicklungen und Tendenzen in der BRD, Diskussionspapier 5, hrsg. vom Institut für Umweltplanung an der Universität
Stuttgart, Ulm 1971, S. 2
21 Vgl. Protokoll des Seminars ›Bedürfnisse von Stadtbewohnern‹ an der TU Hannover, 1971 (Leitung:
Heide Berndt), Typoskriptkopie S. 13
(Hier wird festgestellt, daß es schwierig sei, diese Passivitätsbarriere bei der Erforschung von
Bedürfnissen zu überwinden.)

2 Kritik der 'konkreten Utopie' als Konkretisierung der Utopie des Gestaltens

»Die revolutionäre Utopie einer repressionslosen Kultur, die von den außerästhetischen, ökonomischen Interessen der Produktion und des kapitalistischen Marktes nicht mehr bevormundet und in diesem relativen Sinne praxisfrei sich entfalten könnte, ist als eine gesellschaftliche Aufgabe ersten Ranges erkannt worden[1].«

Gorsen stellt dieser Erkenntnis aber auch die Ohnmacht bloßer Einsicht vor dem alles beherrschenden Zwang der ökonomischen Interessen gegenüber. Solche bestimmenden Interessen und ihre Wirkungen sind einerseits Anlaß der immer neu sich artikulierenden sozialen Utopie des Design, andererseits verhindern sie gerade deren Realisation, die darin bestehen würde, daß dereinst der emanzipatorisch-vernünftige Gebrauch vernünftig und angemessen gestalteter Dinge, Einrichtungen und Systeme der die gesellschaftliche Umwelt konstituierenden materiellen Umwelten gelingt.

Die dabei auftretenden Hindernisse sind hier schon skizziert worden: unüberwindlich erscheinende, von ökonomischen Privatinteressen gelenkte Verfälschung von Bedeutungen, korrumpierter Gebrauchswert, immer neu hergestellte fiktive Bedürfnisse zur Erhaltung des Systems bei Unterdrückung von authentischen Bedürfnissen, zementierte Normen, Herrschaft der ökonomischen und technokratischen Bestimmungen, Einweg-Kommunikation, verkürzte Interaktionsprozesse, ideologische Ummäntelung und Rechtfertigung der Verhältnisse bis zur totalen Bewußtlosigkeit des Denkens und Handelns der Manipulierenden und der Manipulierten.

Dennoch erscheint nach dem gegenwärtigen Stand der entwickelten Produktivkräfte das Denken in der real-utopischen Dimension nicht ganz absurd; denn nicht über die Ziele, Inhalte und Möglichkeiten, sondern nur über die Mittel und Wege zur gesellschaftlichen Korrektur der Gestaltung und des Verständnisses der Produktumwelt, über die Strategien zur Verwirklichung der Utopie herrscht Unklarheit.

Bonsiepe zählt die Eigenschaften auf, die eine menschlichere Umwelt charakterisieren würden; es sind zugleich die konkreten Zielvorstellungen der Utopie:

».. . menschlich zu nennen wäre eine Artefaktenumwelt,

– die nicht von den Malen des 'obszönen Überflusses' entstellt ist,
– die nicht auf der hemmungslosen Vergeudung von Ressourcen basiert,
– die ihre Benutzer nicht zu Besitzern von Warenfetischen degradiert,
– die ein souveränes, entspanntes, emanzipiertes Gebrauchen gestattet,
– die geordnet und strukturiert ist durch die Prinzipien rationaler Zweck-Mittel-Relationen,
– die subjektive Bedürfnisse im Einklang mit gesellschaftlichen Bedürfnissen befriedigt[2].«

Schwendtner geht einen Schritt weiter und fragt nach Ansatzpunkten der Strategie: »Welche Formen herrschaftsfreier Organisationen und Institutionen können beim gegenwärtigen (und tendenziellen) Stand der Produktivkräfte entwickelt werden, um eine humane Umwelt zu ermöglichen? (Problem der inhaltlichen Demokratie.)

Welche Machtgruppen sind zu bekämpfen, die an der Aufrechterhaltung der gegenwärtigen Formen der Organisation von Herrschaft interessiert sind, und damit an der Ermöglichung des Monopolkapitalismus, der Bürokratie, der Technokratie?

Welche Strategien sind zu entwickeln, um diese Machtgruppen einerseits zu entmachten, und um andererseits eine Verhärtung derjenigen, die diese Machtgruppen bekämpfen, zu verhindern, um eine humane Umwelt zu ermöglichen[3]?«

Hier muß man sofort die spezielle Frage nach den operationalen Taktiken der Vermittlung und Veröffentlichung der utopischen Nahziele, nach den Methoden einer allgemeinverständlichen Überführung in die unmittelbare gesellschaftliche Praxis hinzufügen.

Wie erreicht man, daß die utopischen Nahziele den Betroffenen transparent werden, und wie erreicht man, daß möglichst viele sie verstehen und sich mit den Zielvorstellungen identifizieren?

Denn 'neues' Bewußtsein kann sich ja wohl nur bilden und ein Prozeß der Emanzipation von den gewohnten Zwängen kann wohl nur beginnen, wenn sich die Einsicht in die konkrete Möglichkeit der Herstellbarkeit anderer Verhältnisse verbreitet. Die Ablösung herrschaftsorientierter oder -bedingter Verhaltensweisen, z. B. im Konsum, kann sicher nur gelingen, wenn Maßnahmen zur Vermittlung eines neuen Gebraucher-Bewußtseins materieller Umwelten sich auf eine Massenbasis beziehen können.

An die Stelle erzwungener Interessenlosigkeit des einzelnen und der dumpfen Ohnmacht gegenüber allen direkten oder indirekten Planungsmaßnahmen, die ihn bloß reglementieren, aber niemals im Prozeß beteiligen, muß – und das ist sicher ein Teil reflektierter konkreter Utopie – seine aktive Teilnahme an der Gestaltung seiner Lebensumwelt treten. Denn »das 'Erleiden' von Planung umschreibt einen problematischen Zustand der Beplanten. Das Offenlassen von Möglichkeiten zur individuellen Entscheidung, zur Einflußnahme auf die Gestalt ihrer Behausung im engeren, vor allem aber auch weiteren Sinne, wäre demgegenüber erstrebenswert[4].«

Utopisches Bewußtsein, das, wie *Mannheim* definiert, »die . . . historische Seinswirklichkeit durch Gegenwirkung in der Richtung der eigenen Vorstellung« transformiert[5], läßt sich nicht bloß theoretisch oder pädagogisch-agitatorisch vermitteln, sondern entfaltet sich vermutlich auch auf der Basis praktisch-aktiver Beteiligung an der Veränderung des konkreten Gegenstandes, an der bewußt hergestellten Öffentlichkeit der Gestaltungsprozesse zukünftiger gesellschaftlicher Umwelt.

In den bereitzustellenden Chancen zur Selbstbeteiligung könnte das 'Erleben' selbst noch kleiner utopischer Schritte der Planung oder Realisation sowohl ein allmähliches Verstehen und Bewußtwerden der Gesamtveränderungstendenzen der Utopie als auch einen Emanzipationsprozeß von den vorgegebenen Verhältnissen und Zwängen einleiten, der neue Bedürfnisse und Aktivitäten freisetzt.

Die geradezu unüberwindlichen Schwierigkeiten in diesem Emanzipationsprozeß, in den der Komplex der Gestaltung bislang ökonomisch-technokratisch bestimmter Umweltform eingebettet zu sehen ist, dürfen dabei weder übersehen noch unterschätzt werden. Sie liegen auf der Hand, wenn man die herrschenden ökonomischen Zwangsverhältnisse analysiert. Hinzu tritt als verdecktes Hindernis beim Entwurf von neuer Umwelt aber noch die allgemeine Unkenntnis dessen, was eigentlich 'Bedürfnisse' sind – und damit notwendig eine verschwommene Zielvorstellung für den sozialen Entwurf im konkreten Fall.

'Bedürfnisse' sind von der Utopie des Design immer projiziert worden, oft wohl zu unbekümmert in naiv-gutwilliger Vorwegnahme, jedenfalls mehr aus Ahnung denn aus Wissen.

Vorläufig sind nur die grob manipulierten Bedürfnisse einigermaßen zu definieren und historisch oder kritisch-soziologisch abzuleiten. Die Analyse der vermuteten menschlichen Grundbedürfnisse, soweit sie die rein biologischen übersteigen – und die man etwas vorschnell als nicht-manipulierte zu begreifen trachtet – fällt unerhört schwer, weil auch sie nicht einfach naturwüchsig elementar, sondern ebenfalls gesellschaftlich determiniert zu sein scheinen.

Daß auch die vorliegende Studie mit einem teilweise undefinierten Bedürfnisbegriff operieren muß, der nur gesellschaftskritisch vorformuliert, aber in seinem konkreten Inhalt unscharf ist, liegt daran, daß auch die neuere Sozialpsychologie erst an hypothetischen Eingrenzungen arbeitet und umfangreiche empirische Bedürfnisforschung in einem nicht wirtschaftskonformen Sinne wohl heute unerwünscht ist.

Für die Strategien der konkreten Utopie des Design ist es aber von größter Wichtigkeit, vermutlich schon verschüttete Bedürfnisstrukturen der Gebraucher so ansprechen zu können, daß spontane Bedürfnisäußerungen gelingen.

Das befreiende Moment der Spontaneität, im Prozeß der Herstellung und des Verbrauchs industrieller Massengüter auf den 'spontanen' Kaufakt geschrumpft und damit entscheidend deformiert, mag sich dereinst als Prinzip und Problem eines sozialisierten und sozialisierenden Design schlechthin erweisen. Spontaneität ist eine Ausdrucksform persönlicher Freiheit, ohne die eine Selbstverwirklichung der Individuen unmöglich erscheint, und damit ist ein Stück der Utopie des Design definiert, vielleicht das unausgesprochene Emanzipationsmotiv hinter allen wesentlichen Ideen und entwerferischen Bemühungen in der kulturrevolutionären Tradition des von Morris begründeten, die Designgeschichte prägenden 'ästhetischen' Sozialismus.

Aber die Entwerfer strategischer Konzepte müssen bei aller noch undeutlichen Vorstellung von den 'menschlichen Grundbedürfnissen' in der neueren kritischen Designtheorie davon ausgehen, daß auch diese vorgestellten, für die Verwirklichung der Utopie grundlegend zu aktivierenden Bedürfnisse Variablen im geschichtlich-sozialen Prozeß sind. Die moderne Zivilisation z. B. hat mit Sicherheit neue 'Grundbedürfnisse' hervorgrufen:

»Auch die Erfüllung sog. Elementarbedürfnisse ist an gesellschaftliche Veränderung gebunden. Zu den allgemeinen kulturellen Standards des Wohnens zählt heute nicht mehr allein das Dach über dem Kopf, sondern das eigene Bad oder Dusche und Zentralheizung[6].«

Heide Berndt nennt den Begriff 'Grundbedürfnis', wo er »physiologisches Funktionieren, biologisches Existenzminimum und soziale Bedürfnisse«, also Körper und Geist trennt, selbst ideologisch[7].

Nach ihrer These gibt es keine konstanten, aus der menschlichen Stammesgeschichte unverrückbar abzuleitenden Grundbedürfnisse, sondern nur gesellschaftlich bestimmte und bis zu einem gewissen Grade auch immer 'manipulierte'.

Der für die Theorie des Design bedeutsame Punkt ihrer These aber ist:

»Bedürfnisse enthalten trotz aller gesellschaftlichen Bestimmtheit ein Stück Spontaneität. Die Manipulation richtet sich auf dieses Stückchen Spontaneität und deformiert es[8].«

So kommt es für eine neue sozialutopische Theorie/Praxis des Planens und Gestaltens nicht nur darauf an, Bedürfnisse in ihrer jeweils historisch-sozialen Wirklichkeit zu begreifen und genau zu formulieren, sondern sie auch so anzusprechen, daß der freie Spontaneitätsrest erhalten bleibt, zur Artikulation gebracht wird und nicht auch noch manipuliert werden kann.

Zudem erschöpft sich die 'Neubestimmung der Bedürfnisse' nicht im einmaligen Akt des Katalogisierens, sondern wird ein permanenter Prozeß sein müssen, in dem nicht undialektisch verfahren werden darf. Denn »es gehört zum Wesen eines Bedürfnisses, daß es entsteht, aber nicht vorprogrammiert werden sollte, da es auf diese Weise unbemerkt sich in einen neuen Zwang verwandelt«[9].

Die Konkretisierung der Utopie des Design über eine Strategie der Bestimmung und Aktivierung von Bedürfnissen stößt also sehr rasch an ihre Grenzen; sie kann nur mit einem unablässig reflektierten Bedürfnisbegriff operieren. Daß dennoch an der rigorosen Neubestimmung von Bedürfnissen gearbeitet werden muß, begründet schon *Marcuse:*

»Autonomie zu erreichen, erfordert Bedingungen, unter denen die unterdrückten Dimensionen der Erfahrung wieder lebendig werden können; ihre Befreiung erfordert die Unterdrückung der heteronomen Bedürfnisse und Weisen der Befriedigung, die das

Leben in dieser Gesellschaft organisieren. Je mehr sie zu den eigenen Bedürfnissen und Befriedigungen des Individuums geworden sind, desto mehr erschiene ihre Unterdrückung als eine nur zu fatale Beraubung. Aber gerade infolge dieses fatalen Charakters kann sie die erste subjektive Vorbedingung schaffen für eine qualitative Änderung – nämlich die *Neubestimmung der Bedürfnisse*[10].«

Der spekulative Charakter einer solchen gesellschaftlichen Theorie der Bedürfnisse ist nicht zu übersehen, und es ist wohl die schwierigste Aufgabe einer neuen Theorie/ Praxis des Entwerfens, wirksame Strategien zur Durchsetzung des hier beschriebenen Zieles einer Neubestimmung von Bedürfnissen zu entwickeln. Dabei ist wirksame Strategie geradezu die Lebensfrage der konkreten Utopie. Denn gelingt es ihren Interpreten nicht, das vorgestellte neue Interesse als gesamtgesellschaftliches Interesse wirksam in die Breite des gesellschaftlichen Bewußtseins zu vermitteln, so wird die Utopie abstrakt. Insofern sind die fatalistische Verzögerung des Versuchs zur Veränderung und ebenso die strikt sich jeder Praxis verweigernde bloße Kritik an den Verhältnissen ohne Bezug auf eine mögliche Strategie oder auf das im Augenblick Notwendige und vielleicht Machbare undialektisch und ohne Sinn.

Freilich sind Strategien des sozialen Entwurfs von Umwelt und eines neuen Verhaltens innerhalb dieser neu gedachten Umwelt nur schwer zu konkretisieren. Sie setzen ja die gleichzeitige Befreiung der 'wahren' Bedürfnisse voraus, die es jeweils erst exakt zu beschreiben oder zu ermitteln gilt. Außerdem sind sie nur sehr schwer durchzusetzen, weil sie dabei starke geltende Normen und Übereinkünfte auflösen müssen. Damit sind diese Strategien gegen die Gesellschaftsordnung gerichtet, die sich gerade in der Befriedigung von Scheinbedürfnissen, die sie zu echten erklärt hat, reproduziert. Sie wenden sich also auch scheinbar gegen die Menschen, die sich in dieser Ordnung eingerichtet haben. Deren Widerstand aber darf nicht unterschätzt werden; denn vermutlich aus Einsichtslosigkeit in die eigene gesellschaftliche Abhängigkeitslage wird ja gegenwärtig nahezu jeder Versuch einer radikalen Umgestaltung der Verhältnisse als utopistisch-unverwirklichbar oder als geradezu gefährlich abgelehnt. Hier wird nicht nur der tatsächlich revolutionäre Kern, sondern auch der sehr eingeschränkte Stellenwert design-utopischer Strategien im Prozeß gesellschaftlicher Veränderung und Emanzipation erkennbar. Sie werden niemals *allein* diese Veränderung einleiten geschweige denn herbeiführen können, sondern nur vermittelt mit umfassenden politischen Strategien. Zudem ist die soziale Utopie des Design bislang nicht nur an der ökonomisch bestimmten Praxis der Produktion gescheitert, sondern auch am affirmativen Zurückschlagen jeder ästhetischen Lösung, so daß die Freigabe des ästhetischen Genusses zur Selbstverwirklichung der Individuen und der authentischen Teilhabe an Kultur ungefährdet erst in einer authentisch sozialistischen Gesellschaft möglich erscheint[11].

Zur Möglichkeit, durch ästhetische Aktivitäten eine Veränderung der Qualität der Lebenswirklichkeit zu erreichen, bemerkt *L. Burckhardt* schließlich:
»Der Glaube, daß durch Gestaltung eine humane Umwelt hergestellt werden könnte, ist einer der fundamentalen Irrtümer der Pioniere der modernen Bewegung. Die Um-

welten der Menschen sind nur zu einem geringen Teil sichtbar und Gegenstand formaler Gestaltung; zu weit größerem Teil aber bestehen sie aus organisatorischen und institutionellen Faktoren. Diese zu verändern ist eine politische Aufgabe[12].«

Tatsächlich wurden Produkt- und Umweltgestaltung zu lange wie selbstverständlich in einem Zuge genannt und sind als weitgehend identische Begriffe verstanden worden. Begreift man hingegen Umweltgestaltung als eine vor allem politische Dimension des Planens und Handelns, die nicht nur die technisch-artifizielle Dingwelt und die Regeneration der zerstörten natürlichen Umwelten umfaßt, sondern gesellschaftliche Umwelt meint und reflektiert, so wird man notwendig zu politischen und erst in zweiter Linie zu ästhetisch operierenden Strategien kommen müssen.

Bazon Brock versucht, die planerisch-gestalterische Akzentverschiebung im Begriff 'Sozio-Design' zu fassen, der den bisher geläufigen Kategorien des Produktdesign und des environmental design nach traditionellem Verständnis eindeutig übergeordnet ist, aus der Erkenntnis, daß gesellschaftliche Umwelt nicht durch die Summe der Gegenstände, Einrichtungen und Systeme der materiellen Umwelt voll bestimmt wird.

Sozio-Design als Dimension des Denkens, Planens und Entwerfens bezieht sich also nicht primär auf die Dinge, sondern auf die Interaktionsprozesse, auf das, was an der dinglichen Umwelt gesellschaftlich vermittelnd wirkt oder das – dazwischenliegend – als Verhaltens- und Vorstellungsform sich nicht verdinglichen läßt:

»Sozio-Design ist die Inszenierung nicht nur der physikalisch-kulturellen Objekte in einem bestimmten Segment der Lebenswirklichkeit, sondern auch die Inszenierung des Umgangs mit und Gebrauchs dieser Objekte sowie der Handlungsweisen, Beziehungsformen und Sprache der in diesem Segment vorhandenen sozialen Wesen.

In einem konkreten Hinweis würde das bedeuten, daß etwa Architekten oder Ökologen oder Erzieher nicht jeweils isoliert nur die materiale Gestalt einer sozialen Umgebung vorgeben dürfen, indem sie Räume, Möbel, Kleidungsstücke, klimatische Bedingungen, Spielzeug, Lehrmittel, Landschaft konstruieren und vorgeben. Sie sind in gleichem Maße auf Entwurf und Vorgabe von Verhaltensweisen, von Beziehungsformen, von Sprachformen, Vorstellungsformen verwiesen[13].«

Der Begriff Sozio-Design beinhaltet Hinweise auf eine Strategie der Veränderung gesellschaftlicher Umwelt auf der materiellen Ebene wie auf der Ebene des Bewußtseins ihrer 'Bewohner'. Angesichts der unveränderten Planungs- und Produktionspraxis und der unerschütterlichen Macht technokratischer, organisatorischer und institutioneller Einengung heute von einer dritten historischen Phase der Kulturrevolution im Design zu sprechen, erscheint allerdings äußerst gewagt; es wäre eine kulturrevolutionäre Phase der Theorie, nicht der Praxis; doch weist solche Theorie etwa bei *Brock* – im Gegensatz zur radikalen Verweigerungstendenz einer undialektischen Kritik am gesellschaftlichen System, das jedes Design zu vereinnahmen scheint – immerhin einen Bezug zur Praxis von Veränderung auf. Insgesamt aber verharrt die neue oder rekonstruierte und differenzierte soziale Theorie des Design heute genau an dem Punkt, an dem es um die Entscheidung, um das Praxis-Experiment, um faktische Wirkung gehen würde.

Vor diesem erzwungenen Stillstand und der absehbaren Wirkungslosigkeit bloßer Theorie denunziert *Maldonado* die instrumentelle Schwäche jener Interpreten der Utopie, die ihre Kräfte nur der Kritik widmen, während sie Gegenwart und Wirklichkeit nicht mehr erfahren und zu verändern trachten.

Maldonado versucht, den Utopiebegriff – auch den von *Bloch* abgeleiteten der 'konkreten' Utopie – neu zu fassen, nicht als erneute Projektion und Verweis auf die Zukunft, sondern noch enger an die gegenwärtige gesellschaftliche Wirklichkeit und ihre unmittelbaren Forderungen gebunden.

Er übersieht dabei nicht die fatale Dialektik von kritischer Verweigerung und praktischem Eingreifen und Tun, dem gegenwärtig gleichzeitig Richtigen und Falschen in beiden Verhaltensformen, das darin besteht, daß Verweigerung auch eine Art der Affirmation zum Bestehenden sein und daß das Tun sofort wieder vom Bestehenden vereinnahmt werden kann. Aber er neigt dem Tun aus Einsicht in unmittelbare Notwendigkeit zu.

Mit einer Einschränkung des Utopiebegriffs begründet er diese Haltung, die sein Denken von der folgenlosen 'revolutionären' Verweigerung trennt:

»Der nächste Schritt nach vorn, vor dem Bloch zögerte, bestünde in der Einsicht, daß kritisches Bewußtsein, sofern es im Reich des Handelns effektiv wirken will, auch kritisches Bewußtsein der technischen Machbarkeit sein muß[14].«

Maldonado versucht, der 'konkreten' Utopie die Reste des Utopismus auszutreiben: »Die 'konkrete Utopie' hat ihren konkreten Charakter eingebüßt, weil sie ihren Diskurs nicht technisieren wollte, also weil sie sich nicht darüber auslassen wollte, mit Hilfe welchen Instrumentariums (Handlungen, Verfahren oder Strategeme) sie den verstockt-zähflüssigen Gang der Geschichte umzulenken gedenkt[15].«

Ein solches Strategem im Zugriff auf die Praxis sieht *Maldonado* in einer noch zu entwickelnden »Allgemeinen Theorie der Entwurfspraxis« oder »Entwurfspraxeologie«[16].

»Diese wohlgegliederte Menge von Kriterien, die auf ein innovatives Handeln bezogen sind, sollte eine fruchtbare Verbindung zwischen 'kritischem Bewußtsein' und 'Entwurfsbewußtsein' im spezifischen Kontext der spätkapitalistischen Gesellschaft herzustellen helfen; eine Verbindung also einerseits zwischen den Bedürfnissen des kritischen Bewußtseins, das nicht auf Kritik verzichten kann, ohne als Bewußtsein sich zu durchkreuzen, und andererseits den Bedürfnissen des Entwurfsbewußtseins, das nicht seinen Willen zum ausführenden, realisierenden Handeln verleugnen kann, ohne es zu verstümmeln – eine Verbindung zwischen der positiven Negativität der Kritik und der negativen Positivität des Entwurfs[17].«

Die Dialektik von Vorstellen und Handeln, von kreativ-innovativer Projektion und faktischer Begrenzung geht in diese Variante neuer kritischer Designtheorie ein, der es um die 'Machbarkeit' der konkreten Utopie im Sinne faktischer Veränderung, um ihre Erlösung vom bloßen Versprechen geht, in dem sie schon zur begrifflichen Leerformel einer Kritik am Design in jüngster Zeit zu erstarren drohte.

Gleichzeitig wird der Versuch gemacht, irrationale Hoffnung wie hoffnungslosen Fatalismus auszuklammern und das naiv utopische Denken durch ein dialektisch-utopisches zu ersetzen, das die Möglichkeit zu innovativem Handeln umgreift.

Was immer Designer im Lauf der Geschichte technischer Formgebung geplant und entworfen haben, war nicht nur von den ökonomisch-technischen Fakten, sondern immer auch von ihrem Bewußtsein bestimmt. Sofern dessen Struktur utopisch war, hat es immer versucht, die Grenzen der vorgegebenen Fakten zu überspringen. Der geschichtliche Traum des Design, die soziologische Imagination des Entwurfs, seit *Morris* oft beschworen und ebenso oft vergessen, wird in neuerer Zeit wieder konkretisiert, in der Ausführbarkeit theoretisch neu umrissen und in unmittelbare Nähe der Gesellschaft gerückt. Dabei erweist sich das Bewußtsein wiederum als Voraussetzung, als 'Produktivkraft', freilich jetzt als ein überaus kompliziertes, Widersprüche und Spannungen aushaltendes und reflektierendes Denken zum Entwurf.

Das von *Maldonado* z. B. neu umrissene Theorie/Praxis-Bewußtsein führt in der politischen Dimension seines Denkens womöglich auch perspektivisch über jene Paradoxie *Marcuses* hinaus, nach der in der kapitalistischen Industriegesellschaft zwar die technische Möglichkeit zur Abschaffung von Elend und entfremdeter Arbeit bestehe, gleichzeitig aber durch die innere Gesetzmäßigkeit des Systems unmöglich gemacht werde. So konnte *Willms* in seiner Kritik an *Marcuse* noch folgern:

»... der Sprung aus dem Reich der Notwendigkeit in das Reich der Freiheit ist immer der Sprung aus der Dialektik in die Utopie, aus der Spannung, aus dem Widerspruch, in die Verabsolutierung der Widerspruchsfreiheit, aus der Anstrengung des Begriffs in die Ideologie[18].« Denn die »unmögliche Möglichkeit« einer Veränderung in der Gegenwart ließe ja nur den Sprung in die Abstraktion der Utopie zu.

Die Kritik an der faktisch-historischen Wirkungslosigkeit bloß utopischer Vorstellens, das *Engels* bereits 1882 mit der »Entwicklung des Sozialismus von der Utopie zur Wissenschaft«[19] konfrontierte, legte schon die von *Bloch* vorgenommene Neubestimmung von Inhalten und Funktionen der 'konkreten Utopie' nahe. *Maldonado* projiziert deshalb seine »Dialektik des Entwerfens«, verbunden mit der Vorstellung einer wissenschaftlichen Praxeologie, genau auf jene Nahtstelle, an der utopisches Denken sich in effektives Handeln umsetzen soll.

So aber kann konkrete Utopie nicht mehr ein fernes, statisches Gegenbild zur bestehenden Gesellschaft meinen, sondern muß den beschreitbaren Weg auf einen veränderten, gerechteren Zustand hin bedeuten, die schrittweise Veränderung der Verhältnisse, die wiederum auf die utopische Vorstellung korrigierend zurückwirken kann. Konkret-utopisches Vorstellen und Handeln sind somit als Einheit in gegenseitiger Abhängigkeit aufzufassen, die utopische Theorie des Entwerfens muß sich mit den revolutionären Strategien der Veränderung und mit der gestalterischen Praxis in einem dialektischen Prozeß verbinden.

Wollte man diese Abhängigkeit vergessen oder sich von der unbequemen, weil unablässig Schwierigkeiten des Wegs aufdeckenden Theorie/Praxis-Reflexion befreien, so bliebe die Utopie einer gestalterischen Veränderung gesellschaftlicher Umwelt reine Vorstellung, also unverwirklicht und unverwirklichbar – ihr geschichtliches Abgleiten an der Wirklichkeit und ihr endlicher Verbrauch als Ideologie wären vorgezeichnet.

Wie weit heute eine alternative Designpraxis in den hochindustrialisierten Ländern des Westens überhaupt durchsetzbar ist, bleibt vorläufig bestenfalls eine Frage ohne gesicherte Antwort.

Eher scheinen gegenwärtig Praxisexperimente in den Übergangsgesellschaften der dritten Welt im Prozeß der Entwicklung zum Sozialismus aussichtsreich, wie *Bonsiepe* dies für Chile mit Beispielen einer praktischen Designpolitik für den »Basiskonsum« belegt[20], die allerdings mit dem noch ungesicherten politisch-ökonomischen System Chiles steht und fällt.

1   Peter Gorsen, in: design? Umwelt wird in Frage gestellt (IDZ 1), hrsg. vom Themakreis im Internationalen Design Zentrum, Berlin 1970, S. 50

2   Gui Bonsiepe, a. a. O., S. 26

3   Rolf Schwendtner, a. a. O., S. 119

4   Protokoll des Seminars ›Bedürfnisse von Stadtbewohnern‹ an der TU Hannover, 1971 (Leitung: Heide Berndt), Typoskriptkopie, S. 7

5   Karl Mannheim, Ideologie und Utopie, Frankfurt 1969, S. 172

6   Heide Berndt, Mitbestimmung im Wohnkonzept, Vortrag in Zürich, 26. 5. 1972, Typoskript, S. 4

7   A. a. O.

8   A. a. O., S. 5

9   Protokoll des Seminars ›Bedürfnisse von Stadtbewohnern‹, a. a. O., S. 7

10 Herbert Marcuse, Der eindimensionale Mensch, Neuwied/Berlin 1970, S. 256
    Vgl. auch Marcuse, Kultur und Gesellschaft (1), Frankfurt 1970, S. 160 ff.

11 Vgl. Miladin Zivotić, Proletarischer Humanismus. Studien über Mensch, Wert und Freiheit, München 1972, S. 91 f.

12 Lucius Burckhardt, in: design? Umwelt wird in Frage gestellt (IDZ 1), a. a. O., S. 30

13 Bazon Brock, Umwelt und Sozio-Design, in: Format, Nr. 36/1972, S. 60

14 Tomás Maldonado, Umwelt und Revolte, Zur Dialektik des Entwerfens im Spätkapitalismus, Reinbek 1972, S. 63

15 A. a. O., S. 64

16 Vgl. zum Begriff Praxeologie die ausführlichen Anmerkungen Maldonados zu T. Kotarbínski und A. Gramsci, a. a. O., S. 108 ff.

17 A. a. O., S. 62

18 Bernard Willms, Planungsideologie und revolutionäre Utopie, Die zweifache Flucht in die Zukunft, Stuttgart/Berlin/Köln/Mainz 1969, S. 59

19 Friedrich Engels, Die Entwicklung des Sozialismus von der Utopie zur Wissenschaft, MEW, Bd. 19, Berlin 1962

20 Vgl. Gui Bonsiepe, Design in Südamerika – in Chile, Umrisse einer Design-Alternative, in: form, Nr. 59/1972, S. 28 ff.

VIII Anhang

1 Begriffsdefinitionen

Mit allen Nachteilen der Kurzdefinition werden hier jene Begriffe erläutert, die im Text der Studie noch undefiniert verwendet werden mußten. So weit wie möglich werden dabei schon vorhandene Erklärungen benutzt. (Die Autoren sind jeweils in Klammern, die entsprechenden Quellen jedoch nur in der allgemeinen Literaturliste angegeben.) Außerdem werden einige der mehrfach verwendeten, wegen ihrer Kürze oder Bedeutungsprägnanz aber unvermeidlichen Fremdwörter übersetzt.

affirmativ	bejahend, bestätigend, den herrschenden gesellschaftlichen Verhältnissen unreflektiert zustimmend
akquisitorisch	anwerbend, vereinnahmend
authentisch	echt, überzeugend
Bedeutung	hier ganz allgemein das Verständnis von Designobjekten unter bestimmten Werthaltungen und Wahrnehmungsdispositionen der Verbraucher
Bedeutungskodierung	hier Anreichern einer Produktinformation→, also der Mitteilungen, die ein Produkt dem Konsumenten überträgt, mit verstehbaren Inhalten. Der Entwerfer kann z. B. über die wahrnehmbare Struktur eines Designobjekts dessen Funktion und Gebrauchsnutzen besonders verdeutlichen, er kann aber auch andere zwar verständliche, jedoch überflüssige oder unsinnige Bedeutungen im Entwurf 'codieren' d. h. verschlüsselt unterbringen (vgl. Styling→)
Bedürfnisse	aufzugliedern in elementare (primäre) wie Nahrung, Kleidung, Wohnen, Gesundheitspflege und andere elementare Lebens-, Schutz- und Aktionsbedürfnisse sowie in sekundäre, sozialpsychologisch erklärbare und vielfach beeinflußbare (heute besonders von Werbung und Design berücksichtigte) Bedürfnisse wie z. B. nach Anerkennung, Prestige, Anpassung und Nachahmung (nach *Ellinger*); vieldeutiger Begriff, der unter verschiedenen Interessenlagen heute gegensätzlich interpretiert wird.
Check-Listen	systematisch erstellte Prüflisten zur Katalogisierung, Analyse und Auswertung aller bestimmenden Faktoren bei der Entwicklung und Gestaltung eines Produkts
Code	vereinbarte Zuordnung oder Regel, nach der Nachrichten aus einer Darstellungsform in eine andere überführt werden *(Cherry)*; die semiotische

Analyse geht von dem Prinzip aus, daß Kommunikation—→ dann und nur dann stattfindet, wenn sich der Sender eines Systems von konventionell durch die Gesellschaft (wenn auch auf unbewußter Ebene) festgelegter Regeln – eben der Codes – bedient. *(Eco)*

Corporate Image

gesamtes Erscheinungsbild eines Unternehmens bzw. visuelle Einheit von Produktform, Werbung, Firmen-Architektur, Verkaufsstätten, Transportmitteln usw.

Design-Management

Unter Management versteht man jene Aktivität, die Menschen und Materialien koordiniert, um bestimmte Ziele (Unternehmensziele) zu erreichen. *(Geyer)*
Das Design- Management ist als Teil dieser Aktivität mit spezifischen Aufgaben zu interpretieren, wobei die Unternehmensziele und weniger die humanen Bedürfnisse —→ Richtschnur sein dürften.

Designobjekt

hier nur industrielle Produktform, wobei Konsumgüter oder Investitionsgüter gemeint sein können (die vorliegende Studie befaßt sich aus aktuellen Gründen vor allem mit dem Konsumgüter-Design). Designobjekte sind aber auch umfassende Produkt- oder Kommunikationssysteme, Verkehrseinrichtungen, Produktionsstätten usw., wobei die Grenze zur Architektur oft schwer zu ziehen ist.
Ausgeklammert bleiben handwerklich oder manufakturell—→ gefertigte Objekte, sofern sie hier im historischen Teil nicht eine Rolle spielen.

Dialektik

von *Hegel* und *Marx* entwickelte Denkweise, welche die innere Widersprüchlichkeit der Dinge, Verhältnisse und Gedanken begreift und auf diese Weise das Einzelne im bestimmten historisch-sozialen Zusammenhang seiner Veränderung zu erfassen versucht. *(Negt)*
(Zur Einführung in die Dialektik als Theorie und Methode vgl. insbesondere *Klaus/Buhr*, Philosophisches Wörterbuch Bd. 1)

elaborierter Code

—→ restringierter Code

Emanzipation

Überwindung von Herrschaft und Abhängigkeit, Ablösung von gesellschaftlichen Zwängen, Freisetzen nicht-manipulierter Bedürfnisse—→, Auflösen und Bewußtmachen von Vorurteilen, Selbstbestimmung statt Fremdbestimmung (nach *Negt*)

empirisch

auf die erfahrungswissenschaftliche Erfassung von Tatsachen bezogene Haltung des Forschens, wobei die Ursachen der Phänomene eine zunächst untergeordnete Rolle spielen

Entfremdung

Schlüsselbegriff der marxistischen Gesellschaftskritik; bezieht sich auf das herrschende gesellschaftliche Verhältnis, unter dem die Beziehungen zwischen den Menschen als Verhältnisse zwischen Sachen verstanden werden und die Produkte menschlicher Arbeit, die gesellschaftlichen Einrichtungen und das politische Geschehen dem Menschen als fremde, ihn beherrschende Mächte gegenüberstehen. (nach *Klaus/Buhr*)

environmental design

soviel wie Umweltgestaltung, Entwurf von übergreifenden Umweltsystemen, konkreten Lebens-, Aktions- und Arbeitsbedingungen; dabei notwendige Grenzüberschreitung des Produktdesign z. B. in Richtung Architektur, Städteplanung; berührt im Kern das Problem der gesellschaftlichen Existenz im Industriezeitalter, umfaßt auch konservierende oder therapeutische Maßnahmen wie Umwelt- und Landschaftsschutz.

Ergonomie

unter Profitinteressen definiert: Wissenschaft von der Anpassung der **Arbeit** an den Menschen, systematisches Studium des Menschen bei der Arbeit. Ihr Ziel ist die optimale Nutzung der Fähigkeit des Arbeitenden im Hinblick auf seine Leistungsgrenzen, wichtigstes Kriterium ist der wirtschaftliche Einsatz der Arbeit (nach *AW design*);
unter einem menschbezogenen Verständnis: Studium der physiologischen und psychologischen Faktoren bei der Bedienung oder Benutzung von Objekten oder technischen Einrichtungen, das Voraussetzungen für verbesserten Gebrauch schafft.
Anwendungsbereich im Human Engineering, der Technologie des Anpassens der Maschine an den Menschen

Evidenz

offenliegender, subjektiv wahrgenommener Teil der Produktinformation →

Fetischisierung

Verdinglichung des Denkens bzw. dessen Anpassung an die Gegenstände, die dadurch eine neue Dimension und Bedeutung erhalten (vgl. Warenfetisch→)

fiktiv

auf bloßer Einbildung (Fiktion) beruhend

Funktion

Zusammenfassung aller zweckgerichteten Bestimmungen eines Produkts oder Systems, wobei das Design eigentlich diese Grundbestimmung optimal zum Ausdruck bringen soll (vgl. Bedeutungskodierung→; Gebrauchsnutzen→)

Gebrauchsnutzen

Zusammenfassung aller technisch-funktionalen→, ergonomischen→ und kommunikativen→ Grundeigenschaften eines Objekts, bezogen auf die authentischen→ Bedürfnisse der Gebraucher, nicht identisch mit dem Zusatznutzen→ zur Abgeltung sekundärer bzw. manipulierter Bedürfnisse→

Gebrauchswert

Nützlichkeit eines Gegenstandes für den Menschen, verwirklicht sich nur im ungehinderten Gebrauch; bezieht sich im Hinblick auf Individuum und Gesellschaft eindeutig auf die Eigenschaften des Gebrauchsnutzens an hergestellten Objekten oder Systemen, nicht aber auf deren Funktion und Bedeutung als Waren.

Gründerzeit

Epoche der frühindustriellen Expansion, der Fabrik- und Großunternehmensgründungen im Laufe des 19. Jahrhunderts, die zwar einen ungeheuren wirtschaftlichen Aufschwung, aber auch einen allgemeinen kulturellen Niedergang mit sich brachte und mit dem Industrieproletariat eine neue Klassensituation entstehen ließ.

Historismus

hier z. B. die in England unter *Queen Victoria* oder in Deutschland unter *Wilhelm II.* zur vollen Blüte gelangende Epoche der Imitation und Vermischung vergangener Stilformen zur Repräsentation spätbürgerlicher

Machtfülle und nationalen Reichtums im Rückgriff auf besondere historische Formen der ästhetischen Machtdemonstration

Image
Gesamtheit aller durch Design und Werbung vermittelten Bedeutungen→ bzw. der bewußten oder unbewußten Interpretationsmöglichkeiten bestimmter Produkte, bzw. ihre Ausstattung mit 'Werten' und Bedeutungen durch Hersteller und Verbraucher; kann sich auf den Produzenten wie auch auf den Benutzer der Objekte übertragen.

immanent
innewohnend, darin wesensmäßig enthalten

Institutionalisierung
etwas in eine gesellschaftlich anerkannte, feste oder starre Form bringen *(Negt)*

instrumentell
als Mittel oder Werkzeug dienend

Interaktion
wechselseitiger Ablauf von Mitteilungen zwischen zwei oder mehr Personen *(Watzlawick/Beavin/Jackson)*, der soziale Aktivitäten in Gang setzt bzw. sich in Verhaltensäußerungen niederschlägt, die wiederum neue Interaktion bewirken können; aufeinander bezogenes Handeln zwischen einzelnen Individuen *(Negt)*; abhängig von den Möglichkeiten der Kommunikation→; wechselseitige Bedingtheit im sozialen Verhalten der Individuen oder Gruppen, wobei Kommunikation der Interaktion als Ergebnis vorausgehen muß *(Drever/Fröhlich)*.
Interaktion ist also eine Handlungsfolge, die auch beim Entstehen oder bei der Auflösung von Gewohnheiten eine Rolle spielt; Design kann u. U. solche Prozesse über die Produkte und Umweltsysteme bzw. ihre Sprache ermöglichen oder verhindern.

Investitionsgüter-Design
Entwurf von Maschinen, Einrichtungen und Systemen für den Produzenten- und Dienstleistungs-Markt oder für den öffentlichen Gebrauch; im Gegensatz zum Konsumgüter-Design→ sind hier gewöhnlich Langlebigkeit und Funktionstüchtigkeit entscheidende Ziele.

Kommunikation
Ausdruck für den pragmatischen→ Aspekt der menschlichen Kommunikations-Theorie *(Watzlawick/Beavin/Jackson)*; Mitteilung, Verständigung, Gemeinsammachen von Informationen *(Maser)* mit dem Ziel, bestimmte Handlungs- und Verhaltensweisen (vgl. Interaktion→) zu bewirken; Bildung einer sozialen Einheit aus Individuen durch den Gebrauch von Zeichen und Sprachen *(Cherry)*; Kommunikation im engeren humanen Sinne wird in der vorliegenden Studie als unverstellter, nicht-manipulierter Prozeß verstanden, der Chancen zur freien sozialen Interaktion→ eröffnet.

Konsumgüter-Design
Entwurf zur industriellen Fertigung von Objekten für den Verbraucher-Markt

Kriterium
unterscheidendes Merkmal; Prüfstein, an welchem die Richtigkeit eines Urteils und die Kompetenz des Urteilenden zu messen ist

Latenz
verborgener, subjektiv nicht wahrgenommener Teil der Produktinformation→, der über den wahrgenommenen Teil (vgl. Evidenz→) hinaus objektiv vorhanden ist

177

Manufaktur	teils handwerkliche, teils maschinell-mechanische Produktionsform, gegenüber der rein handwerklichen Produktion schon durch Arbeitsteilung und Tendenz zur Serienproduktion gekennzeichnet, von der industriellen Produktion aber noch durch die handwerklichen Elemente abgehoben. Hier erfolgt schon die Trennung in Entwerfer im künstlerischen oder kunsthandwerklichen Sinne (Mustermacher, Zeichner) und technisch Ausführende; in diesem Sinne waren die Entwerfer für Manufakturen durchaus 'Designer'.
Marketing	systematische Planung und Koordination betrieblicher Maßnahmen zum Ziel der Absatzerhaltung oder Absatzsteigerung der Warenproduktion oder der Dienstleistungen
Medium	Instrument der Übermittlung von Nachrichten, Träger einer Information
Metasprache	Sprache, in der über eine andere Sprache gesprochen wird *(Klaus);* sie kann wiederum als Objektsprache→ einer weiteren Metasprache auf der nächst höheren Ebene der Betrachtung Untersuchungsgegenstand sein.
Norm	Regel, gesellschaftliche Übereinkunft auf bestimmte Verhaltensweisen, deren Nichteinhaltung Sanktionen→ nach sich ziehen kann; im anderen Sinne: industrielle Norm als fertigungstechnische und wirtschaftliche Notwendigkeit (vgl. *'DIN'*)
Objektsprache	Sprache der Kommunikationsereignisse *(Cherry),* also auch die Produktsprache→
Ökologie	Wissenschaft vom Haushalt der Natur; auch Lehre von den biologischen Bestimmungsfaktoren der Lebensumwelt
operational	anwendungsmöglich, auf praktische Ausführung bezogen
opinion leader	'Meinungsführer', dessen Funktion im Prozeß der Massenkommunikation bedeutsam ist; zu den 'Meinungsführern' im Design können Personen, publizierende Institutionen oder auch bestimmte Firmen bzw. Produzenten gerechnet werden.
positivistisch	Wissenschaftshaltung, die sich ausschließlich auf die Feststellung und Interpretation des statistisch Erfahrbaren und des als Tatbestand Erkennbaren beschränkt (nach *Negt*)
Pragmatik	fachsprachlich: Teil der Semiotik, der sich mit den Beziehungen zwischen Zeichen und deren Benutzern befaßt; sonst: praxisbezogenes, nicht-reflektiertes Denken und Handeln (hier in beiden Bedeutungen verwendet)
Produkt	Das Produkt stellt das unmittelbare Ergebnis aller im industriellen Unternehmen getroffenen wirtschaftlichen, technischen und organisatorischen Maßnahmen dar, die der betrieblichen Leistungserstellung dienen. Es repräsentiert das Unternehmen am Markt und soll beim Verkauf denjenigen Erlös- und Gewinnstrom herbeiführen, der als primäres Ziel der unternehmerischen Bemühungen angesehen werden kann *(Ellinger)*. Realisierte Designobjekte sind heute prinzipiell in diesem Sinne Produkte.

Produktdifferenzierung	marktstrategisch bedeutsames Entwurfsverfahren mit dem Ziel, nicht grundsätzlich neue Produkte zu entwickeln, sondern ein scheindifferentes d. h. nur äußerlich oder in wenigen Details sich unterscheidendes Produktangebot zu schaffen, das gleichwohl den Eindruck der Vielfalt macht und den Konsumenten in der Illusion einer freien Wahl zwischen scheinbar verschiedenen Produkten beläßt. Oft ist schon das Typenprogramm eines einzelnen Herstellers in dieser Weise differenziert (vgl. Modellvarianten beim Auto). Ein wichtiges Mittel ist dabei die formal-ästhetische Manipulation im Sinne des Styling→. Die Produktdifferenzierung resultiert aus den Gesetzen der kapitalistischen Warenproduktion, sie wird als 'richtige' Antwort auf 'echte' Bedürfnisse→ des Verbrauchers ideologisch interpretiert, während sie eben diese 'Bedürfnisse' zu erhalten versteht.
Produktinformation	hier alle über das Produkt als Informationsträger bzw. über seine Zeichenstruktur vermittelten Aussagen; alles was sich produktsprachlich an einem bestimmten Objekt mitteilt (vgl. Latenz→ und Evidenz→). Sonst in der Praxis auch: Sammlung von Informationen und Daten in der Vorbereitungsphase für den Entwurf eines Produkts
Produktinnovation	teilweise identisch mit Produktdifferenzierung→, kann aber auch völlige Neuentwicklung von Produkten auf der Grundlage neuer Technologien (z. B. Kunststofftechnik, Elektronik) bedeuten; im fachsprachlichen Gebrauch überwiegt die Bedeutung der Produkterneuerung zur Schaffung neuer Reize und sekundärer Bedürfnisse→ im Zusammenhang mit dem Marketing→ und der Marktstrategie.
Produktionsmittel	Dinge, Mittel und Verfahren, mit deren Hilfe der Mensch auf die Arbeitsgegenstände wirkt: sämtliche Produktionseinrichtungen vom Handwerkszeug bis zur Fabrik, Transportmittel, Nachrichtensysteme, Materialien usw. (nach *Klaus/Buhr*)
Produktionsverhältnisse	das System gesellschaftlicher Verhältnisse, welche die Menschen im Produktionsprozeß objektiv eingehen. Sie umfassen die Beziehungen der Menschen im Produktionsprozeß, die Eigentumsverhältnisse, Kooperation, Arbeitsteilung, deren Art durch Verteilung bzw. das Eigentum an den Produktionsmitteln→ charakterisiert werden. (nach *Klaus/Buhr*)
Produktionsweise	Einheit der gesellschaftlichen Produktivkräfte→ und Produktionsverhältnisse→. Die Veränderung der Produktionsweise führt zur Veränderung des gesamten gesellschaftlichen Lebens (vgl. Industrialisierung). Ausgangspunkt für eine solche Veränderung ist die Entwicklung der Produktivkräfte. (nach *Klaus/Buhr*)
Produktivkräfte	die im Arbeitsprozeß unmittelbar oder mittelbar tätigen Menschen, die Wissenschaft, die Produktionsmittel→; die Technologie und Organisation der Produktion; Wachstum und Entwicklung der Produktivkräfte bestimmen die Höhe der Arbeitsproduktivität und sind das Kriterium des gesellschaftlichen Fortschritts. Die Produktivkräfte sind das bestimmende und revolutionäre Element der Produktionsweise→ (nach *Klaus/Buhr*)

Produktplanung	betriebsorganisatorische Grundlage für die ökonomische Eingliederung des Design in die Unternehmensstruktur *(AW design);* Produktplanung als Methode reicht von der Idee eines Produkts bis zur Markteinführung des fertigen Erzeugnisses *(Geyer).* Im Verlauf dieser Planung werden alle für die Gestaltung eines Produkts wesentlichen Faktoren des zukünftigen Marktes und des Betriebes analysiert und aufeinander abgestimmt. (nach *Ellinger*)
Produktsprache	Objektsprache→, umfaßt Merkmale wie die der Dimension, des Materials, der Farbe, der Oberfläche, der Geräusche, des Geruchs, der Temperatur usw., also viele in den Verbal-Code der Sprache nur ungenau übersetzbare, aber sehr deutlich über andere Sinne wahrnehmbare Phänomene; alle diese nicht-verbalen Informationen wirken positiv oder negativ auf den potentiellen Käufer ein. (nach *Ellinger*)
Reflexion	Denken, das sich nicht nur zweckrational auf äußere Vorgänge und Objekte, sondern auch auf sich selbst und seine eigenen Voraussetzungen und Bedingtheiten richtet, so daß die Beziehungen zwischen Erkenntnisobjekt und Erkenntnisprozeß mit überdacht werden (nach *Negt*)
Redundanz	Überfluß an bekannten Zeichen in einer Information; überhaupt nicht redundante Mitteilungen sind unverständlich, vollständig redundante sinnlos, da keinerlei Neuigkeit mitgeteilt würde; eine verständliche Produktsprache→ muß einen gewissen Grad an Redundanz aufweisen.
Reproduktion	hier immer erneute Herstellung von Abläufen und Funktionen zur Erhaltung der gesellschaftlichen Verhältnisse
restringierter Code	eingeschränkter, im Sinne unterer gesellschaftlicher Schichten sozialisierender→ Code→; im Gegensatz dazu der 'elaborierte', erweiterte Code der Mittelschichten-Sprache (nach *Hund*)
Sanktion	Strafandrohung im Falle des Nichteinhaltens gesellschaftlicher Normen→
Semantisierung	vgl. Bedeutungskodierung
Sozialisation	Prozeß der Einordnung der Individuen in die Gesellschaft; kann zur Anpassung im negativen Sinne (vgl. affirmativ→) führen, wenn die Umwelt→ überwiegend aus Zwangssituationen besteht oder dieser Prozeß ideologisch gesteuert wird
Status	Stellung in der gesellschaftlichen Hierarchie *(Negt);* zu seiner Erhaltung und zur Information darüber, daß man einen bestimmten Status innehat, trägt der sichtbare Verbrauch oder Besitz bestimmter Produkte bei (z. B. besondere Kleidung, das Auto, das Eigenheim usw.)
Styling	soviel wie 'stilisieren'; formalästhetische Manipulation beim Entwurf von Objekten, deren technische Funktion→ oder Gebrauchsnutzen→ dabei nicht verbessert werden; Maßnahmen der Produktdifferenzierung→ im Sinne einer nur scheinbaren Produktinnovation→, untersteht den Geset-

zen der Warenästhetik→; 'unwahre' Bedeutungskodierung→ von Produktformen, die auf die Wirklichkeitsebene des Scheins verweist und neue 'Wirklichkeit' am Objekt erzeugt

Surrogatinformation
Nachahmung oder Vorwegnahme der orginären Produktinformation und ihre Darstellung mit Hilfe von Werbemedien (nach *Ellinger*)

Technokratie
Herrschaft der technisch-ökonomischen Bestimmungen, welche sich in einer Denkweise spiegelt, die alle humanen Bedürfnisse→ und Aktivitäten diesen Gesetzen wie selbstverständlich unterordnet

Typisierung
notwendiger Vorgang des Anpassens von Entwürfen an die herstellungstechnischen Erfordernisse beim Übergang von der handwerklichen Produktionsform zur industriellen Serienproduktion

Umwelt
Gesamtheit der materiellen *und* geistigen Bedingungen, unter denen Individuen oder Gruppen an einem bestimmten Ort innerhalb einer bestimmten Gesellschaftsordnung arbeiten, leben und sozial interagieren→; Umweltgestaltung (vgl. environmental design→) kann also zunächst nur für eine bessere Ordnung der äußeren (materiellen) Umweltsysteme oder Einrichtungen sorgen.

Warenästhetik
bezeichnet einen aus der Warenform der Produkte entsprungenen, vom Tauschwert (also nicht vom Gebrauchswert) her funktionell bestimmten Komplex dinglicher Erscheinungen und davon bedingter sinnlicher Subjekt-Objekt-Beziehungen (nach *Haug*), welche die Konsumgesellschaft konstituieren.

Warenfetischismus
bezeichnet die Versachlichung der gesellschaftlichen Beziehungen im Kapitalismus; d. h. die Beziehungen der Menschen werden im kapitalistischen Produktionsprozeß nicht als Beziehungen zwischen Menschen, sondern als Verhältnis zwischen Sachen gesehen *(Klaus/Buhr)*. Die Produkte menschlicher Arbeit nehmen Warenform an, und nach *Marx* besteht das Geheimnisvolle, der Fetischismus der Warenform darin, daß sie den Menschen die gesellschaftlichen Charaktere ihrer eigenen Arbeit als gegenständliche Charaktere der Arbeitsprodukte selbst, als gesellschaftliche Natureigenschaften dieser Dinge zurückspiegelt.
Im 'Warenfetisch' kommt ein gesellschaftlich sich negativ auswirkendes Verständnis der Produkte und ihrer Funktionen zum Ausdruck, auf das heute allerdings schon die gesellschaftlich zwingende Übereinkunft zu bestehen scheint, daß dies so richtig sei.

Zielgruppen
durch gemeinsame Gewohnheiten, Interessen, Werthaltungen und Verhaltensdispositionen gekennzeichnete Verbrauchergruppen, auf die sich bestimmte Maßnahmen des Marketing→, der Produktdifferenzierung→ und der Werbung richten

Zusatznutzen
von *Vershofen* schon früh in die Marktforschung eingeführter Begriff (Unterscheidung von Grund- und Zusatznutzen eines Produkts in der Verbrauchersphäre);
über die technische Funktion→, den Gebrauchsnutzen und meist über die

elementaren Bedürfnisse—→ des Gebrauchers hinausgehende Nutzenkomponente eines Produkts, z. B. Prestige-Nutzen (Geltungsnutzen), Statusinformation, ästhetischer Genuß, also vor allem psychologische Nutzen-Motivationen, welche die Produktwerbung geschickt anzusprechen versteht bzw. auf die das Design durch besondere Maßnahmen (vgl. Styling—→, Produktdifferenzierung—→) abhebt.

2 Literaturverzeichnis

Eine auch nur annähernd umfassende Design-Bibliographie im Rahmen dieser Studie zu erstellen und zu verwenden, war weder möglich noch notwendig.

Das Verzeichnis enthält daher nur jene beschränkte Auswahl von Autoren, auf die im Text der Studie, in den zusätzlichen Hinweisen der Anmerkungen oder bei den Begriffsdefinitionen im Anhang direkt oder indirekt Bezug genommen wird.

Zur Information über die Art der verwendeten Literatur dienen folgende Abkürzungen:

A =in Auflage publiziertes Arbeitspapier
B =Buchveröffentlichung
D =Dissertation
K =Ausstellungskatalog
PR =Public-Relations-Material
T =Typoskript oder Textkopie
Z =Zeitschriften-Publikation

Adorno, Th. W., Ohne Leitbild, Parva Aesthetica, Frankfurt 1967 (B)

Ahlers-Hestermann, F., Stilwende, Berlin 1956 (B)

Aicher, O., in: IDZ 1 (nachfolgend) (B)

AW design, Grundlagen, Fallstudien, Arbeitsunterlagen, hrsg. von der Arbeitsgemeinschaft der Wirtschaft für Produktdesign und Produktplanung, Stuttgart o. J. (Lose-Blatt-Sammlung)

Baehr, V./Kotik, J., Gesellschaft – Bedürfnis – Design, iup 4, Arbeitsberichte des Instituts für Umweltplanung an der Universität Stuttgart, Ulm 1972 (A)

Bahr, H., in: Ludwig Prinz von Hessen und bei Rhein, Die Darmstädter Künstlerkolonie (nachfolgend) (B)

Barthes, R., Der neue Citroën, in: Barthes, Mythen des Alltags, Frankfurt 1964 (B)

Behrendt, W. C., Der Kampf um den Stil im Kunstgewerbe und in der Architektur, Stuttgart/Berlin 1920 (B)

Bense, M., Zeichen und Design, Semiotische Ästhetik, Baden-Baden 1971 (B)

Berndt, H., Mitbestimmung im Wohnkonzept, Vortrag auf der IFI-Tagung, Zürich, 26. 5. 1972 (T)

Berndt, H., Protokoll ihres Seminars ›Bedürfnisse von Stadtbewohnern‹ an der TU Hannover, 21. 6.–23. 6. 1971, am Lehrstuhl für Gebäudekunde und Entwurf (Prof. H. Striffler) (T)

Bericht zur ›Eröffnungsfeier der Darmstädter Kunst-Ausstellung‹, in: Deutsche Kunst und Dekoration, Band 8 (nachfolgend), Darmstadt 1901 (Z)

Biéler/Grazioli/Grosjean/Ruffieux, Planungstheorie, Ein Beitrag zur hierarchischen Strukturierung komplexer Probleme, iup 1, Arbeitsberichte des Instituts für Umweltplanung an der Universität Stuttgart, Ulm 1970 (A)

Bloch, E., Freiheit und Ordnung, Abriß der Sozialutopien, Hamburg 1969 (B)

Bonsiepe, G., Zur Abgrenzung eines Begriffs, in: form, Nr. 43/1968 (Z)

- Design in Südamerika – in Chile, Umrisse einer Design-Alternative, in: form, Nr. 59/1972
- in: IDZ 1 (nachfolgend) (B)
- Über die Lage der HfG, in: ulm, Nr. 21/1969 (Z)

Bøe, A., From Gothic Revival to Functional Form, A Study in Victorian Theories of Design, Oslo 1957 (B)
- in: IDZ 1 (nachfolgend) (B)

Bourdieu, P., Zur Soziologie der symbolischen Formen, Frankfurt 1970 (B)

Braun-Feldweg, W., Industrial Design heute, Umwelt aus der Fabrik, Hamburg 1966 (B)

Briggs, A. (Hrsg.), William Morris, Selected Writings and Designs, Harmondsworth 1962 (B)

Brock, B., Umwelt und Sozio-Design, in: Format, Nr. 36/1972 (Z)

Bruckmann, P., Die Gründung des Deutschen Werkbundes am 6. Oktober 1907, in: Schwarz/Gloor (Hrsg.), ›Die Form‹, Stimme des Deutschen Werkbundes 1925–1934, Gütersloh 1969 (B)

Bürdek, B. E., Bemerkungen zum Industrial Design heute, Obsoleszenz, Aufstieg und Fall des Industrial Design, in: form, Nr. 47/1969 (Z)
- Design-Theorien, Design-Methoden, 10 methodische und systematische Verfahren für den Design-Prozeß, in: form, Nr. 56/1971 (Z)
- Design-Theorie, Methodische und systematische Verfahren im Industrial Design, Stuttgart 1971 (Selbstverl.) (B)

Burckhardt, L., in: IDZ 1 (nachfolgend) (B)

Cherry, C., Kommunikationsforschung – eine neue Wissenschaft, New York/Frankfurt 1967 (B)

Clark, K., John Ruskin aus heutiger Sicht, in: du-atlantis, 25. Jg./Sept. 1965 (Z)

Colani, L., in: Design und Konsum / (5) Alternativen für die Zukunft, Westdeutsches Fernsehen (wdr) 1971 (T) (nachfolgend)

Der Spiegel, Nr. 31/1972 (Spiegel-Titel ›Wir sind da so hineingeschlittert‹ (Z)

Der Volkswirt, Nr. 8/1970 (Trockenrasierer mit Stil) (Z)

Design und Konsum, Sendereihe des Westdeutschen Fernsehens (wdr) 1971, Buch: K. H. Krug, Regie: F. Roth (T)
(nachfolgend abgekürzt: wdr)

Deutsche Kunst und Dekoration, hrsg. von Alexander Koch in Darmstadt, Illustrierte Monatshefte zur Förderung deutscher Kunst und Formensprache in neuzeitl. Auffassung aus Deutschland, Schweiz, den Deutsch sprechenden Kronländern Österreich–Ungarns, den Niederlanden und skandinavischen Ländern (hier besonders die Jg. 1896 bis 1907) (Z)

Dexel, W., Der ›Bauhausstil‹ – ein Mythos, in: Braun-Feldweg, W. (voranstehend) (B)

Dichter, E., Strategie im Reich der Wünsche, Düsseldorf 1961 (B)

›Die verborgene Vernunft‹ (Hrsg. Die Neue Sammlung), München 1971 (K)

Dietz, B., in: wdr (voranstehend) (T)

Doesburg, Th. van, Grundbegriffe der neuen gestaltenden Kunst, Mainz 1966 (B)
- in: Jaffé, De Stijl (nachfolgend) (B)

Dorfles, G., Gute Industrieform und ihre Ästhetik, München 1964 (B)
- Kunst und Design in der künftigen Gesellschaft, in: form, Nr. 48/1969 (Z)
- in: IDZ 1 (nachfolgend) (B)

Drever, J./Fröhlich, W. D., Wörterbuch zur Psychologie, München 1970 (B)

Eckstein, H., Die gute Form. Begriff, Wesen, Gefährdungen und Chancen in unserer Zeit, in: Glastechnische Berichte, Nr. 12/1961 (Z)
- Design, Gesellschaft und die Zukunft, (Bericht über den 6. ICSID-Kongreß in London), in: Werk und Zeit, Nr. 10/1969 (Z)

Eco, U., Die Gliederungen des filmischen Code, in: Sprache im technischen Zeitalter, Nr. 27/1968 (Z)

Ehmer, H. K. (Hrsg.), Visuelle Kommunikation, Beiträge zur Kritik der Bewußtseinsindustrie, Köln 1971 (B)

Erhard, L., Eröffnungsrede zur ›Sonderschau formschöner Industrieerzeugnisse‹ auf der Frühjahrsmesse Hannover 1955, in: Textsammlung des Rates für Formgebung, Darmstadt o. J. (PR)

Ellinger, Th., Die Informationsfunktion des Produkts, Köln/Opladen 1966 (B)

Engels, F., Die Entwicklung des Sozialismus von der Utopie zur Wissenschaft, MEW, Bd. 19, Berlin 1962 (B)
- in: Über die Umwelt der arbeitenden Klasse, Aus den Schriften von Friedrich Engels, ausgewählt von Günter Hillmann, Gütersloh 1970 (B)
oder: Engels, Die Lage der arbeitenden Klasse in England. Nach eigener Anschauung und authentischen Quellen. MEW, Bd. 2, Berlin 1959 (B)

Enzensberger, H. M., Kommentar zu Dossier 3, Konkrete Utopie, in: Kursbuch, Nr. 14/1968 (Z)

Fischer, W., Die verborgene Vernunft, Funktionale Gestaltung im 19. Jahrhundert, in: ›Die verborgene Vernunft‹ (voranstehend) (K)

Förtsch, H., Formgebung, Warenästhetik und Konsum, Diskussionsbeitrag zur Eröffnung des IDZ in der Akademie der Künste Berlin, 19. 4. 1970 (T)

Fuller, R. B., Erziehungsindustrie, Prospekt universaler Planung und Instruktion, Berlin 1970 (B)

Garnich, R., Konstruktion, Design und Ästhetik, Allgemeine mathematische Methode zur objektiven Beschreibung ästhetischer Zustände im analytischen Prozeß und zur generativen Gestaltung im synthetischen Prozeß von Design-Objekten, Esslingen 1968 (Selbstverl.) (B)

Geiger, Th., Ideologie und Werturteil, in: K. Lenk (Hrsg.), Ideologie, Ideologiekritik und Wissenssoziologie, Neuwied/Berlin 1971 (B)

Gerth, E., Die Bedeutung des Verbrauchsnutzens für den Absatz, Betriebswirtschaftliche Schriften, Heft 17, Berlin 1965 (B)

Geyer, E., Referat auf der 1. internen Arbeitstagung des Deutschen Werkbundes, 1.–3. 5. 1970, Saarbrücken, in: AW design Informationen (voranstehend) (T)

– Industrial Design, in: Management-Enzyklopädie, Bd. 3, München 1970 (B)

Geyer/Bürdek, Design-Management, in: form, Nr. 51/1970 (Z)

Giachi, A., Die schönen Künste, Getarnte Werbung, Sonderschau ›Die gute Industrieform‹ auf der Hannover-Messe, in: FAZ, Nr. 108/12. 5. 1970

Giffhorn, H., Kritik der Kunstpädagogik, Zur gesellschaftlichen Funktion eines Schulfachs, Köln 1972 (B)

– Die Ideologie des Bildnerischen und politische Erziehung, in: Kunst + Unterricht, Nr. 14/1971 (Z)

– (Hrsg.), Politische Erziehung im ästhetischen Bereich, Velber 1971 (B)

Gorsen, P., in: IDZ 1 (nachfolgend) (B)

– Der revolutionäre Kulturkampf der Übergangsgesellschaft in Sowjetrußland, in: Kunst in der Revolution, hrsg. vom Frankfurter Kunstverein, Frankfurt 1972 (K)

Gray, C., Die russische Avantgarde der modernen Kunst 1863–1922, Köln 1963 (B)

Gropius, W., Architektur, Frankfurt/Hamburg 1956 (B)

Gros, J., Dialektik der Gestaltung, Diskussionspapier 3, hrsg. vom Institut für Umweltplanung an der Universität Stuttgart, Ulm 1971 (A)

Grote, L., grundformen und funktionalismus, in: 50 Jahre bauhaus, Stuttgart 1968 (K)

Habermas, J., Zu Gadamers ›Wahrheit und Methode‹, in: Habermas/Henrich/Taubes (Hrsg.), Hermeneutik und Ideologiekritik, Frankfurt 1971 (B)

– Technik und Wissenschaft als 'Ideologie', Frankfurt 1970 (B)

– Strukturwandel der Öffentlichkeit, Neuwied/Berlin 1971 (B)

– Notizen zum Mißverhältnis von Kultur und Konsum, in: Merkur, Nr. 3/1956 (Z)

– Die Dialektik der Rationalisierung. Vom Pauperismus in Produktion und Konsum, in: Merkur, Nr. 8/1954 (Z)

Hansen, U., Stilbildung als absatzwirtschaftliches Problem der Konsumgüterindustrie, Berlin 1969 (D; B)

Hansen, U./Leitherer, E., Produktgestaltung (Erscheinen für 1972 angekündigt) (B)

Haseloff, O. W. (Hrsg.), Struktur und Dynamik des menschlichen Verhaltens, Stuttgart 1970 (B)

Haug, W. F., Kritik der Warenästhetik, Frankfurt 1971 (B)

– Zur Ästhetik von Manipulation, in: Das Argument, Nr. 25/1963 (Z)

– Warenästhetik und Angst, in: Das Argument, Nr. 28/1964 (Z)

– Zur Kritik der Warenästhetik, in: Kursbuch, Nr. 20/1970 (Z)

Hauser, A., Sozialgeschichte der Kunst und Literatur, München 1967 (B)

Heimbucher, A., in: wdr (voranstehend), (5) Alternativen für die Zukunft (T)

Hilfiker, H., in: IDZ 1 (nachfolgend) (B)

Hirzel, Th., Industrie-Designer – Verräter an der Sache?, in: form, Nr. 51/1970 (Z)

Hofmann, W., Grundelemente der Wirtschaftsgesellschaft, Hamburg 1969 (B)

Horn, K., Zweckrationalität in der modernen Architektur, Zur Ideologiekritik des Funktionalismus, in: Berndt/Lorenzer/Horn, Architektur als Ideologie, Frankfurt 1969 (B)

– Zur individuellen Bedeutung und gesellschaftlichen Funktion von Werbeinhalten, in: Zoll, R. (Hrsg.), Manipulation der Meinungsbildung, Opladen 1971 (B)

Hübner, H., Die soziale Utopie des Bauhauses. Ein Beitrag zur Wissenssoziologie in der bildenden Kunst, Münster 1963 (D)

Hürlimann, M., William Morris und die Antiviktorianer, in: du-atlantis, 25. Jg./Sept. 1965 (Z)

Hultén, K. G. P., in: Wladimir Tatlin 1885–1953, München 1970 (K)

Hund, W. D., Kommunikation in der Gesellschaft, Frankfurt 1971 (B)

ICSID-Jahresberichte, hrsg. vom International Council of Societies of Industrial Design, London (PR)

IDZ 1, design? Umwelt wird in Frage gestellt, hrsg. vom Themakreis im Internationalen Design Zentrum Berlin, Berlin 1970 (B)

Jaffé, H. L. C., De Stijl 1917–1931, Der niederländische Beitrag zur modernen Kunst, Berlin/Frankfurt/Wien 1965 (B)

Kállai, E., Das Bauen und die Kunst, in: Der Kunstnarr, (Hrsg. E. Kállai), Nr. 1/1929 (Z)
– zur einführung, in: bauhaus dessau (Ausstellung Gewerbemuseum Basel), 1929

Kaufmann, P., in: wdr (voranstehend), (4) Hat der Designer versagt? (T)

Kerbs, D., 7 Thesen zur politischen Kritik der Kreativitätstheorie, in: Kunst + Unterricht, Nr. 7/1970 (Z)

Kelm, M., Produktgestaltung im Sozialismus, Berlin 1971 (D; B)

Klapper, J. T., Die gesellschaftlichen Auswirkungen der Massenkommunikation, in: Schramm, W. (Hrsg.), Grundfragen der Kommunikationsforschung, München 1970 (B)

Klaus, G. (Hrsg.), Wörterbuch der Kybernetik, Frankfurt/Hamburg 1969 (B)

Klaus, G./Buhr, M. (Hrsg.), Philosophisches Wörterbuch, Leipzig 1969 (B)

Koch, A., Darmstadt und die volkswirtschaftliche Bedeutung des Kunstgewerbes, in: Koch, Darmstadt, eine Stätte moderner Kunstbestrebungen, Darmstadt 1905 (B)

Koch, W. A., Varia Semiotica, Hildesheim/New York 1971 (B)

Kopperschmidt, J., Vorwort in: Biéler u. a., Planungstheorie (voranstehend) (A)

Krausse, J., Abriß der liberal-technokratischen Linie. Ein Diskussionsbeitrag, in: Fuller, Erziehungsindustrie (voranstehend) (B)

Kuby, Th., Zur gesellschaftlichen Funktion des Industrial Design, Abschlußarbeit an der HfG Ulm, in: arch + 9 bzw. auszugsweise als Raubdruck, komm.-inform. 1, Darmstadt 1971 (Z)
– Schöner leben? Probleme des Design, Südwestfunk Baden-Baden am 26. 10. 1970 (Abendstudio) (T)

Kurnitzky, H., Versuch über Gebrauchswert, Zur Kultur des Imperialismus, Berlin 1970 (B)

Lexikon der Kybernetik, hrsg. von A. Müller, Quickborn 1964 (B)

Lindinger, H., Design: seit 1850 oder seit eh und je, ein Stil oder eine humane Grundaktivität?, in: form, Nr. 57/1972 (Z)
– Designgeschichte 1, Das 19. Jahrhundert. Materialien, in: form, Nr. 26/1964 (Z)
– Designgeschichte 2, Produktgestaltung vor der französischen Revolution, in: form, Nr. 27/1964 (Z)
– Designgeschichte 3, Betrachtungen zur Antike, in: form, Nr. 28/1964 (Z)
– Designgeschichte 4, Produktformen von 1850 bis 1965, in: form, Nr. 30/1965 (Z)

Loewy, R., häßlichkeit verkauft sich schlecht, Düsseldorf 1958 (B)

Loos, A., Ornament und Verbrechen, in: Loos, sämtl. Schriften, Bd. 1, hrsg. von F. Glück, Wien/München 1962 (B)

Lorenzer, A., in: IDZ 1 (voranstehend) (B)

Ludwig Prinz von Hessen und bei Rhein, Die Darmstädter Künstlerkolonie und ihr Gründer Großherzog Ernst Ludwig. Ein Büchlein über die glanzvolle Zeit, in der Darmstadts Ruhm als Kunststadt begründet wurde. Ein Kapitel aus der Kunst- und Kulturgeschichte, Schriftenreihe 1 über Darmstadt, Darmstadt 1950

Maldonado, T., Anstöße gegen das Behagen in der Designerziehung, in: ulm, Nr. 17/18, 1966 (Z)
– Ist das Bauhaus aktuell?, in: ulm, Nr. 8/9, 1963 (Z)
– Umwelt und Revolte, Zur Dialektik des Entwerfens im Spätkapitalismus, Reinbek 1972 (B)

Maletzke, G., Psychologie der Massenkommunikation, Hamburg 1963 (B)

Malewitsch, K., Suprematismus – Die gegenstandslose Welt, Köln 1962 (B)
– Die gegenstandslose Welt, Bd. 11 der Bauhaus-Bücher, München 1927 (B)

Mannheim, K., Ideologie und Utopie, Frankfurt 1969 (B)

Marcuse, H., Der eindimensionale Mensch, Neuwied/Berlin 1970 (B)
– Versuch über die Befreiung, Frankfurt 1969 (B)
– Kultur und Gesellschaft (1), Frankfurt 1970 (B)
Marx, K., Das Kapital, Bd. 1, z. B. Frankfurt/Berlin/Wien 1969 oder MEW, Bd. 23, Berlin 1968 (B)
Marx/Engels, Über Kunst und Literatur, Bd. 1, Berlin 1967 (B)
Maser, S., Grundlagen der allgemeinen Kommunikationstheorie, Stuttgart/Berlin/Köln/Mainz 1971 (B)
Merz, E./Rusinat, Th./Zorn, M., Produktkritik. Entwicklungen und Tendenzen in der BRD, Diskussionspapier 5, hrsg. vom Institut für Umweltplanung an der Universität Stuttgart, Ulm 1971 (A)
Meyer, H., bauhaus und gesellschaft, in: Schnaidt, C., Hannes Meyer ... (nachfolgend) (B)
– bauen (ebenda)
– Mein Hinauswurf aus dem Bauhaus (ebenda)
– Bauhaus Dessau 1927–30, Erfahrungen einer polytechnischen Erziehung (ebenda)
Mitscherlich, A., Die Unwirtlichkeit unserer Städte. Anstiftung zum Unfrieden, Frankfurt 1965 (B)
Möller, H. R., Gegen den Kunstunterricht, Versuche zur Neuorientierung, Ravensburg 1970 (B)
– Zur Didaktik der Visuellen Kommunikation, in: Kunst + Unterricht, Nr. 14/1971 (Z)
Moles, A. A., Die Krise des Funktionalismus, in: form, Nr. 41/1968 (Z)
Mondrian, P., in: Jaffé, De Stijl (voranstehend) (B)
Morris, B., Morris und Company, in: du-atlantis, 25. Jg./Sept. 1965 (Z)
Morris, W., Wahre und falsche Gesellschaft, in: W. Morris, Kunstgewerbliches Sendschreiben, Leipzig 1902 (B)
– Preaching Socialism, in: Briggs (Hrsg.), William Morris, Selected Writings and Designs (voranstehend) (B)
– ›A Society of Equality‹. From Communism, ebenda
– Socialist Morality. From the Aims of Art, ebenda
Müller-Krauspe, G., Design-Ideologien (1), Opas Funktionalismus ist tot, in: form, Nr. 46/1969, sowie Fortsetzungen 2 u. 3, in: form Nr. 47, 48/1969 (Z)
Müller, S., Das Deutsche Museum für Kunst in Handel und Gewerbe, in: Herta Hesse-Frielinghaus/August Hoff/Walter Erben/Klaus Volprecht/

Sebastian Müller / Peter Stressig / Justus Bueschmitt, Karl Ernst Osthaus, Leben und Werk, Recklinghausen 1971 (B)
Muthesius, H., in: Posener, J., Anfänge des Funktionalismus (nachfolgend) (B)
– Die Wohnungskunst auf der Weltausstellung in St. Louis, in: Deutsche Kunst und Dekoration, Bd. 15, Darmstadt 1905 (Z)
– Die Glasgower Kunstbewegung, Charles R. Mackintosh und Margaret Macdonald-Mackintosh, in: Dekorative Kunst IX, München 1902 (Z)

Negt, O., Soziologische Phantasie und exemplarisches Lernen, Zur Theorie und Praxis der Arbeiterbildung, Frankfurt 1971 (B)
Nehls, W., Die heiligen Kühe des Funktionalismus müssen geopfert werden, in: form, Nr. 43/1968 (Z)
– in: Ein Gespräch mit Werner Nehls, ebenda
Nelson, G., Produktion ohne Konsum, in: ulm, Nr. 7/1963 (Z)
Neusüss, A. (Hrsg.), Utopie, Begriff und Phänomen des Utopischen, Neuwied/Berlin 1968 (B)
Olivetti, Bilder einer Industrie, hrsg. von der Deutschen Olivetti-GmbH (PR)
– Menschen, Ideen, Produkte, Zahlen, hrsg. von der Deutschen Olivetti-GmbH (PR)
Otto, K., Industrielle Formgebung in den USA, Berlin 1963 (Privatdruck) (B)

Pevsner, N., William Morris, Vortrag im Bauhaus-Archiv, Darmstadt 9. 12. 1963, in: Pevsner, Fünfhundert Jahre Künstlerausbildung / William Morris, Zwei Vorträge, hrsg. vom Bauhaus-Archiv Darmstadt und der Staatlichen Kunstakademie Düsseldorf, Darmstadt 1966 (B)
– Wegbereiter moderner Formgebung. Von Morris bis Gropius, Hamburg 1957 (B)
– Architektur und Design. Von der Romantik zur Sachlichkeit, München 1971 (B)
– Der Beginn der modernen Architektur und des Design, Köln 1971 (B)
Posener, J., Anfänge des Funktionalismus, Frankfurt/Berlin 1964 (B)
– Der Deutsche Werkbund, Beilage zu: Werk und Zeit, Nr. 5/1970 (Z)

Rams, D., in: IDZ 1 (voranstehend) (B)
Rat für Formgebung, Die Formgestaltung als wirtschafts- und kultur-politischer Faktor, Denk-

schrift (unterzeichnet von Dr. E. Schneider und Philip Rosenthal M. A.), Darmstadt 1967 (T)

Rat für Formgebung (gemeinsam mit dem IDZ Berlin), Bundespreis ›Gute Form‹, (Faltblatt für den Bundespreis 1970 bzw. die Ausstellung der prämiierten Objekte in der Industrie- und Handelskammer für die Pfalz in Ludwigshafen im September 1971) (PR)

Rat für Formgebung, Textsammlung und Selbstdarstellung, Darmstadt o. J. (vermutlich vor 1958 (PR)

– Rat für Formgebung, Informationsschrift 2, Darmstadt 1960 (PR)

Rat für Formgebung, Gesammelte Stellungnahmen der Industrie zur Ausbildungssituation der Designer in der BRD, Darmstadt 1971 (T)

Rat für Formgebung (gemeinsam mit VDID, Gestaltkreis im BDI, und DIHT), Empfehlung an die Ministerpräsidenten aller Bundesländer und die Kultusministerkonferenz bezüglich der Neuorganisation der Designerausbildung an den staatlichen Schulen, Darmstadt 1971 (T)

Rat für Formgebung, Kriterienkatalog der Jury des Bundespreises ›Gute Form‹ 1970, Darmstadt o. J. (T)

Riesman, D., Die einsame Masse, Hamburg 1966 (B)

Rolli, W., Design und Repräsentation, in: form, Nr. 46/1969 (Z)

Rossow, W., Werkbundarbeit – damals und heute, in: Schwarz/Gloor (Hrsg.), ›Die Form‹, Stimme des Deutschen Werkbundes 1925–1934, Gütersloh 1969 (B)

Ruskin, J., Die sieben Leuchter der Baukunst, Leipzig 1900 (B)

Saenger, S., John Ruskin, Sein Leben und sein Werk, Straßburg 1900 (B)

Samy, T., in: wdr (voranstehend), (3) Konsum als Erlebnis (T)

Schalfejew, E., Die gute Form, Signum der Qualität, in: Textsammlung des Rates für Formgebung, o. J., (voranstehend) (PR)

Schliephacke, F., Versuch einer Bestandsaufnahme. Ein Diskussionsbeitrag zur Reform der Ausbildung von Industrial Designern in der BRD und West-Berlin, Berlin 1972 (T)

Schmutzler, R., Art Nouveau – Jugendstil, Stuttgart 1962 (B)

Schnaidt, C., Hannes Meyer, Bauten, Projekte und Schriften, Teufen 1965 (B)

Schricker, E. A., in: wdr (voranstehend), (1) Die Pioniere und ihre Ideologie (T)

Schürer, A., Der Einfluß produktbestimmender Faktoren auf die Gestaltung, Bielefeld 1969 (Selbstverl.) (B)

Schwendtner, R., in: IDZ 1 (voranstehend)

Seeger, H., Funktionalismus im Rückspiegel des Design, in: form, Nr. 44/1968 (Z)

– Syntaktik und Semantik, in: form, Nr. 46/1969 (Z)

Seeger, M., Zur Situation der Formgebung in Deutschland, in: Rat für Formgebung, Informationsschrift 2, Darmstadt 1960 (PR)

›Seit langem bewährt‹ (Hrsg. Die Neue Sammlung), München 1968 (K)

Shaw, B., Morris as I knew him, hrsg. von der William-Morris-Society, London 1966 (Z)

Sieben Fragen an Gustav Stein zur Unabhängigkeit des Rates für Formgebung, in: form, Nr. 46/1969 (Interview) (Z)

Silbermann, A., Das schöne Heim – Ergebnisse einer empirischen Untersuchung, in: Simmat, W. (Hrsg.), Exakte Ästhetik 2/1965 (Z)

Stahl, K. H., Kybernetikon, Veranstaltung im Regelkreis, in: Glaser, H. (Hrsg.), Kybernetikon, Neue Modelle der Information und Kommunikation, München 1971 (B)

Stein, E., Von William Morris zur sozialistischen Kulturrevolution. Entwicklungen in Architektur und angewandter Kunst in hundert Jahren gesellschaftlichen Fortschritts, Berlin 1965 (D)

Süddeutsche Zeitung, 24. 11. 1971, ›Designverbände und Wirtschaft für Konzentration der Designausbildungsstätten‹ (Z)

Sullivan, L. H., in: ›Die verborgene Vernunft‹ (voranstehend) (K)

Tatlin, W., Kunst mündet aus in Technik, in: Wladimir Tatlin 1885–1953, München 1970 (K)

Thompson, E., The Communism of William Morris, hrsg. von der William-Morris-Society, London 1965 (Z)

Tochtermann, H., Unvermögen, asozial, in: Format, Nr. 15/1968 (Z)

van de Velde, H., Geschichte meines Lebens, München 1962 (B)

Veblen, Th., Theorie der feinen Leute (The Theory of the Leisure Class), Köln/Berlin o. J. (B)

Verband Deutscher Industrie Designer e. V. (VDID), Satzung, Stuttgart 1971 (T)

Vershofen, W., Konsumforschung, in: Marktforschung als Gemeinschaftsaufgabe für die Wissenschaft und Wirtschaft, Festschrift für Conrad Herrmann, Wuppertal 1939 (B)

Villiger, R., Industrielle Formgestaltung, Eine betriebs- und absatzwirtschaftliche Untersuchung, Winterthur 1957 (D)

Watzlawick, P. / Beavin, J. H. / Jackson, D. D., Menschliche Kommunikation, Formen, Störungen, Paradoxien, Bern/Stuttgart/Wien 1971 (B)

Werk und Zeit, Nr. 2/1971, Der Konflikt im IDZ Berlin

Willms, B., Planungsideologie und revolutionäre Utopie, Die zweifache Flucht in die Zukunft, Stuttgart/Berlin/Köln/Mainz 1969 (B)

Wingler, H. M., Das Bauhaus, Bramsche 1962 (B)

Zivotić, M., Proletarischer Humanismus. Studien über Mensch, Wert und Freiheit, München 1972 (B)

Zoll, R./Hennig, E., Massenmedien und Meinungsbildung, Angebot, Reichweite, Nutzung und Inhalt der Medien in der BRD, München 1970 (B)

(Hier nicht gesondert aufgeführte Zeitschriften siehe Liste Seite 189)

3 Institutionen und Informationsquellen

Problematik und Umfang des Designthemas werden voll erst an den gesammelten Materialien deutlich, die heute zur Verfügung stehen, innerhalb eines Buches aber nicht zusammengefaßt oder ausgewertet werden können.

Deshalb werden hier einige deutsche Institutionen genannt, die entsprechendes Studienmaterial sammeln, archivieren oder auswerten und die teilweise (gelegentlich oder regelmäßig) auch Ausstellungen veranstalten *:

Archiv des Deutschen Werkbundes
  1 Berlin 12, Hardenbergstr. 9

Bauhaus-Archiv
  1 Berlin 19, Schloßstr. 1 *

Internationales Design Zentrum (IDZ)
  1 Berlin 30, Budapester Straße 43 *

Landesgewerbeamt Baden-Württemberg
  7 Stuttgart, Kanzleistr. 19 *

Rat für Formgebung
  61 Darmstadt, Eugen-Bracht-Weg 6 *
  (mit Design-Bibliographie bzw. Literatur-Hinweiskartei einschl. Auswertung der Zeitschriften zum Design. Mikrofilm-System geplant.)

Zentralinstitut für Gestaltung (DDR)
  108 Berlin W 8, Clara-Zetkin-Straße 28

Deutscher Werkbund e. V.
  61 Darmstadt, Alexandraweg 26
  (Generalsekretariat)
  (Herausgeber von ›Werk und Zeit‹; ist über die Arbeit der einzelnen Landesgruppen des WB informiert.)

VDID, Verband Deutscher Industrie Designer e. V., Mitglied des International Council of Societies of Industrial Design ICSID
  7 Stuttgart 1, Charlottenplatz 6

Über Verbleiben und Nutzung der sehr wichtigen Bibliothek der ehemaligen HfG Ulm bzw. des Instituts für Umweltplanung (IUP) Ulm ist nach Schließung des Instituts noch nicht entschieden. bisherige Anschrift:
  79 Ulm, Am Hochsträss 8

Über den gegenwärtigen Stand des Industrial Design informiert ein breitgefächertes internationales Zeitschriffen-Angebot. Z. B.:

Abitare (englische Ausgabe)
   1, via Guerrazzi
   20145 Milano, *Italien*
CREE
Créations et recherches
esthétiques européennes
   37 rue Godot – de mauroy
   Paris 9, *Frankreich*
Design
   Council of Industrial Design
   28 Haymarket, London SW 1, *England*
Design Quarterly
   807 Hennepin Avenue, Minneapolis
   Minnesota 55403, *USA*
Ergonomics
   Taylor & Francis Ltd.
   10–14 Macklin Street
   London WC 2, *England*
form
   Westdeutscher Verlag
   567 Opladen, Ophovener Straße 1–5, *BRD*

Form
   Nybrogatan 7, Box 7047
   Stockholm 7, *Schweden*
Form und Zweck
   Zentralinstitut für Gestaltung
   108 Berlin W 8, Clara-Zetkin-Straße 28, *DDR*
Format
   Verlag Nadolski
   75 Karlsruhe-Durlach, Badener Straße 51, *BRD*
Industrial Design
   Whitney Publications Inc.
   18 East 50th Street, New York,
   N. Y. 10022, *USA*
Ottagono
   26, via Melzi d'Eril
   Milano, *Italien*
Techniceskaja estetika
   Moskau, i-223, VNIITE, *U.S.S.R.*
Werk und Zeit
   Deutscher Werkbund
   4 Düsseldorf, Rosenstr. 19, *BRD*

(Diese Zeitschriften sowie eine Reihe weiterer Periodika liegen beim Rat für Formgebung zu Studienzwecken aus.)

4   Bildnachweis

Ein Teil der Vorlagen (Werkfotos, Bildinserate, Werbeprospekte) wurde zur Verfügung gestellt bzw. zur Wiedergabe oder grafischen Umsetzung freigegeben von:
Bayer-Leverkusen, BMW, Braun, Dreipunkt-Polstermöbel Hermann Schwarz, Olivetti, Opel, Poggenpohl, Porsche-Vertriebsgesellschaft, Rank Arena, Rheinstahl-Hanomag (bzw. Werner Woyack VDID), Rosenthal.
(Die Quellen sind jeweils aus dem Bild und/oder der Legende ersichtlich und daher hier nicht durch Bildnummern bezeichnet.)
Weitere Quellen:
Rat für Formgebung (S. 44, 45, 46, 54, 113, 115, 118; Abb. 9, 11, 12, 14, 15, 19, 20, 34, 37)
Bauhaus-Archiv (Abb. 18, 33)
Hessisches Landesmuseum (Abb. 8, 13)
Archiv DuMont Schauberg (S. 43; Abb. 1, 5, 16, 21, 24, 25, 26, 27)
Zeitschrift ›Deutsche Kunst und Dekoration‹ (Abb. 3, 4, 6, 7, 10)
Katalog ›Die verborgene Vernunft‹ (S. 42)

Katalog ›Die Neue Sammlung‹ (Abb. 22, 23)
Schnaidt, Hannes Meyer – Bauten Projekte, Schriften (Abb. 29, 30)
Max Bill, Form (Abb. 31)
R. Schmutzler, Art Nouveau-Jugendstil (Abb. 17)
G. Dorfles, Gute Industrieform und ihre Ästhetik (S. 116)
H. M. Wingler, Wissenschaft, Industrie und Kunst (S. 41)
Katalog ›Kunst in der Revolution‹ (Abb. 28)
Zeitschrift ›ulm‹ (Abb. 35)
Victorian Furniture (Victoria & Albert Museum) (Abb. 2)
Fotografen (nur genannt, sofern Vorlage mit Urhebervermerk gekennzeichnet):
Friedrich (S. 115); Gnamm (Abb. 20); Hinrichs (Abb. 36); Sala (Abb. 37); Senfft (S. 46); Siol (Abb. 35); C & B Italia, Novedrate (Abb. 41).
Collagen, Strichumsetzungen, Schemazeichnungen: Hinrichs, Darmstadt
Umschlagbild nach einer Teilansicht (Werbefoto) des EDV-Systems Auditronic 770 von Olivetti

5 Index